예비교사와 신임교사에게 필요한

교사론과 교직실무

박수정 · 권희청 · 김수구 · 김훈호 · 맹재숙
박정우 · 신철균 · 이종엽 · 최진경 · 한은정

머리말

변화의 시대입니다. 기술과 환경, 사회와 문화, 학생과 교사가 변하고 있습니다. 늘 새로운 것 같지만 변화에 대응하면서 또한 새로운 변화를 가져오면서 현재를 만들어왔고 미래도 만들어갈 것입니다. 교사를 둘러싼 환경이 바뀌고, 교직실무도 바뀔 것입니다. 중요한 것은 변화에 대한 민감성이며, 주체성을 가진 교사가 필요합니다. 교육에서 지켜야 할 것들은 무엇인지 확인하면서, 새로운 변화를 끊임없이 업데이트하는 자세가 필요합니다.

교사의 가장 중요한 직무는 '학생을 가르치는 것'입니다. 이를 위해 필요한 다양한 직무들이 있습니다. 학생들을 잘 가르치기 위해 교육과정이 존재하며, 학교에서 필요한 일들을 나누어 맡아 수행합니다. 담임교사로서 학급을 경영하고, 학생들에게 꼭 필요한 진로교육도 담당하고 있습니다. 교직실무를 제대로 수행하려면 올바른 교직관과 윤리가 바탕이 되어야 하며, 교직과 교직환경, 교육공동체에 대한 이해, 그리고 미래사회의 전망에 대한 통찰이 필요합니다.

이 책은 교사양성과정에 있는 학생들이 배우는 교직과목 '교직실무'의 교재를 준비하면서 출발하였습니다. 그리고 본격적인 실무에 앞서 그 바탕이 되는 '교사론'이 필요하다는 판단을 하게 되었습니다. 책 제목을 <교사론과 교직실무>로 정하고, 교직실무에서 교사론을 함께 다루며, 교사론 등 교사 관련 과목에서도 교직과 교사를 이해할 수 있도록 기획하였습니다.

1부 교사론의 다섯 개 장은 교직에 대한 전반적인 이해를 넓힐 수 있으며, 2부 교직실무의 여덟 개 장은 교직에서 꼭 알아야 할 실무의 핵심을 파악할 수 있습니다. 최대한 통일성을 기하되, 주제의 특성에 따라 장별로 특색이 있습니다. 이 책은 2024년 1월 기준으로 작성되었으므로 각종 법령과 정책을 통해 변동되는 사항들이 있을 수 있습니다. 최근 동향을 살펴보고 구체적인 정보들을 찾아볼 것을 권합니다.

현장적합성이 높은 책을 집필하기 위해 학교에서 교사 경력이 있는 분들을 저자로 모셨습니다. 대학에서 근무하는 박수정, 신철균, 한은정, 김훈호 교수는 모두 중등교사의 경력이 있고, 현장에서 근무하는 이종업, 김수구, 맹재숙, 최진경, 권희청, 박정우 선생은 초·중등학교의 교사, 교육부와 교육청의 교육전문직원 경력이 있으면서 석박사 학위 및 연구 경험을 가지고 있습니다. 저자들은 출간을 위한 기획회의를 함께 하고, 각자 전문성이 있는 주제를 집필한 후, 모든 원고를 읽고 피드백을 나누었습니다. 아울러, 원고 초안을 꼼꼼히 읽고 의견을 주신 정회상, 윤명선, 백지원 선생께 감사의 말씀을 드립니다.

교직의 인기가 예전 같지 않다고 합니다. '안 뽑고, 힘들고, 경제적 보상이 크지 않은' 직업이라는 인식이 있습니다. 그럼에도 불구하고 '학생 성장과 웰빙을 돕는' 직업에 매력과 보람을 느끼고 열정과 헌신을 보여주는 교사를 앞으로도 만날 수 있으리라 믿습니다. 이러한 교사를 지원하는 교직환경의 조성과 관련 정책도 필요합니다.

어떤 교사가 필요한가? 어떤 교사가 될 것인가?
이 책이 예비교사와 신임교사에게 교직의 세계와 교직실무를 이해하는 중요한 학습자료가 되고, 보람된 교직 생애를 설계하는 데 도움이 될 수 있기를 기대합니다. 교사가 희망입니다!

2024년 2월
저자를 대표하여 박수정 씀

차 례

| 제1부 | 교사론

| 제2부 | 교직실무 |

제1부

교사론

제
1
장

교직의 이해

예비교사와 신임교사에게 필요한
교사론과 교직실무

제1장

교직의 이해

박수정

교사는 교직에 입문하여 직무를 수행한다. 오랫동안 학교를 다니면서 학생으로서 수많은 교사를 접했고 오랫동안 준비하였지만, 교직에 대해 얼마나 제대로 알고 있을까? 교직은 어떠한 곳이고, 어떤 일을 얼마나 하게 되는가? 직무를 둘러싼 환경에는 무엇이 있는가? 교직 사회와 문화는 어떠한 특징이 있을까?

교직에 대해 전반적으로 이해하고 준비한다면 교직 입문 후 시행착오를 줄이고 성공적으로 교직을 수행할 수 있을 것이다.

◎ 반드시 알아야 할 것
- 교직의 이해
- 교사의 직무와 직무환경
- 교직사회와 문화

◎ 목차
1. 교사와 교직
2. 교사의 직무
3. 교사의 직무환경
4. 교직사회와 문화
5. 교직에서 필요한 교사는?

1 교사와 교직

교사는 '가르치는 사람'으로 어디에나 있을 수 있으나, 공교육기관으로서 '학교'라는 제도가 보편화됨에 따라 학교에서 학생들을 교육하는 일을 전문적으로 하는 사람을 지칭하게 되었다. 교직(敎職)은 '학생을 가르치는 직업'을 가리키며, 특히 '직무'에 초점을 둔다. 교사라는 직업과 교사의 직무에 대하여 전반적으로 이해한다면, 교직생활에 적응하고 교직실무를 효과적으로 수행할 수 있는 교사가 되는 데 도움이 될 것이다.

교직의 특징은 무엇일까? 그것은 교사가 수행하는 교육활동과 큰 관련이 있다.

첫째, 교직은 사회적으로 중요한 일이다.

교육은 인간의 삶에 큰 영향을 주고 국가와 사회에 기여하기 때문에 일정 기간 의무교육으로 운영되고 있으며, 교실과 학교에서 이루어지는 교육활동은 초미의 관심사다. 주요 교육제도와 교육정책에 대해 일반 대중의 관심은 매우 높다. '교육의 질은 교사의 질을 넘어설 수 없다'는 오래된 말에서 알 수 있듯이, 교사에 대한 국민적 관심과 기대도 높다. 교사가 사회적으로 중요한 일을 한다는 점에 대해서는 이견이 없다. 따라서 이에 적합한 처우가 이루어져야 하고, 우수 인력이 교직에 진출해야 하며, 지속적으로 자기계발을 할 것에 대한 기대도 크다.

둘째, 교직은 조직 속에서 이루어지는 일이다.

교사는 학교라는 조직 속에서 학생들을 만나고 교과를 가르친다. 모든 교사는 특정 학급과 교과(초등은 대부분의 교과)를 맡아서 가르치며, 교육에 필요한 업무를 나누어 맡는다. 전문가인 교사가 의사와 법조인 등 다른 전문가와 가장 차이가 나는 점은 '혼자 할 수 없다'는 점이다. 주로 개별 교실과 교과를 교직과 연결하지만, 반드시 알아야 할 점은 '학교조직 속에서 교육이 이루어지고 교직이 전개된다'는 점이다. 따라서 학교라는 조직의 구조와 문화, 리더십과 협업에 대해 인지하고 관련 역량을 키워야 한다.

셋째, 교직은 복잡하고 예측하기 어려운 일이다.

교육은 다른 일에 비하여 비구조화된 일이라는 특징을 갖는다. 즉 정해진 '매뉴얼대로' 되기 어렵다. 주어진 교육과정이 있고 교수학습지도안을 계획하지만, 교사의 전문성과 자율성을 바탕으로 교육과정 재구성과 수업 운영이 이루어진다. 수업을

'예술'로 보는 관점(박수정, 2023)에서 알 수 있듯이, 사람과 사람이 만드는 역동적인 상호작용의 결과로 학습이 이루어진다. 대단히 창의적인 일이면서 예측 가능성과 손에 잡히는 결과 파악은 어렵다는 점을 동시에 알 수 있다. 수업 외의 업무는 상대적으로 구조적이지만 역시 예측하기 어려운 상황은 빈번하다.

넷째, 교직은 개방되고 연결된 일이다.

교육은 학생을 상대로 이루어지나, 학생을 통해 교사가 하는 일은 학부모에게 전달된다. 교직 외에 어떤 직업이 이렇게 장기간 노출될까? 학생과는 직접적인 관계를, 학부모와는 학생을 매개로 한 간접적인 관계를 맺으며, 또한 직접적인 관계로도 전환될 수 있다. 또한 지역사회와도 관련을 맺는데, 교사로서는 학생 외의 관계는 모두 부담되는 것일 수 있다. 그러나 교사가 가르치는 학생이 지역사회에서 온다는 점을 생각하면 교직의 개방성은 불가피한 것이고, 교육공동체에 대한 열린 자세, 교육을 위해 적극적으로 활용하는 자세가 필요하다.

이것 외에도 교직의 특징은 무엇일까? 공무원이지만 특정한 일을 수행하는 '교육공무원', 전문가이지만 '조직 속에서 일하는 전문가', 동일하게 학생들을 가르치지만 거래적, 일시적 관계를 맺는 사교육 종사자와 달리 비자발적인 학생들도 가르쳐야 하는 '공교육기관의 교사'라는 점은 교직에 대한 풍부한 이해를 도울 것이다.

2 교사의 직무

교사의 직무(職務)는 교사가 하는 일로, 직무 수행과 관련된 전반적인 실태를 통계로 확인하고자 한다. OECD에서 5년 주기로 수행하는 TALIS(교수학습국제조사)는 교사의 직무와 직무환경을 종합적으로 조사하고 있다. 우리나라는 2008년부터 참여하고 있는데, OECD 회원국의 중학교 교사를 대상으로 하며, 2018년부터는 초등학교 교사도 포함되어 조사하고 있다.

한국교육개발원에서는 2022년에 TALIS와 동일한 문항으로 조사하고, 이를 분석한 보고서를 발행하였다(김혜진 외, 2022). 보고서 내용 중 교사의 직무와 관련된 통계분석 자료를 확인하도록 한다. 2013년과 2018년은 TALIS 조사 결과이며, 2022년은 주관기관(한국)의 자체 조사결과다. <표 1-1>에 정리된 결과(평균, 표준편차)를 보면서 교직에 대해 다양하게 생각해보고 논의할 수 있을 것이다.

첫째, 교사는 어떠한 직무를 얼마나 수행하고 있는가? "이 학교에서 가장 최근 빠짐없이 근무한 일주일 동안, 다음 업무에 60분 기준 대략 몇 시간을 사용하였는가?"를 조사한 결과는 다음과 같다. 2022년에 교사들은 실제 수업 시간, 행정 업무, 수업 계획과 준비, 과제 평가, 학생 상담 순으로 시간을 많이 할애하는 것으로 나타났다. 과거에 비해 실제 수업 시간은 줄고, 행정 업무는 늘었다.

〈표 1-1〉 중학교 교사의 직무수행 세부 활동별 사용 시간

구분	2013년		2018년		2022년	
	평균	표준편차	평균	표준편차	평균	표준편차
교내·외에서의 수업 계획 및 준비	7.58	6.86	6.28	5.46	7.17	5.41
실제 수업 시간	18.72	5.87	18.11	5.41	16.47	4.90
교내에서 이루어지는 동료 교사와의 의견교환 및 협동작업	3.10	4.04	2.55	2.50	2.72	2.97
학생들이 제출한 과제 채점/수정	3.84	4.53	3.02	2.97	4.49	4.01
학생 상담	4.07	4.71	3.79	3.96	3.63	3.94
학교 경영업무 참여	2.25	3.94	1.66	2.91	2.19	3.27
행정 업무	5.73	6.09	5.30	5.28	7.23	6.35
학부모 또는 보호자와의 의사소통 및 협력	2.11	3.47	1.67	2.40	1.81	2.78
교과 외 활동 지도	2.52	4.14	1.96	2.72	2.16	2.98
기타 업무	2.44	4.03	1.79	3.06	2.30	3.43

출처: 김혜진 외(2022: p.86).

둘째, 교사는 직무수행에 대해 얼마나 자신감을 가지고 있는가? "수업에서 다음을 어느 정도까지 할 수 있는가?"를 조사한 결과(매우 그렇다 4점)는 다음과 같다. 교수학습, 학생참여, 학급경영 영역에서 교사 효능감의 수준은 어떠한지, 과거에 비해 효능감의 변화 추이는 어떠한지 확인할 수 있다. 2022년에 교사들은 세 영역에서 3.15~3.20의 양호한 효능감 평균을 나타냈으나, '학업에 관심 없는 학생들에게 동기를 부여한다'는 문항은 유일하게 3점에 미치지 못했다.

〈표 1-2〉 중학교 교사의 효능감

구분		2013년		2018년		2022년	
		평균	표준편차	평균	표준편차	평균	표준편차
교수학습	학생들을 위해 좋은 문제를 만든다.	2.96	0.65	3.18	0.66	3.24	0.63
	다양한 평가 전략을 사용한다.	2.79	0.67	3.01	0.68	3.09	0.69
	학생들이 잘 이해하지 못할 때 다른 방식으로 설명해준다.	3.04	0.66	3.25	0.64	3.30	0.61
	수업시간에 다양한 교수 전략을 사용한다.	2.75	0.70	3.10	0.68	3.17	0.67
	평균	2.89	0.55	3.14	0.56	3.20	0.55
학생참여	학생들에게 학업을 잘 해내고 있다는 믿음을 준다.	2.99	0.66	3.23	0.66	3.30	0.62
	학생들이 배움을 가치 있게 여기도록 돕는다.	3.00	0.67	3.22	0.67	3.31	0.62
	학업에 관심 없는 학생들에게 동기를 부여한다.	2.71	0.71	2.84	0.75	2.97	0.75
	학생들이 비판적으로 사고할 수 있도록 돕는다.	2.75	0.69	2.98	0.71	3.03	0.71
	평균	2.86	0.56	3.07	0.58	3.15	0.57
학급경영	교실에서 방해되는 행동을 통제한다.	2.96	0.69	3.10	0.70	3.21	0.65
	학생들의 행동에 대한 기대를 명확히 한다.	2.84	0.66	3.03	0.69	3.16	0.64
	학생들이 학급규칙을 따르도록 한다.	3.02	0.66	3.15	0.68	3.22	0.62
	방해되거나 시끄러운 학생을 진정시킨다.	2.92	0.70	3.05	0.70	3.17	0.65
	평균	2.93	0.57	3.08	0.60	3.19	0.55

출처: 김혜진 외(2022: p.95).

셋째, 교사는 어떠한 직무 스트레스를 가지고 있는가? "이 학교에서의 직무를 생각했을 때, 다음의 사항들은 업무상 스트레스에 어느 정도의 원인이 되는가?"를 조사한 결과(매우 그렇다 4점)는 다음과 같다. 과업, 학생지도, 학부모 및 외부기관 대응 영역에서 직무 스트레스의 수준과 변화 추이를 확인할 수 있다. 2022년에 교사들은 과도한 행정 업무, 학부모(보호자)의 민원 대응, 교육청/교육부의 요구 대응, 교실에서의 질서 유지, 학업성취도에 대한 책임 순으로 직무 스트레스를 받는 것으로 나타났다.

〈표 1-3〉 중학교 교사의 직무 스트레스

구분		2018년		2022년	
		평균	표준편차	평균	표준편차
과업	과도한 수업 준비	1.91	0.73	1.94	0.74
	과도한 수업 시간	2.09	0.88	2.10	0.89
	과도한 평가(채점 등) 업무	1.98	0.84	2.12	0.86
	과도한 행정업무	2.60	0.94	2.80	0.94
	결근한 교사로 인한 추가적인 업무	1.66	0.78	1.91	0.90
	평균	2.05	0.62	2.18	0.65
학생 지도	학생들의 학업성취도에 대한 책임	2.13	0.81	2.36	0.80
	교실에서의 질서 유지	2.49	0.90	2.40	0.88
	학생으로부터의 위협 또는 언어폭력	2.08	0.99	2.09	1.01
	평균	2.23	0.72	2.28	0.74
학부모 및 외부기관 대응	시도교육청(지원청), 교육부 등 관련 기관으로부터의 제반 요구 대응	2.39	0.92	2.41	0.90
	학부모 또는 보호자의 민원 대응	2.45	0.95	2.63	1.00
	특수교육 학생을 위한 수업 조정	1.40	0.67	1.69	0.82
	평균	2.08	0.65	2.24	0.72

출처: 김혜진 외(2022: p.100).

넷째, 교사의 직무 만족도는 어느 정도인가? "교직에 대한 전반적인 동의 정도"를 조사한 결과(매우 그렇다 4점)는 다음과 같다. 교직만족과 학교만족으로 구분하여 살펴보았고, 세부 문항별 응답을 확인할 수 있다. 2022년에 교직만족과 학교만족의 평균은 3점에 가깝고, '다른 직업을 선택하는 것이 더 좋았을지도 모른다'라는 문항이 가장 낮았다.

〈표 1-4〉 중학교 교사의 직무 만족도

구분		2013년		2018년		2022년	
		평균	표준 편차	평균	표준 편차	평균	표준 편차
교직 만족	교직은 단점보다 장점이 훨씬 많다.	3.04	0.62	3.06	0.67	3.07	0.70
	다시 선택할 수 있다 해도 나는 교사라는 직업을 택할 것이다.	2.76	0.81	2.79	0.86	2.85	0.90
	교사가 되기로 결심했던 것이 후회된다.(역코딩)	3.01	0.72	3.07	0.77	3.12	0.81
	다른 직업을 선택하는 것이 더 좋았을지도 모른다.(역코딩)	2.69	0.78	2.73	0.86	2.74	0.92
	가르치는 일이 이 사회에서 가치 있는 일로 평가되고 있다고 생각한다.	2.74	0.81	2.77	0.86	2.93	0.85
	대체로 나의 직업에 만족한다.	3.03	0.60	3.11	0.63	3.21	0.62
	평균	2.88	0.55	2.92	0.59	2.99	0.61
학교 만족	가능하다면 나는 다른 학교로 전근을 가고 싶다.(역코딩)	2.76	0.76	2.73	0.86	2.84	0.87
	나는 이 학교에서 일하는 것이 즐겁다.	2.85	0.69	2.86	0.76	3.09	0.71
	나는 우리 학교가 근무하기에 좋은 곳이라고 추천하고 싶다.	2.72	0.75	2.75	0.85	2.96	0.79
	이 학교에서의 나의 업무 결과에 만족한다.	2.90	0.62	2.97	0.67	3.05	0.65
	평균	2.81	0.55	2.83	0.63	2.98	0.59

출처: 김혜진 외(2022: p.98).

3 ▶ 교사의 직무환경

교사의 직무환경은 직무를 둘러싼 조직의 인적, 물적, 제도적 환경을 의미한다. 동일한 자료를 통해 주요 직무환경을 살펴본다.

첫째, 교사의 자율성은 어떠한가? "학급에서 수업을 준비하고 진행하는데 어느 정도의 권한을 가지는가?"를 조사한 결과(매우 그렇다 4점)는 다음과 같다. 2022년에 교사들의 응답은 3.43으로 높은 편이며, 2018년에 비해서는 약간 낮아졌다.

〈표 1-5〉 중학교 교사의 자율성

구분	2018년		2022년	
	평균	표준편차	평균	표준편차
수업내용 결정	3.53	0.60	3.44	0.61
교수방법 선택	3.59	0.54	3.54	0.52
학생 평가	3.48	0.59	3.38	0.62
학생 생활지도	3.43	0.60	3.33	0.62
숙제분량 결정	3.48	0.60	3.46	0.56
평균	3.50	0.50	3.43	0.48

출처: 김혜진 외(2022: p.57).

둘째, 교사와 학생의 관계는 어떠한가? "학교에서 발생하는 다음의 일들에 어느 정도 동의하는가?"를 조사한 결과(매우 그렇다 4점)는 다음과 같다. 2022년에 교사들의 응답은 3.31로 높은 편이며, 상향하는 추이를 보이고 있다.

〈표 1-6〉 중학교 교사-학생 관계

구분	2013년		2018년		2022년	
	평균	표준편차	평균	표준편차	평균	표준편차
교사들과 학생들은 평상시 서로 잘 지낸다.	3.13	0.50	3.22	0.60	3.45	0.54
대다수의 교사들은 학생의 웰빙이 중요하다고 믿는다.	3.10	0.55	3.17	0.58	3.27	0.55
대다수의 교사들은 학생들의 의견에 관심을 갖는다.	3.10	0.51	3.20	0.57	3.32	0.56
학생이 추가적인 지원을 필요로 하면, 학교가 제공한다.	2.86	0.64	3.06	0.63	3.22	0.57
평균	3.05	0.43	3.17	0.51	3.31	0.45

출처: 김혜진 외(2022: p.69).

셋째, 교사들은 얼마나 혁신적인가? "이 학교 선생님들을 생각할 때, 어느 정도 동의하는가?"를 조사한 결과(매우 그렇다 4점)는 다음과 같다. 2022년에 교사들의 응답은 3.02로 높은 편이며, 상향하는 추이를 보이고 있다.

〈표 1-7〉 중학교 교사의 혁신성

구분	2018년		2022년	
	평균	표준편차	평균	표준편차
이 학교의 대다수 교사들은 수업에 관한 새로운 아이디어를 개발하기 위해 노력한다.	3.09	0.67	3.11	0.57
이 학교의 대다수 교사들은 변화에 개방적이다.	2.82	0.75	2.93	0.67
이 학교의 대다수 교사들은 문제 해결을 위해 새로운 방법을 모색한다.	2.96	0.71	3.04	0.61
이 학교의 대다수 교사들은 아이디어를 적용하기 위하여 서로에게 실질적인 지원을 한다.	2.84	0.76	3.00	0.64
평균	2.93	0.65	3.02	0.56

출처: 김혜진 외(2022: p.93).

넷째, 교사가 근무하는 학교의 풍토는 어떠한가? "이 학교에서 적용해볼 때 어느 정도 동의하는가?"를 조사한 결과(매우 그렇다 4점)는 다음과 같다. 민주적 의사결정

〈표 1-8〉 중학교 교사의 학교풍토

구분		2013년		2018년		2022년	
		평균	표준편차	평균	표준편차	평균	표준편차
민주적 의사 결정	이 학교에서는 교직원들에게 학교의 의사결정에 적극적으로 참여할 수 있는 기회를 제공한다.	2.62	0.72	2.88	0.77	2.91	0.74
	이 학교에서는 학부모 및 보호자에게 학교의 의사결정에 적극적으로 참여할 수 있는 기회를 제공한다.	2.87	0.58	3.03	0.67	3.07	0.64
	이 학교에서는 학생들에게 학교의 의사결정에 적극적으로 참여할 수 있는 기회를 제공한다.	2.70	0.65	2.92	0.70	3.05	0.66
	평균	2.73	0.56	2.94	0.64	3.01	0.61
협력문화	이 학교는 학교의 문제에 대한 공동책임의 문화를 갖고 있다.	2.73	0.65	2.84	0.73	2.88	0.73
	상호간의 지지를 특징으로 하는 협력적인 학교 문화가 존재한다.	2.77	0.66	2.91	0.70	2.96	0.69
	평균	2.75	0.62	2.88	0.68	2.92	0.68

출처: 김혜진 외(2022: pp.89-90).

과 협력문화는 3.0 내외, 상향하는 추이가 확인된다. 주목할 것은 교사들은 학부모와 학생의 의사결정 참여 기회 제공에 대해 교직원의 그것에 비하여 높게 인식한다는 점이다.

　교사의 직무 및 직무환경과 관련된 주요 통계를 살펴보았다. 한국 교사의 인식이라는 점에 주의하면서 살펴볼 필요가 있다. 학생과 학부모의 생각은 어떨지 확인할 필요가 있으며, 같은 항목에 대해서도 교장의 인식은 다를 수 있다. 학교풍토 중 민주적 의사결정(분산적 리더십)에 대해서 교장은 교사와 다른 인식을 보였다. 세계적으로 비교하면 어떠할까? 교사의 직무 스트레스로 꼽힌 행정업무와 학부모 민원, 교사의 직무수행 중 높은 비율로 나타나는 행정업무 등은 한국적인 현상으로 볼 수 있다. 반면 미국 교사의 실제 수업시간 비중은 상당하다.

　좀 더 자세히 알고 싶다면 한국교육개발원 발간 보고서(홈페이지에서 제공)와 학술논문 등을 참고하기 바란다. 교직 수행과 환경, 그리고 이것이 교육성과에 미치는 영향 등이 교육학에서 매우 활발하게 연구되고 있으며, 이를 분석하고 실천사항을 제안하는 교사 연구자도 있다는 점도 주목할 만하다.

4 교직사회와 문화

　교사가 되면 본격적으로 '교직사회'에 입문한다. 가르치는 일을 하는 사람들로 구성된 사회, 학교에서 근무하는 교사들의 사회 속에 들어가는데, 이를 '교직 사회화'라고 한다. 어떠한 직업이든 해당 직업의 직업인이 되는 '직업 사회화' 과정을 거친다. 학생들이 경험하는 사회화(socialization)와 비슷하다고 볼 수 있지만, 직업은 특정한 목표하에 구체적인 직무를 수행하고 보상을 받는 일이므로 새로운 사회화 과정을 밟으며, 직업에 따른 독특한 특징을 갖는다.

　교직은 '접근성'이 높은 직업이다. 누구나 어린 시절에 만나는 첫 번째 직업이 교사이며, 오랫동안 오랜 시간 만나고 상호작용하는 직업이다. 교사의 일과 직업에 친근함과 익숙함을 갖게 되고, 좋아하는 선생님, 존경하는 선생님을 만나면 본받고 싶은 '동일시' 경험을 하기도 한다. 나보다 어린 아이를 돌보거나 가르치는 경험은 스스로 잘 가르치는 사람, 잘 돌보는 사람이라는 자기확신을 가지면서 성장하는데, 이러한 '자기 사회화(self-socialization)'는 교직의 고유한 특징이기도 하다(Lortie, 1975). 대체로 초등교사는 '아동에 대한 관심', 중등교사는 '교과에 대한 관심'으로 교사가 되고, 전통적인 교과와 학교에 대한 긍정적인 마음으로 교직을 결정한다. 대학에 재학하는 예비교사 시기에는 '관람객'과 같은 학생의 시선으로 또는 '이상적인 존재'로 교사를 바라본다(박수정, 한은정, 2021)

한국 학생의 희망 직업 중 교사는 최상위에 있다. 2023년 교육부 '진로교육 현황조사'에서 중학생과 고등학생은 1위, 초등학생은 3위를 기록했다. 다른 나라에서는 찾아보기 어려운 높은 순위지만, 앞으로도 그러할지는 알 수 없다. 교직에의 입문 동기는 내적 동기와 외적 동기로 구분할 수 있는데, 앞서 살펴본 TALIS 조사에서는 이를 '개인적 유용성' 동기와 '사회적 유용성' 동기로 구분하여 조사하였다. TALIS 2018 조사에 의하면 한국의 중학교 교사는 교직을 선택할 때 안정된 직업, 학생들의 발전에 기여, 개인 생활을 할 수 있는 근무여건, 안정된 수입의 보장, 사회 기여 등을 고려하였다고 응답한 비율이 높은 것으로 나타났다. 외국과 비교할 때 개인적 유용성 동기가 높고 사회적 유용성 동기는 낮게 나타난 점은 주목할 만하다.

〈표 1-9〉 중학교 교사의 교직 입문 동기(2018년)

구분	개인적 유용성 동기				사회적 유용성 동기		
	안정적 경력개발	안정된 수입의 보장	안정된 직업	개인 생활을 할 수 있는 근무여건	교수학습을 통한 학생들의 발전에 기여	교수학습을 통한 사회적 소외계층의 삶 개선에 기여	교수학습을 통한 사회기여
한국	74.7	79.8	88.2	84.3	88.4	72.7	79.7
OECD 평균	61.1	67.2	70.6	65.6	92.3	74.7	88.2
TALIS 평균	67.5	70.5	74.3	70.0	93.2	78.2	90.4

출처: 이동엽 외(2019: p.87). 매우 고려함(4점)과 고려함(3점)에 응답한 교사의 비율 합산.

사회적으로 의미있고 중요한 일, 잘 할 수 있는 일, 좋아서 하는 일과 같은 동기가 높을수록 교사 효능감과 직무 만족이 높은 것으로 나타나기 때문에(박희진, 이문수, 2019; 이정원, 2020), 안정성과 근무여건을 최우선으로 교직을 선택하는 것은 다소 우려되는 점이다. 교직을 포함한 직업세계 전반에 대한 사회적 풍토, '직장'으로서 교직을 바라보는 현실(이재덕 외, 2020)을 감안하지 않을 수 없다. 그럼에도 교육과 학생에 대한 열정이 있는 교사가 필요한 것 또한 사실이다.

교직 입문 후 모두가 마주하는 것은 '한꺼번에 교사로서의 모든 일을 수행해야 하는 상황'이다. Lortie(1975)가 '가라앉거나 헤엄치거나(sink or swim)'로 표현했던 초임교사의 현실은 지금도 큰 변화가 없다. 그러나 신임교사를 위한 교직 적응 지원은 중요하게 추진되고 있는데, 임용 전 연수, 임용 후 연수, 교내 연수 등 다양한 지원이 이루어지고 있다. 그럼에도 일반 회사에서 이루어지는 일정 기간의 직무교육(OJT)은 없고, 일반 공무원에서 운영하는 시보(試補) 기간도 없다. 조직의 공식적인 도움보다는 비공식적인 도움을 통해 교직생활의 어려움을 해결하는 관행은 여전하다. 최근 교사 협력과 전문적 학습공동체가 중시됨에 따라, 교사들이 함께 협의하거나 공부하자고 손을 내미는 경우가 많아지고 있으나, 형식적인 운영과 효과성에 대한 의문도 있다(최민석, 박수정, 2019).

교직문화의 특징은 오랫동안 개인주의, 보수주의, 현재지향성이 거론되어 왔다(Lortie, 1975; 정바울, 2011). 개인주의는 가르치는 일의 개별적인 속성에서 기인한다. 한 명의 교사가 다수의 학생을 가르치고 책임지는 교육의 속성은 필연적으로 개인주의를 가져오며, 고립과 경계를 낳는다. 보수주의는 변화에 소극적이고 저항적인 성향을 가리키는데, 이 또한 교과와 교육의 보수성을 생각하면 당연한 것이다. 현재지향성은 교육의 성과를 명쾌하게 특정하고 확인하기 어려운 상황에서 '지금 하는 일'에 집중하는 경향을 의미한다.

한국의 맥락에서 살펴보면, 극복해야 할 교직문화로 형식주의, 보수주의, 고립주의, 평균주의, 관료주의, 권위주의 등을 꼽을 수 있다(김병찬, 2023, 박소영, 2011). 중요하지 않다고 생각하는 일 혹은 급한 일을 형식만 갖추거나 하는 시늉만 하는 형식주의, 변화하는 환경과 요구에 둔감하거나 저항하는 보수주의, 나만의 성에 갇혀 있으려는 고립주의, 잘하려는 사람과 튀는 사람을 평균치에 수렴하도록 만드는 평균주의, 관료제의 풍토 속에서 위계적 문화를 고수하는 관료주의와 권위주의가 그것이다. 누가 이런 문화를 만들고 유지하는가? 학교를 어렵게 만드는 외부의 영향력도 있지만, 이러한 문화는 오랫동안 내적으로 강화, 재생산되어 왔다.

이렇게 부정적인 측면만 있을까? 새로운 문화는 나타나고 있으며, 이것은 결국 '사람'에 의해서 창조된다. 권위적이지 않고 민주적인 교장, 변화를 의미있게 이끌어가는 교장이 있으며, 나만의 성(城)과 평균에 머물지 않고 적극적으로 도전하는 교사, 새로운 변화를 만들어가는 교사도 있다. 원하지 않은 고립을 탈피하여 수업을 공개하고, 수업 나눔을 하고, 공동으로 수업 연구와 실행을 하는 교사들도 있다. 긍정적인 교직사회와 문화는 새롭게 교사가 되는 젊은이들의 어깨에도 달려있다.

경기도의 사립 고등학교에서 근무하는 송승훈 선생님은 전국국어교사모임에서 오랫동안 활동하면서 현장에서 원하고 도움이 될 수 있는 실질적인 교사 연수를 기획, 운영하였다. '한 학기 책 한권 읽기'를 교육과정에 도입하도록 노력하였고, 관련 저서를 출간하였다. 학교에서는 학생들의 문해력을 높이기 위해 여러 교과의 수행평가를 연계하자고 제안하였고, 전문적 학습공동체를 독서모임 중심으로 실질적으로 운영하는 등 전문적 교사 협력에 있어서도 역할을 하고 있다. '사회 정의'에 대한 감수성이 학생들에게 영향을 줄 것으로 믿으며, 실천할 수 있는 작은 변화를 소중히 여긴다.
* 참고하기: 『나의 책 읽기 수업』 (나무연필)

경기도의 공립 고등학교에서 근무하는 정미라 선생님은 첫 발령 학교인 특성화고에서 영어에 흥미가 없는 학생들을 위해 참여하는 영어 수업을 구안, 운영하였다. 일반고에서도 성적 중하위권 학생들에 대해 관심을 두었고, 고 3 수업에서도 입시보다는 배움이 일어나는 수업을 하고자 했다. 고교학점제가 고등학교 책임교육에 도움이 된다고 생각하고 관련 저서를 여러권 집필하고, 교사 연수의 강사, 각종 포럼과 토론회에서 교사를 대표하여 목소리를 내고 있다. 영어교육학 박사 학위를 취득한 후에도 진로상담 석사과정을 공부하면서 전문성을 쌓고 있으며, 학부모 운동에도 관심이 있다.
* 참고하기: 『고교학점제, 다시 교육과정을 디자인하다』 (맘에드림)

대전의 공립 초등학교에 근무하는 A 교장은 교사 시절 교육정보화에 관심이 많아 교육대학원에서 교육공학을 공부하고 정보화 교사 연수의 강사로 오래 활동했다. '아이들에게 온 마음을'이라는 비전을 가지고, 학교장으로서 코로나19 시기 비대면 수업을 해야 하는 상황을 맞아, 동영상 콘텐츠 수업보다는 쌍방향 수업이 효과적이라는 판단 하에 전 학년 전면 실시간 쌍방향 수업을 실시하였다. 교사들을 설득하고 관련 연수를 진행하면서 역량을 높였고, 교육청 예산은 경제적으로 어려운 학생들을 위해 노트북을 준비하는 데 사용하였다. 당시 대부분의 초등학교가 한두시간 정도 쌍방향 수업을 했던 것과 비교하면 대단히 적극적인 학교운영이었다.

* 참고하기: 이영숙, 박수정(2022). 코로나 19 시기, 한 초등학교의 수업 운영 사례: 전 학년 전면 실시간 쌍방향 수업. 한국교육문제연구, 40(3), 223-252.

성실하게 교육활동을 하고, 자신의 경험을 책과 강의로 나누는 교사는 리더! 통합교육에 얼마나 준비되었는가? 중학교에서 통합교육하는 교사, 고등학교에서 지도하는 특수교사의 이야기를 확인해보기 바란다.

* 참고하기: 『해 보니까 되더라구요』(새로온봄), 『선생님과 나는 친하니까』(소소한소통)

5 ▶ 교직에서 필요한 교사는?

교직에서는 과연 어떤 교사가 필요할까?

수업 비평을 전문적으로 연구해 온 청주교대 총장 이혁규(2021)는 교사는 '평생 잘 배우는 사람'이어야 한다고 하였고, 현장에서 오랫동안 교사 학습공동체 운동을 하고 다수의 저서를 집필한 함영기(2023)는 주어진 것을 잘하는 '기술적 전문성'에서 나아가 다양한 가치와 관점을 연결하는 '연계적 전문성'을 강조하였다. Hargreaves 와 Fullan(2012)은 학교를 변화시키려면 교사에게 전문적 자본, 즉 인적 자본, 사회적 자본, 의사결정 자본이 필요하다고 했다. '성찰하는 실천가(reflective practitioner)' 는 교사를 설명하는 대표적인 개념이다(Schön, 1983). 다양한 관점에서 교사의 지향을 바라볼 수 있다.

중요한 것은 '기본'이며, 지속적인 성장과 변화가 동반되어야 한다. 잘 가르치기 위해서는 '학습하는 교사'가 필요하다. 다른 직업에 비해 장기간 동일한 일을 하는 교직에서 필요한 교사는 '계속 성장하는 교사'다. 사회와 기술의 변화 앞에서 '변화하는 교사'가 필요하다. 이를 위해서는 개인적으로 노력하지만 여럿이 함께 노력하는 '협력하는 교사'가 필요하다. 모든 아이들의 성장을 도우려는 '포용하는 교사'는 세계시민을 기르는 시대에 가치롭다.

교사는 '디자이너(designer)'다. 학생의 학습을 분석, 지원, 평가하는 학습 디자이너 (learning designer), 학생의 생활과 진로를 안내하는 삶의 디자이너(life designer), 학생 교육을 위한 최적의 학교를 만드는 데 참여하는 학교 디자이너(school designer)가 교사다. 필요한 교육과 교육환경을 구안하고 실행하는 교육 디자인(education design) (진동섭, 2022)에 참여하고 주도하는 교사는 교육의 희망이다.

교사와 학부모를 막론하고 교직을 '직장'으로 바라보는 사람들이 늘고 있다. 교직이 하나의 직장임은 분명하지만, 사람을 성장시키는 교육을 하겠다는 마음을 가진 사람들이 선택하는 직장이다. 교사가 만나는 학생들은 한 명 한 명 소중한 존재이기에, 이렇게 중요한 일을 하는 직업에 대해 여전히 '사명감'을 기대하는 사회적 풍토가 있다. 열정을 불태우는 교사를 응원하고 지원하는 시스템과 문화를 함께 만들어 가면서, 스스로에게 물어보자. "내가 할 일은?"

01 교사의 직무와 직무환경에서 소개한 조사 결과 중 관심있게 본 것은 무엇인가? 평소 생각
   하고 있던 것과 같은 점과 다른 점은 무엇인가?

02 한국의 교직사회와 문화에서 반드시 고쳐야 할 것은 무엇일까? 발전적인 교직문화, 학교문
   화를 만들기 위해서는 무엇부터 해야 할까?

03 '교직에서 필요한 교사'에 대한 나의 생각은? 그리고 이러한 교사들이 배출되기 위해서는
   어떠한 개인적인 노력과 제도적인 지원이 필요할까?

제
2
장

교직 생애와 성장

예비교사와 신임교사에게 필요한
교사론과 교직실무

제2장
교직 생애와 성장

박수정

교직에 입문한 후 학교에서 그리고 개인적으로 어떠한 삶이 전개될까?
교직에 있는 동안, 전문성 개발을 위해 무엇을 어떻게 해야 할까?
교사는 다른 직업에 비해 장기간 동일한 일을 하며, 전문성과 책무성을 요구하는 직업이다. 교직 생애에서 계속해서 학습하고 성장하는 전문가의 미래를 설계하고 실천할 수 있어야 한다. 이를 위해 교직 생애의 특징과 성장을 위한 다양한 방법을 알고 계획한다.

◎ 반드시 알아야 할 것
- 교직 생애의 개념과 주요 특징
- 전문성 개발의 유형과 방법
- 교직 생애 및 전문성 개발 계획 수립

◎ 목차
1. 교사와 교직 생애
2. 교직 생애의 주요 특징
3. 교사의 전문성
4. 교사의 전문성 개발
5. 어떤 교사로 살 것인가?

1 교사와 교직 생애

교직을 막 시작하는 초임교사, 신임교사 시기에는 무슨 일이 벌어지고 어떠한 과정을 거쳐 경력교사가 될까? 어떤 이는 평생 교사로 살고, 어떤 이는 교육청과 교육부에서 교육전문직원으로 일하며, 어떤 이는 수석교사나 교장의 직무로 교직을 마무리한다. 교직에서 경험하는 직업적인 특징을 교직 생애라고 한다면, 어떻게 시기를 구분하고, 어떠한 특징이 있으며, 어떻게 살아가야 할까?

교사로서의 직업 생애를 의미하는 '교직 생애(career)'는 교사의 교직 입문에서부터 퇴직까지의 전 과정을 의미한다. 주로 '생애주기' 혹은 '생애단계'라는 표현과 함께 사용되는데, '주기(cycle)'는 순환의 개념이, '단계(stage)'는 순차적 개념이 강하다. 여기에서는 넓게 '교직 생애'로 표현하고, 교직 입문에서부터 교직 종료 시점까지 이르는 시기를 이른다.

교직 생애는 오랫동안 가르치는 일을 동일하게 하는 교사들이 교직에 대한 관점, 이해, 행동 등에서 어떠한 특징을 보이는지 파악하도록 하며, 특히 교사의 직무 수행과 전문성 개발에 있어서 의미있는 시사점을 제공할 수 있다. 교직 생애에서 어떠한 요구와 지원이 필요한지 조사, 분석하는 연구가 많이 이루어졌고, 여러 교육청에서는 교사의 교직 생애에 따른 연수체제(주로 '생애주기별 연수')를 개발, 실행하였다. 따라서 교직 생애를 명확한 특징으로 구분하려고 그 특징을 파악하려는 연구가 이루어지고 있다.

교직 생애를 분류하는 가장 대표적인 사례는 교육경력에 따라 나누는 것이다. 주로 5년 이내(입직기/적응단계), 5~15년(성장기/성장단계), 15~25년(발전기/발전단계), 25년 이상(심화기/숙련단계)으로 구분한다(김희규, 주영효, 2017; 방효비, 박수정, 2021). 이러한 구분과 명명은 교직 경력이 쌓여갈수록 성장, 발전, 심화된다는 긍정적인 관점을 보여준다. 또한 1~2년차(시행착오기), 2~5년차(좌절 성장기), 5~10년차(발달기), 10~15년차(성숙·안정기), 15~20년차(회의·혼란기), 20~30년차(소극·냉소기), 초월·격리기(30년 이후)로 좀 더 세분화되기도 한다(김병찬, 2007). 한국의 교직사회에서 교장 임용은 승진제도로 운영되므로, '승진하지 않는 교사'로 남는 교사들의 상황은 다소 부정적으로 그려진다. 김병찬(2007)은 교직 생애 발달의 특징을 '조로(早老) 현상, 스스로 발달, 우연적 발달, 적응력 발달'로 분석하였는데, 지금도 그러할까?

교직 생애는 단일한 차원이 아니라 여러 차원에서도 논의될 수도 있다. 김정원 외 (2011)는 '조직 내 역할 변화'와 '교육적 관점 변화'를 구분하여 교직 생애의 경로를 각각 제안하였다. 조직 내 역할 변화 차원의 교직 생애는 적응기(학교 업무에 익숙해지기 위한 학습 단계), 자립기(어느 정도 학교의 움직임을 이해하고 학교 내 비중 있는 업무를 처리할 수 있는 단계), 승진 고려기(승진 가능성을 구체적으로 타진하고 필요한 부분을 준비해 나가는 단계), 퇴직 준비기(퇴직을 본격적으로 고려하는 단계)로 구분된다. 교육적 관점 변화 차원의 교직 생애는 열정기(모든 것을 다 하고자 하며, 또 다 할 수 있다고 믿고 열정을 쏟는 시기), 성숙기(점차 경험을 쌓아가면서 수업에서나 학급운영에서 자신만의 노하우를 가졌다는 자신감을 지니는 시기), 성찰기(이전의 자신감이 교육의 핵심을 놓친 노하우에 불과했다는 점을 의식하게 되며 아이들의 관점에서 아이들을 볼 수 있게 되는 시기)로 구성된다. 이러한 연구는 한국 교사의 생애가 하나의 경로, 한 차원에서만 설명될 수 없는 복선적, 복합적 특징을 보여준다. 개별 교사에 따라 그리고 개별 교사 내에서도 시점에 따라 다양한 모습을 보일 수 있다.

2 교직 생애의 주요 특징

교직 생애의 경력별 주요 특징에 대해 김병찬 외(2019)는 기존 연구들을 종합하여 다음과 같이 정리하였다. 1~5년에 이어 5~15년, 15~20년 등 10년 단위로 구분하였고, 마지막으로 25년 이후를 제시하였다. 정리된 시점을 감안하면 2000년대 ~2010년대의 교사의 특징으로 보아야 할 것이다. 그러나 여전히 공감되는 특징도 상당할 것으로 생각된다.

〈표 2-1〉 교직 경력에 따른 교사의 특징

교직경력	주요 특징
1년~ 5년	▪ 스스로를 크게 드러내지 않음 ▪ 수업에 높은 열정을 보임 ▪ 학생 생활지도 및 학부모 관계 등에 어려움을 느낌 ▪ 관료적·위계적 학교에 대한 조직적응 문제가 발생함 ▪ 독립적인 성향을 지님 ▪ 교·사대에서 배운 이론과 현실 앞에 놓인 과업과의 괴리를 느낌 ▪ 학교 안팎에서 고민과 어려움을 상담할 수 있는 선배교사와 동료가 필요함
5년~ 15년	▪ 비중 있는 학교 업무를 맡음 ▪ 전문성 개발과 향후 진로에 대한 고민을 시작함 ▪ 과중한 업무와 수업부담을 느낌 ▪ 일과 가정 사이에 균형을 갖기에 어려움 ▪ 때로는 열정이 사라지기도 함 ▪ 육아휴직 등의 공백이 발생함
15년~ 25년	▪ 부장 및 비중 있는 학교 업무를 맡음 ▪ 승진을 준비해야 함을 의식하고 승진점수를 확보하려고 함 ▪ 열정과 의욕이 소진되고, 건강의 문제가 발생함. ▪ 교육과 수업의 변화를 따라가기 어려워짐 ▪ 개인차가 있으나, 대략 15년차가 교직 생애의 전환적 시기임 ▪ 학교를 떠나 새로운 경험과 식견의 확장이 필요함 ▪ 일정한 노하우를 갖고 학교생활과 학생생활지도를 이끌어 감
25년 이후	▪ 수업과 학생지도에 높은 노하우를 지님 ▪ 학교 내 멘토와 선배의 역할을 수행함 ▪ 학교 내 역할이 부재함 ▪ 학생 및 젊은 교사들과의 소통에 어려움을 느낌 ▪ 교사로서 자부심과 평교사를 보는 시선 사이에서 혼란스러움 ▪ 승진문화에서 오는 박탈감, 자존감 상실 등의 문제가 생김 ▪ 변화하는 교육의 흐름을 다시 배우고자 하는 마음이 듦 ▪ 학부모의 고령교사에 대한 편견이 있음 ▪ 학교에 부정적 영향의 구심점 또는 협조적 영향의 중심이 됨

출처: 김병찬 외(2019: p.20) 인용 및 표현 수정.

　1~5년차 교사의 특징을 살펴보자. 고개가 끄덕여지는가? 5년차 이후 성장기에도 열정이 사라지기도 하는 모습을 보이며, 15년차 이후 발전기에도 열정과 의욕이 소진되는 모습을 보이는 것이 발견된다. 25년차 이후는 어떠한가? 높은 노하우를 지니고 멘토와 선배 역할을 수행하는 '심화', '숙련' 시기로 보는 점이 있는가 하면, 학교 안에서 역할이 부재하고 박탈감과 자존감 상실 등 '소극', '위축' 시기로 보는 관점이 혼재되어 있다.

교직 생애에 대한 연구는 공통적으로 교직경력 1~5년 정도의 저경력 교사를 구분
하여 조명한다. 이들은 새롭게 교직에 입문하는 교사들로, 빠르게 적응하고 현장에서
필요한 역량을 키워야 한다. 특히 2010년대 후반부터 밀레니얼 세대(1980~1990년대
생), N세대(1990년대생), Z세대(1990년대 중반~2000년대 중반), 90년대생 교사 등에 대
한 관심이 커졌고, 관련 연구들이 나왔다. 다음은 각 세대 교사들의 교직생활, 교직문
화의 특성을 질적으로 분석한 연구에서 제시한 젊은 세대 교사들의 주요 특징이다.

〈표 2-2〉 젊은 세대 교사들의 특징

세대		주요 특징
N세대 초등교사 (윤소희 외, 2019)	가치관	▪ 현재의 즐거움을 최우선으로 생각하기 ▪ 학생지도를 교육이 아닌 업무로 생각하기
	행동 양식	▪ 복장으로 교사가 아닌 '나'를 표현하기 ▪ 적극적인 의사표현은 하지 않기 ▪ 교직을 수평적이라 생각하면서 수직적으로 행동하기
	지식	▪ 수업의 정보와 자료를 인터넷 교사 커뮤니티에 의존하기 ▪ 수업의 시작과 마무리를 인터넷 자료로 대신하기
90년대생 중학교 교사 (이진웅, 박수정, 2020)	가치관	▪ '철밥통'과 '가르치는 즐거움' ▪ 교사는 수업으로 말한다 ▪ 현재에 충실, 승진은 보류 ▪ 교사는 24시간 대기조
	행동 양식	▪ Open 08:30, Closed 16:30 ▪ 두 개의 자아: Work & Life ▪ 방학 중 필수, 해외여행 ▪ 소신발언
	태도	▪ 복무는 개인의 정당한 권리 ▪ 이해할 수 없는 업무분장 ▪ 교직 사회, 수평과 수직 사이 ▪ 그럼에도 불구하고 '만족하는 편'
Z세대 초등교사 (윤정, 조영하, 2021)	교직 인식	▪ 부정 인식: [교장] 왕초 노릇, 복배지모(腹背之毛), [선배 교사] 적당히, 편안한 직장인, 승진 혹은 부업 추구자 ▪ 긍정 인식: [교장] 일하는 리더, [선배 교사] 전문가 교사
	추구하는 교직관	▪ 직업으로서의 교직: 욜로 직장인으로 살기, 일찌감치 교직 경력 행로 정하기 ▪ 전문직으로서의 교직: 진정한 선생님 되기

박상완과 박소영(2022)은 90년대생 초중등교사와 비90년대생 교원을 면담하고, 세대 특성과 개인 특성에 주목하면서 다음과 같이 분석하였다. 90년대생 교사는 직업으로서 교직을 인식하고, 학교생활과 개인생활의 구분이 뚜렷하였다. 이들은 정보화 기기를 잘 활용하고 수업 개선에 관심이 많았으며, 나만의 방식으로 학급경영과 생활지도를 하였다. 이들은 교내보다 온라인 커뮤니티를 통해 동료 교사들과 교류하는 경향이 있었고, 연공서열을 중시하여 업무를 배분하는 관행에 비판적이었다. 승진과 워라밸을 중시하는 특성은 개인별로 차이가 있었다. 90년대생 교사의 특성은 학교에서 합리적이고 개방적으로 사고할 가능성을 높이고 수업 반성 및 개선에 자극을 주지만, 교사 간 소통이 약화될 우려, 승진과 관련된 기존 행태 답습 경향이 있는 것으로 나타났다.

교직문화의 특징으로 개인주의는 오래 지적되어 왔고, 교사 간 적극적인 소통과 협력이 필요함은 1장에서 설명하였다. 최근 연구에서는 젊은 교사들이 개인주의적 경향이 심하고, 교사 간 소통과 협력에 다소 소극적인 태도를 보이는 것으로 나타나고 있다. 이것은 비단 교사들만의 특징일까? 교사를 포함한 모든 젊은 세대의 특징일 수 있으며, 코로나19를 경험하면서 더욱 개인화되는 사회적 풍토 때문일 수 있다. 그러나 교직 사회에서 참여와 협력을 강조하는 배경을 상기한다면, 필요한 상황에서 적극적으로 소통하고 협업과 공동 학습에 대한 개방적인 자세가 요구된다.

고경력 교사들의 교직생활은 어떠할까? 그동안 변화에 뒤떨어지고 자신감이 부족하며 소극적인 태도 등 다소 부정적인 모습으로 묘사되었다면, 최근의 연구에서는 25년 이상 교육경력을 가진 초등교사의 교직생활에서 승진 경로를 벗어나 교육 본연의 활동에 자유롭게 몰입하는 모습을 나타냈고, 자신만의 수업 틀거리 찾기, 전체적 관점으로 조망할 수 있는 일머리 찾기 등 오랜 경험의 암묵적 지식에서 나만의 브랜드로 프로토타입을 구안하는 모습이 발견되었다(이민정, 2023). 고경력 교사 발달의 특징으로 '경험 의존성'과 '우연성'이 분석되어(박효원, 2019) 교직 생애의 성장을 좀 더 체계적으로 도울 수 있는 방법을 찾을 필요가 제기된다.

다양한 세대층이 존재하는 교직문화, 다양한 교사들의 경험과 특성이 공생하는 교직사회에서 상호 이해와 적응이 필요하다. 또한 앞으로 어떠한 교직 생애를 만들어 나갈 것인지 구상하는 데 참고가 될 것이다.

3 교사의 전문성

교직 생애에서 가장 중요한 것은 결국 '성장'과 '전문성 개발'로 귀결된다. 학교조직에서 성장하고 전문성을 지속적으로 개발하여 궁극적으로 학생의 학습과 성장에 긍정적인 영향을 미치는 교사가 되는 것은 학교로서는 대단히 중요한 일이며, 개인적으로도 의미있는 일이 아닐 수 없다. 인간에 대한 관점으로 수동적 인간관 'X이론'과 대비되는 능동적 인간관 'Y이론'은 교직에도 적용되며, 헌신하는 교사의 사례는 학교에서 빈번하게 관찰되고 다수의 연구에서 보고되고 있다. 워라밸과 욜로의 시대적 풍토 속에서도, 내적 동기와 열정을 가지고 수업과 업무에 최선을 다하려는 교사들은 분명 있으며, 그러한 교사들이 더욱 많이 교직에 유입되어 학교에 활력을 불어넣을 것이라 기대한다.

교사의 전문성(professionalism)은 무엇인가? 교육은 전문적인 활동이므로, 이를 담당하는 교사는 교육의 전문가로서 갖추어야 할 능력이 있다. 이는 교사양성 단계에서부터 길러지기 시작하여, 현직에서도 길러져야 한다. '교사 전문성'은 교사에게 필요한 지식, 기술, 태도를 의미하며, 의미는 차이가 있지만 역량, 능력, 자질 등과 대체로 비슷하게 사용된다. 최근에는 교과나 내용적인 지식보다는 행동으로 표출되는 복합적인 능력을 표현하는 용어로 '교사의 역량(competency)'을 많이 사용하는 추세다.

교사의 전문성은 대체로 교사가 수행하는 일, 즉 교과지도, 생활지도, 학급경영, 업무 등으로 구분되어 논의된다. 교사의 전문성에 대한 요구를 확인할 수 있는 연구자료는 다양하나, 여기에서는 한국교육개발원에서는 매년 실시하는 교육여론조사에서 확인하도록 한다. 홈페이지를 통해 연구보고서를 공개하고 있으니 주기적으로 살펴볼 것을 권한다.

학습지도, 생활지도, 진로·진학지도, 학급경영, 학생 및 학부모와의 소통 역량 중에서 교사들에게 우선적으로 필요한 역량을 조사한 결과는 다음과 같다(권순형 외, 2023). 초등학교와 중학교는 학습지도와 생활지도 역량이, 고등학교는 진로·진학지도 역량과 학습지도 역량이 높은 순위로 나타났다. 이는 우선적으로 필요한 역량 하나만을 선택하도록 하였기 때문에 나온 결과로, 여기에 제시된 역량들은 모두 중요한 역량임에 틀림없다. 교사가 수행하는 교육활동을 잘하기 위한 역량이 모두 필수적이며, 학교급에 따라 어떠한 교육에 학부모들이 좀 더 관심을 가지고 있는지 확인할 수 있다.

〈표 2-3〉 우선적으로 필요한 교사 역량에 대한 학부모 인식

단위: 명(%)

구분	2022년				2023년			
	전반	초	중	고	전반	초	중	고
학습지도 및 코칭 역량	1,428 (35.7)	664 (16.6)	1,308 (32.7)	791 (19.8)	1,182 (29.6)	498 (12.5)	1,160 (29.0)	596 (14.9)
생활지도 및 코칭 역량	1,263 (31.6)	1,883 (47.1)	951 (23.8)	368 (9.2)	1,369 (34.2)	1,756 (43.9)	1,028 (25.7)	447 (11.2)
진로·진학지도 및 코칭 역량	540 (13.5)	385 (9.6)	747 (18.7)	1,962 (49.1)	575 (14.4)	545 (13.6)	804 (20.1)	1,965 (49.1)
학급 경영 역량	300 (7.5)	378 (9.5)	635 (15.9)	458 (11.5)	431 (10.8)	554 (13.9)	608 (15.2)	488 (12.2)
학생 및 학부모와의 소통 역량	454 (11.4)	677 (16.9)	345 (8.6)	407 (10.2)	428 (10.7)	636 (15.9)	389 (9.7)	493 (12.3)
기타	15 (0.4)	13 (0.3)	14 (0.4)	14 (0.4)	15 (0.4)	11 (0.3)	11 (0.3)	11 (0.3)
계	4,000 (100.0)	4,000 (100.0)	4,000 (100.0)	4,000 (100.0)	4,000 (100.0)	4,000 (100.0)	4,000 (100.0)	4,000 (100.0)

출처: 권순형 외(2023: pp.113-114).

서울특별시교육청에서는 2020년부터 교원을 대상으로 하는 교원종단연구를 시작하였는데, 박수정 외(2019)의 연구를 바탕으로 교사의 역량을 두 가지 차원에서 측정하고 있다. 먼저 교사의 직무수행과 직접적으로 관련된 역량(직무수행능력)으로, 교육과정의 이해와 재구성, 수업의 설계와 실행, 학생의 학습 분석과 평가, 생활지도와 상담, 진로지도, 학급경영, 교무행정업무, 학교경영참여, 교육법과 정책의 이해와 적용이다. 그리고 미래 인재의 역량으로 제시된 4C 역량을 교사에게도 필요한 역량으로 보고 문항을 개발하였다. 창의적인 교육을 위한 창의성, 교육과정 재구성과 교육혁신을 위한 비판적 사고, 학생 등 다양한 이해당사자와의 소통과 협력은 대단히 중

요하다. 세부 문항과 조사결과에 관심이 있다면 서울특별시교육청 교육정책연구소의 홈페이지(종단연구)를 확인하기 바란다.

이러한 창의성, 비판적 사고, 의사소통, 협력 등 기존 4C에 '변화'를 추가하여 교사에게 필요한 '5C 역량'을 제안한다. 교사들에게 변화는 왜 필요한가? 코로나19와 기후위기 등 환경적 변화, 생성형 인공지능과 에듀테크 발달 등 기술적 변화, 사회와 학생의 변화, 교육정책의 변화 등은 이에 대한 적절한 대응을 요구하며 때로는 새롭게 의미있는 변화를 만들어낼 것을 기대하고 있다.

〈표 2-4〉 교사에게 필요한 5C 역량

역량	의미
창의성 (creativity)	새로운 관점으로 현상을 바라보고 독창적이고 기발한 아이디어나 새로운 것을 생각하고 만들어내는 능력
비판적 사고 (critical thinking)	주장, 신념, 정보, 대안의 의미와 가치, 옳고 그름을 합리적으로 분석하고 평가하는 능력
의사소통 (communication)	다른 사람의 말을 경청하고 그 의미를 분명하게 이해하며 자신의 의사를 효과적으로 표현하는 능력
협력 (clooaboration)	조직 또는 집단의 공동 목표 달성을 위해 다른 사람과 함께 일을 수행하는 능력
변화 (change)	변화하는 교육 환경과 정책을 이해하고 대응하며 새로운 변화를 만들어내는 능력

출처: 박수정 외(2019), 박수정(2021)을 재구성.

교사의 전문성과 역량에 대한 연구들은 계속해서 발표되고 있다. 아쉬운 것은 우리나라는 국가적으로 공인된 '교사 전문성 기준'이 없다는 점이다. 한국교육개발원과 교육부, 교육청에서 정책연구로 종종 연구되고 있지만, 국가적으로 채택하기에는 부담이 있고, 변화하는 전문성을 반영하기 어려울 수 있다. 그러나 호주와 싱가포르, 그리고 미국과 캐나다의 여러 주에서는 교사 전문성 기준을 확립하고 이에 의거하여 교사를 선발하고, 전문성 개발 계획을 세우고, 평가하는 등 체계적, 종합적으로 활용하고 있다(박수정, 2021). 우리나라에서는 교육청에서 지역 교원의 역량 모델을 도출하고 이에 기반하여 연수 요구, 지원 방안을 분석하는 사례가 있다. 참고로 경기도

교육청에서 2021년에 제시한 교사와 교장·교감의 핵심역량은 다음과 같다.

[그림 2-1] 교원 성장단계별 중점 핵심역량(경기)

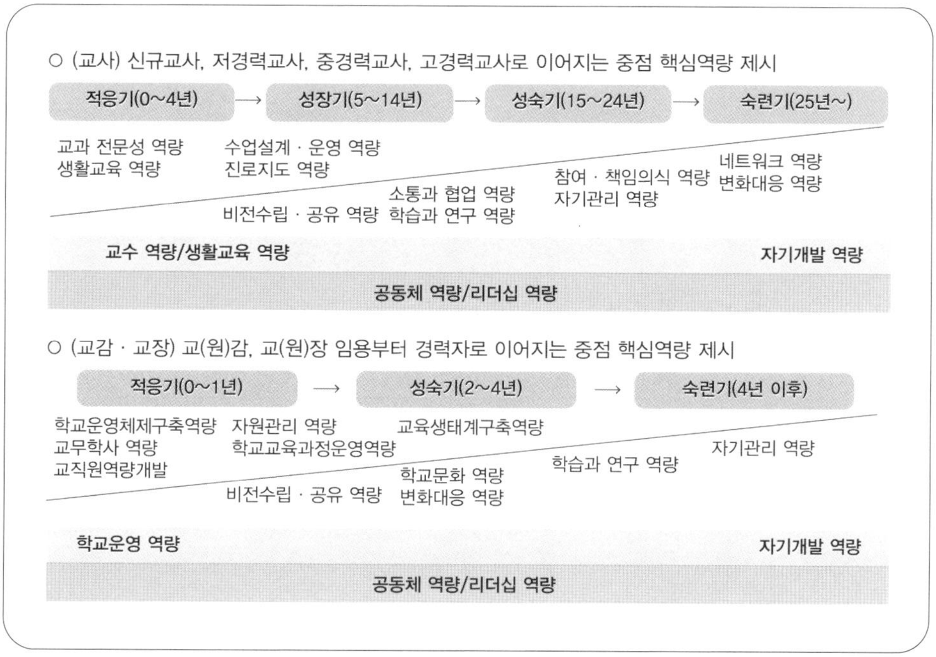

○ (교사) 신규교사, 저경력교사, 중경력교사, 고경력교사로 이어지는 중점 핵심역량 제시

적응기(0~4년) → 성장기(5~14년) → 성숙기(15~24년) → 숙련기(25년~)

교과 전문성 역량   수업설계·운영 역량   네트워크 역량
생활교육 역량   진로지도 역량   참여·책임의식 역량   변화대응 역량
                                    소통과 협업 역량   자기관리 역량
                    비전수립·공유 역량 학습과 연구 역량

교수 역량/생활교육 역량   **자기개발 역량**

공동체 역량/리더십 역량

○ (교감·교장) 교(원)감, 교(원)장 임용부터 경력자로 이어지는 중점 핵심역량 제시

적응기(0~1년) → 성숙기(2~4년) → 숙련기(4년 이후)

학교운영체제구축역량 자원관리 역량   교육생태계구축역량
교무학사 역량   학교교육과정운영역량   자기관리 역량
교직원역량개발   학교문화 역량   학습과 연구 역량
                비전수립·공유 역량 변화대응 역량

학교운영 역량   **자기개발 역량**

공동체 역량/리더십 역량

출처: 경기도교육청(2021).

4 교사의 전문성 개발

교사는 전문가로서 교직 생애에서 전문성 개발을 지속해야 한다는 점에 대해서는 이견이 없을 것이다. 교사 전문성 개발(teacher professional development)은 교사가 되기 위한 '양성교육(pre-service education)'에서부터 '현직교육(in-service education)'에 이르기까지 교직 전 생애에 걸친 과정이다. 전문성 개발에 있어 스스로 해나가는 '개인 개발'은 물론이고, 동료와 함께 성장하는 '집단 개발', 즉 협력적인 전문성 개발이 중요하다. 또한 교사의 학습이 수업과 학생의 학습으로 이어지기 위해 성찰, 실행, 공동체, 현장 기반 등이 강조되는 추세다.

[그림 2-2] 교사 전문성 개발과 교사교육

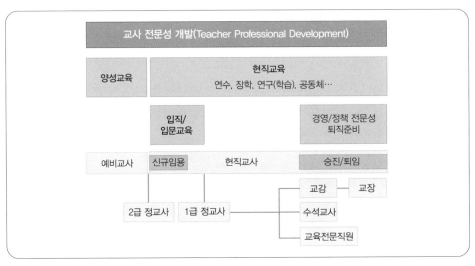

출처: 박수정(2021: p.81).

교직 입문 후 이루어지는 현직교육을 중심으로 살펴보면, 가장 대표적인 유형은 연수, 장학, 연구(학습)로 나누어 볼 수 있다(박수정, 2021).

연수는 자격연수와 직무연수로 대별된다. 특정 자격을 취득하기 위한 자격연수는 의무연수이며, 1급 정교사 연수는 교직 경력 3년 이상이 되면 3주 정도 받아야 하는 대표적인 연수다. 이 밖에 수석교사, 교감, 교장의 자격을 받기 위한 자격연수가 있다. 직무연수는 직무와 관련된 다양한 영역의 연수이며, 개인적으로 선택하여 이수하거나 학교 차원에서 개설하는 연수를 이수하게 된다. 연수의 방식에 따라 집합연수와 원격연수가 있으며, 최근 원격연수(블렌디드 연수 포함)가 많아지고 다양화되는 추세다. 모든 교육청에 교원연수원이 있을 정도로 연수는 현직교육의 대명사이지만, 적극적이고 자발적인 학습 분위기가 연상되는 것은 아니기 때문에 교사 전문성 개발을 곧 연수로 보는 것에는 재검토가 필요하다.

장학(supervision)은 교사의 수업 개선과 전문성 개발을 위해 제공되는 지도·조언으로, 교육기관의 고유한 능력계발 방법이다. 장학은 기관장학과 교내장학으로 대별할 수 있다. 기관장학은 교육청에서 학교에 대한 감독과 지도적 차원의 장학을 수행하는 경우로, 장학사의 학교 방문이 가장 대표적이다. 교내장학은 학교 단위에서 계획을 세워 수행하는 장학으로, 수업에 초점을 두는 수업장학, 동료 간에 이루어지는 동료장학, 간단한 방식으로 이루어지는 약식장학 등 다양한 방법이 있다. 실질적인 도움이 되고 현장의 수요에 맞추기 위해, 필요한 학교와 교사에게 전문적인 도움을 줄 수 있는 컨설턴트를 연결하는 컨설팅 장학, 학교 차원의 장학과 연수를 활성화하는 방향으로 변화되고 있다. 장학이 '학습을 권장[獎學]'한다는 훌륭한 의미가 있지만, 오랫동안 위계적, 형식적으로 이루어졌던 관행과 최근에는 장학이라는 용어가 잘 쓰이지 않는다는 점(권희청, 박수정, 2020)에서 대안 모색이 필요하다.

연구와 학습은 교육을 위하여 교사가 하는 준비, 연구, 학습을 의미한다. 개인적으로 수업을 준비하는 것, 수업과 관련된 독서와 경험을 하는 것, 대학원에서 공부하는 것 등을 포함한다. 교육청 또는 교직단체 주관의 현장연구대회에 참여하는 경우도 있으며, 교육청의 학습연구년제 교사로 선발되는 경우 1년간 학습과 연구에 집중할 수 있다. 최근에는 집단적인 연구와 학습도 중시되고 있다. 교사들 간에 협력적인 학습을 하는 자생적인 모임을 '교사학습공동체'라 하며, 특히 학교 안에서 '전문적 학습공동체(professional learning community)'의 구성과 운영이 매우 권장되고 있다. 교육청에서 지원하는 제도를 활용할 수도 있고, 마음이 맞는 교사들이 자생적으로 운영할 수도 있다(맹재숙, 박수정, 2018). 학교 밖에서도 전국역사교사모임, 협동학습연구회 등 교과와 주제에 따른 공동체가 운영되어 관심에 따라 활동할 수 있다. 연구와 학습은 개인적, 집단적으로 모두 가능하고, 연수나 장학과 달리 주체적, 자발적인 성격이 강하여 효과적이기에 권장되는 추세다.

이러한 다양한 전문성 개발 기회를 알고 적극적으로 활용하며 내게 필요한 방법을 찾을 필요가 있다. 여기에서는 특히 세 가지를 강조한다.

첫째, 대학원 수학과 학위 취득을 권장한다. 중등교사는 광복 후부터, 초등교사는 1980년부터 4년제 학부 수준의 교사 양성이 중심을 이루고 있다. 교육전문대학원 제도 제안이 오랫동안 있었으나 아직 요원하다. 교육대학원에서 교사 자격을 취득한 중등교사, 비교과교사가 일부 있으나 학사가 대부분인 상황에서, 교사라면 석사학위는 반드시 취득하고 박사학위에도 도전해볼 것을 권한다. 현재 교원 중 석사학위 소지자는 약 40%, 박사학위 소지자는 2% 정도다. 대학원 수학은 현직에서 필요한 전문성을 체계적으로 쌓을 수 있는 기회가 되고, 연구하는 교사로서 현장 연구, 실행연구에서 역량을 발휘할 수 있을 것이다. 나아가 실증적 증거를 가지고 교육정책 제안을 할 수 있는 영향력을 행사할 수 있는 교사가 될 수 있다. 연구와 실천 능력을 갖춘 교사들이 대학에서 예비교사를 가르치는 선순환도 기대한다.

둘째, 교사 리더십을 기르고 발휘할 것을 권장한다. 학교 안팎에서 교사 리더십은 '교육목표 달성과 학교 변화를 함께 만들어가는 영향력'이라 할 수 있다. 교실에서 학생을 대상으로, 학교에서 동료교사와 공동체를 대상으로, 그리고 학부모와 지역사회 등 교육공동체를 대상으로 교사는 리더십을 발휘할 수 있다. 교사 리더십에 대하여 김병찬(2023)은 주체의식, 책임의식, 자율의식을 바탕으로, 철학, 성찰, 이해, 소통, 촉진 역량을 발휘하며, 전문성, 공동체성, 과업주도성, 목표지향성을 보인다고 하였다. 'OECD 교육 2030'에서 학생과 교사의 행위주체성(agency)이 중요하게 부상함에 따라, 주체적이고 적극적인 교사상이 더욱 조명되고 있다. 현직에서 다양한 경로로 리더십 역량을 기르고 교사 리더의 역할을 수행할 것을 기대한다.

셋째, 협력적인 교사 학습을 권장한다. 스스로 배우는 것은 기본이며, 함께 배움으로서 더 큰 성장을 기대할 수 있다. 수업을 잘 하기 위해 이루어지는 교사 협력은 어떻게 얼마나 이루어지는가? 1장에서 살펴본 TALIS 및 한국교육개발원의 조사에서 "평균적으로 이 학교에서 다음의 활동을 얼마나 자주하는가?"를 조사한 결과(주 1회 6점. 1년에 0회 0점)는 다음과 같다.

〈표 2-5〉 중학교 교사의 협력 실태

구분		2013년		2018년		2022년	
		평균	표준편차	평균	표준편차	평균	표준편차
전문적 협력	한 학급에서 한 팀을 이루어 공동으로 수업하기	2.55	1.59	2.81	1.65	3.14	1.56
	다른 교사들의 수업을 관찰하고 피드백을 제공하기	2.66	0.86	2.94	0.93	2.96	0.96
	다른 학급 및 학년 간의 공동 활동	1.81	1.08	2.23	1.17	2.30	1.18
	협력적 전문 학습 활동에 참여하기	2.43	1.25	2.85	1.37	3.26	1.32
	평균	2.36	0.87	2.70	0.94	2.91	0.94
일상적 협력	수업교재를 동료들과 교환하기	3.49	1.38	3.30	1.46	3.24	1.44
	특정 학생들의 학습 발달에 관해 토	2.59	1.38	3.77	1.49	3.99	1.40

의하기						
학생들의 향상 과정을 평가하기 위한 공통 평가 기준을 확립하기 위해 협력하기	2.92	1.13	3.18	1.34	3.28	1.37
팀 컨퍼런스에 참석하기	3.30	1.35	2.30	1.27	2.49	1.31
평균	3.08	1.02	3.14	1.06	3.25	1.04

출처: 김혜진 외(2022: p.81).

2022년에 공동 수업과 관찰, 피드백 등 전문적 협력은 2.91, 교재 교환과 토의 등 일상적 협력은 3.25로 조금 더 빈번하며, 과거에 비해 활발해지는 추세를 나타냈다. '협력적 전문성(collaborative professionalism)' 개념(Hargreaves & O'Connor, 2018)이 본격적으로 논의될 정도로 교사의 사회적 역량과 협력적인 교사 학습은 필수가 되었으며, 전문성 개발에서 나아가 학교 변화까지 가능케 한다는 점에서 주목된다.

교사의 학습기회는 개인의 선택이 중요하나 조직적 지원 또한 중요하다. 2021년 12월 교육부는 초·중등 교원양성체제 발전방안을 발표하면서 교육대학원의 재교육 기능 강화, Ed.D(교육학박사) 신설 검토 등의 방안을 제시한 바 있다(교육부, 2021). 교사의 대학원 진학을 촉진하는 금전적, 비금전적 지원 방안도 필요하다. 교사들이 함께 하는 교사 전문성 개발은 근무하는 학교에서 일상적인 문화와 관행이 되어야 하며, 역시 이를 지원하는 교장의 리더십, 시간, 공간, 재정의 지원, 그리고 무엇보다 교사들의 열린 자세와 적극적인 태도가 필요하다. 이러한 지원과 함께, 역시 필요한 것은 교사의 전문적 책무성(professional accountability), 즉 전문가라는 자기 인식을 바탕으로 그에 맞게 스스로 행동하고 책임지려는 자세일 것이다.

5 어떤 교사로 살 것인가?

"교사에게는 스스로 공부할 수 있는 능력이 꼭 필요하다고 생각을 해요. 이게 없으면 교사용 지도서를 계속 밑줄 치고 그냥 필기해 주고 끝나게 되거든요. 실제 그 학문의 맛을 학생들에게 느끼게 하지 못하게 되는 거죠."

미래 교사에게 필요한 역량에 대해 현직교사들과 면담을 하였을 때, 한 중등교사
는 이렇게 말했다. '스스로 공부할 수 있는 능력', 이것은 학생을 공부하도록 만드는
데 가장 기본이 되는 전문성일 것이다. 스스로 학습하는 교사는 새로운 과목을 가르
치거나 교과 융합이 필요한 상황에서도, 새로운 정책과 이슈가 나타날 때도, 생성형
AI와 같은 놀라운 기술을 마주하더라도 잘 대응할 수 있다. 늘 해왔던 것처럼 배우
고 익히고 활용하면 되는 것이다.

과연 어떤 교사로 살 것인가? 대학에서 배운 것으로 평생 가르치는 시대는 지났
다. 현직에서 전공을 바꿀 수도 있고, 교육청과 교육부 등에서 교육행정과 정책을
이끄는 교육전문직원으로의 전직이 가능하며, 해외 파견, 국내 파견 등 다양한 선택
지가 있다. 대학원 수학 중에는 연수휴직이 가능하고, 교직에서 1년간 자율연수휴직
이 가능하며, 학습연구년제에 선발되면 직무에서 잠시 벗어나 학습과 연구에 집중할
수 있다. 지금 가르치는 교과의 전문성을 더욱 깊게 쌓으면서 수업의 질을 높일 수
도 있고, 생활지도, 상담, 에듀테크, 마을교육, 정책, 리더십 등 새로운 분야의 전문
성을 쌓아 관련 연수와 연구 등 의미있는 활동을 할 수도 있다.

교직 생애는 개인적 요인과 조직적 요인이 결합되어 만들어가는 교사의 삶의 경
로다. 교사 전문성은 결과가 아닌 '과정'이며 끊임없이 변화되고 채워져간다. 결국
나의 선택은 교직 생애와 전문성의 방향과 모습을 중요하게 결정짓게 할 것이다.

01 교직 생애에서 인용된 연구물 또는 최신 연구물을 검색하여 읽어보자. 교직 생애의 주요 특징 중에 공감하는 것이 있다면 무엇이고, 교사들에게 어떤 지원이 필요하다고 생각하는가?

02 새롭게 알게 되거나 인상적인 교사 전문성 개발 방법은 무엇인가? 어떠한 전문성 개발 방법이 나에게 효과적이라고 생각하는가?

03 나의 교직 생애 계획 또는 전문성 개발 계획을 교직 입문부터(혹은 그 이전부터) 퇴직까지(혹은 그 이후까지) 그래프 등 가시적으로 설계해 보자.

제
3
장

교직관과 교직 윤리

제3장
교직관과 교직 윤리

맹재숙

　같은 예술작품이나 역사적 인물을 두고도 사람에 따라 다른 반응이나 평가를 하는 경우를 흔히 볼 수 있다. 어떤 대상을 이해하는 인식의 틀, 즉 관점에 차이가 있기 때문이다. 교직을 이해하는 관점 또한 다르다. 교사 개인이나 사회 집단의 교직관은 교육 계획, 교직단체, 교권 인식, 정책 결정 등에 관한 반응, 평가, 선택 등의 행위와 관련되어 있다. 교사의 직무 수행에 필요한 바람직한 교직관을 탐색해보자.

　이에 더하여 교직단체에 대한 이해를 넓히고 직무 수행에 필요한 교직윤리에 대해서 자신의 관점을 정립하도록 한다.

　◎ 반드시 알아야 할 것
　- 교직관
　- 교직단체
　- 교직 상황과 교직 윤리

1 교사, 기억되는 사람

학창시절을 떠올려보자. 어떤 교사가 기억나는가?

> "그 분은 어떤 경우에도 학생들을 무시하지 않았습니다. 학생들이 잘못한 것에 대해 분명하게 설명하시고 처벌을 하셨기 때문에 학생들이 벌을 받고 나서도 불평불만을 하거나 이의를 제기하지 않았습니다. 즉 그 분이 우리를 인격적으로 대우한다는 것을 학생들은 알고 있었습니다." (김병찬, 2005)

어떤 사람은 학생을 인격적으로 대하던 선생님을 기억한다.

> "우리 아이는 발달장애인입니다. … 이 선생님들이 계셨기에 우리 아이가 배드민턴을 할 수 있었고 그리고 각종대회에서 메달을 딸 수 있었습니다. … 장애인에게도 목표와 도전정신을 갖게 해주신 선생님들…" (이기마, 2017)

또 어떤 사람은 자녀에게 목표와 도전정신을 갖게 해준 선생님을 기억한다. 교사는 기억되는 사람이다. 교사가 입직 이후 퇴직 전까지 가르치는 학생의 수와 학생이 초등학교 입학 후 고등학교 졸업 전까지 가르침을 받는 교사의 수를 고려하면 어떤 모습으로든 교사가 기억될 확률은 상당히 높다. 그러나 개인의 교사에 관한 기억은 선택적이어서 교직에 관한 실제의 것을 담고 있다고 보기는 어렵다.

교사, 학교 등에 대한 직접 혹은 간접적인 경험에서 비롯된 기억과 감정은 교직을 바라보고 이해하는 인식의 틀, 즉 교직관에 영향을 준다. 교사가 어떤 교직관을 가지고 있는가에 따라서 학생에 대한 인식, 교육 내용 및 방법, 학급 운영, 교원 단체 등에 대한 태도가 다르다. 사회와 국가가 교직을 어떻게 바라보는가에 따라서 교권 인식, 교사 처우, 정책 결정 양상 등에 차이가 발생한다. 가령, 정책을 만드는 위치에 있는 사람이 자신의 학창시절에 대한 기억에 근거하여 좋았던 것을 되살리려고 하거나, 교사의 잘못된 행동들을 바로잡고자 할 수 있다(Hargreaves & Fullan, 2012). 개인이나 사회·국가적 차원에서 바람직한 교직관을 정립하는 것은 중요한 일이다.

2 교직관

    교직관은 한 사회 안의 개인 또는 집단이 교직에 관해 인식하는 일정한 틀을 말한다. 교사 A, B, C의 말에 담겨있는 교직관에 대해 이야기해보자.

> A: 참 스승은 좋은 인격을 갖춘 사람이라고 생각한다. 인격적으로 수양되고 정신으로도 건강한 사람, 지식이 많은 것보다는 인격적으로 본받을 만한 사람이다. 참교사는 그 정도는 돼야 한다. … 저도 참스승, 참교사가 되려고 노력은 하는데 쉽지 않다. 정말 굉장히 어렵다. (디트NEWS24, 2021.11.19.)

> B: 교사에게 가장 중요한 건, 본인이 맡은 과목의 전문가가 돼서 학생들에게 유의미한 교육을 완벽하게 해주고 배움이 일어나게 해주는 거라고 생각한다. 그래서 나는 수업 연구에 굉장히 관심이 많은 편이다. (박상완, 박소영, 2022)

> C: 퇴근 시간은 굉장히 중요하고… 복무에 관련된 것도 내 권리는 내가 지켜야 된다. 복무에 대해 관리자가 조금 부당하게 하면 그건 절대 저도 용납 못 할 것 같고, 나의 삶이 굉장히 중요하다. (박상완, 박소영, 2022)

    몇 마디의 말만 듣고 그 사람의 교직관을 파악하기는 쉽지 않다. 교직관은 교직에 관한 지식, 이해 등 인지적인 면과 정서, 감정 등 정의적인 면을 포함하는 단순하지 않은 개념이다. 한 개인의 교직관에 여러 유형이 동시에 나타날 수 있고 입문 단계와 경력 단계의 교직관이 다를 수 있다. 대표적인 관점을 살펴보자.

    첫째, 성직관이다. 교직은 특별한 소명의식을 가진 사람이 담당할 수 있는 일이며 타고난 재능을 가진 사람이 하는 일로 보는 관점이다. 위 예시 중 교사 A의 인식에 가깝다. 교사는 가르침을 받는 자의 스승이며, 높은 도덕성과 인격을 갖춘 사람이다. 교사는 학생이 동일시하는 대상이기에 모범을 보여주고 높은 인격으로 학생을 감화시켜야 한다. 교직이 성직이라는 관점에서는 교사의 희생, 봉사, 헌신, 사랑, 소명 의식 등이 강조된다.

전통 사회에서는 '임금과 스승과 아버지의 은혜는 다 같다', '스승의 그림자는 밟지 않는다'고 하며 스승을 존경하고 예를 다해 대우하는 것을 중요한 덕목으로 여겼다. 교사의 사회적 권위와 위상은 높았다. 오늘날은 어떤가? 많은 사람이 과거와 같이 교사가 스승으로 존중되고 우대받는 일이라는 생각에 동의하는가? 우리 사회의 교권 추락 현상이나 교사에 대한 신뢰 저하 등은 전통적 교직관에 변화가 생겼음을 보여준다. 교직은 여느 직업과 마찬가지로 생계유지를 위해 급여가 필요한 일로 여겨지고 있다. 교직에 종사하는 자들에게 성직자와 같은 희생과 헌신을 요구하기는 어려운 현실이 되었다.

둘째, 전문직관은 교직을 고도의 전문적 자격과 요건을 갖춘 직업이며 자율성과 사회적 책임이 강조되는 직종이라고 보는 관점이다. 위 예시 중 교사 B의 인식에 가깝다. 교직에서 전문성이 강조되는 부분은 교수활동, 학급운영, 인성지도, 특별활동, 행정업무 등이다. 교직이 전문직이라는 근거는 직무를 수행하는데 전문적 능력이 요구된다는 점, 자격 취득을 위해 일정 기간의 양성과정을 거친다는 점, 소정의 임용절차를 거친다는 점, 입직 후에도 전문적 능력 계발의 의무를 진다는 점, 자율과 책임에 기초한 전인교육을 하여야 한다는 점 등을 들고 있다. 전문직 관점에서는 전문지식과 기술, 민주성, 윤리성, 봉사성, 자율성, 막중한 책임의식 등이 강조된다(김달효 2011; 김운종, 2009). 수업의 내용과 방법, 교육과정 운영, 학생 상담 및 학생지도 등에서 전문성이 높은 교사를 요구하고 있다. 전문직관은 교원의 전문성 확립과 사회·경제적 지위 향상 등 교직의 발전을 위한 활동의 정당성을 뒷받침한다. 그러나 교직은 의사, 변호사 등과 같이 전문성을 지닌 직업으로 인정받거나 신분과 지위가 사회적, 경제적으로 우대받고 있다고 보기 어려운 현실에 처해 있다.

셋째, 노동직관이다. 교직은 다른 직업과 같이 노동하고, 그에 상응하는 대가를 받는 하나의 직업군이며, 교직에 종사하는 교사는 노동자라는 관점이다. 교직활동은 정신적 노동이라 할지라도 다른 직업과 하등의 차이가 없으며 소명보다는 생계유지의 의미로 간주된다(김달효, 2011; 김현수, 이윤식, 2014). 위 예시 중 교사 C의 인식에 가깝다. 노동직 관점에서는 교직의 고용 조건, 지위 향상, 보수와 근무여건 개선, 노동조합 결성 등이 일차적 관심이다. 교직도 경제적·사회적 지위 확보를 위해 단체를 조직하고 윤리강령을 만드는 등의 활동을 할 수 있고, 불리한 근무조건과 생활급여에 대하여 노동3권, 즉 단결권, 단체교섭권, 단체행동권을 주장할 수 있다(김현

수, 이윤식, 2014). 노동조합 조직을 통하여 고용주인 정부나 법인이사회와 임금과 근로조건에 대해 협상을 해야 한다고 생각한다(신득렬, 2002). 노동직관은 교사들이 사회·경제적 지위 향상과 외부의 부당한 간섭이나 제도권 내의 문제에 대해 조직적으로 대응하고 해결하는 데 기여하는 측면이 있다(김운종, 2009). 반면 사회 정서상 교직을 노동직으로 보는 관점에 대해 동의를 얻기 어렵고, 교사들의 단체행동권도 사회적 지지를 얻기 어려운 현실이다.

교직은 공직이며 교사는 국민에 대한 봉사자라고 규정하는 공직관도 존재한다. 공직관에서는 자유와 평등의 민주주의 이념, 국민에 대한 봉사자, 교육활동의 공공성, 공무적 사명감 등이 강조된다(김달효, 2011). 그 밖에 직장으로서의 교직관이 존재한다. 교직은 또 다른 직장의 하나라는 관점이며, 전문직관, 성직관, 노동직관의 바탕에 공통적으로 존재한다(이재덕 외, 2020). 인구의 증가와 대중교육의 확대에 따라 학교와 교사 수가 급격히 늘어났고, 교사도 직업인이라는 인식이 나타나게 되었다(김병찬, 임종헌, 2017). 교직은 여러 직업 중 한 분야의 직종이라고 여겨지게 되었다.

3 ▶ 교직단체

교직단체는 교직에 대한 전문직관, 노동직관과 관련이 깊다. 교직단체는 교원이 상호 연대를 통하여 교육의 발전과 교원의 권익 향상을 도모하고자 하는 전문직 단체, 노동자의 조직이다. 교직단체에서 단체란 「교육기본법」 제15조 제1항에 근거한 전문직 단체를 의미하며, 노조란 「교원의 노동조합 설립 및 운영 등에 관한 법률」에 근거한 노동자의 조직을 의미한다.

교원단체로는 한국교원단체총연합회(한국교총)가 있다. 한국교총은 1947년에 설립된 '조선교육연합회'를 시작으로 1948년에 '대한교육연합회'로 명칭을 변경하였다가 1989년 '한국교원단체총연합회'로 재차 변경하여 현재에 이르고 있다. 한국교총은 1991년에 제정된 「교원지위향상을 위한 특별법」을 근거로 교섭권을 인정받게 됨에 따라 시·도교육감이나 교육부장관과의 단체교섭 권한을 갖게 되었다(https://www.kfta.or.kr). 관련법 및 자체 정관에 근거한 한국교총의 주요 사항은 아래와 같다.

- (설립 단위) 각 지방자치단체와 중앙에 조직할 수 있다.
- (가입 대상) 법적 규정은 없으며, 교총 측에서는 '유 · 초 · 중 · 고 · 대학교사(교수)에서 관리 직까지 모든 교육자'라고 정하고 있다.
- (단체교섭 대상) 시 · 도 교육감이나 교육부장관과 교섭 · 협의한다.
- (교섭협의 사항) 교원 처우 개선, 근무조건 및 복지후생, 교원 전문성 신장에 관한 사항이다.
  ※ 교육과정과 교육기관 및 교육행정기관의 관리 · 운영에 관한 사항은 제외한다.
- (단체협약 결과) 교육감이나 교육부장관은 합의된 사항의 시행을 위해 노력하여야 한다.

교원노동조합에는 전국교직원노동조합(전교조), 한국교원노동조합(한교조), 자유교원조합(자유교조), 교사노동조합연맹(교사노조) 등 다수의 노조가 있다. 전교조는 1989년 '교육의 민주화', '교직원의 사회 · 경제적 지위 향상과 민주적 권리 획득' 등의 목적하에 설립되어 임의단체로 활동하다가, 1999년에 「교원노조법」 제정으로 합법화되었다(https://www.eduhope.net). 한교조는 '교원의 노동기본권 보장', '교육환경개선 및 푸른교육 실천' 등을 목표로 1999년에 설립되었고, 자유교조는 '교육선진화', '교육 다시 세우기' 등을 목표로 2006년에 설립되었다.

2017년에 창립된 교사노조연맹은 교원노조를 활성화하자는 취지로 2015년에 '교육노동운동재편추진모임'을 결성하였고, '분권형 교원노조' 방식을 채택하였다. 2016년에 서울교사노동조합을 시작으로 시도 단위의 교사노조와, 전국 단위의 급별, 교과별 교사노조 설립을 추진하였다. 2020년 3월 말에 17개 시도 단위 교사노조와 9개 전국 단위 교사노조, 4개 급별 교사노조 등 26개 노조가 가맹한 조직이 되었다(https://www.kftu.net).

2015년 이전에 전교조의 조합원이 교원노조의 88%이상 차지하여 전체 조합원 증감률을 좌우하였다가 2016년 이후에 전교조가 법적 지위를 상실하고 노동조합에서 제외되면서 노조의 조직률은 급감하였다. 교원노조 조직률이 상승하게 된 시점은 2017년 교사노동조합연맹 출범 이후로 볼 수 있다(https://www.index.go.kr).

노조는 임금, 근무조건, 후생복지 등 경제적 · 사회적 지위 향상에 관한 교섭 및 단체협약 체결권을 지닌다. 다만 어떠한 정치활동도 하여서는 아니 되며, 파업, 태업 또는 그 밖에 업무의 정상적인 운영을 방해하는 어떠한 쟁의행위도 해서는 아니 된다(http://www.knkute.or.kr). 관련법 및 자체 정관에 근거한 주요 사항은 아래와 같다.

- (설립 단위) 「유아교육법」, 「초·중등교육법」에 따른 교원은 시·도 단위 또는 전국 단위로만 노동조합을 설립할 수 있다. 「고등교육법」에 따른 교원은 개별학교 단위, 시·도 단위 또는 전국 단위로 노동조합을 설립할 수 있다.
- (가입 대상) 교원, 교원으로 임용되어 근무했던 사람으로서 노동조합 규약으로 정하는 사람이다.
  ※ 교원이란? 「유아교육법」 제20조 제1항에 따른 교원, 「초·중등교육법」 제19조 제1항에 따른 교원, 「고등교육법」 제14조 제2항 및 제4항에 따른 교원(다만, 강사는 제외)에 해당하는 사람이다.
- (단체교섭 대상) 「유아교육법」, 「초·중등교육법」에 따른 교원 노동조합의 교섭 대상은 교육부장관, 시·도 교육감 또는 사립학교 설립·경영자이며, 「고등교육법」에 따른 교원 노동조합의 교섭 대상은 교육부장관, 시·도지사, 국·공립학교의 장 또는 사립학교 설립·경영자다.
- (교섭협의 사항) 노동조합 또는 조합원의 임금, 근무조건, 후생복지 등 경제·사회적 지위 향상이 교섭 가능 사항이다.
- (단체협약 결과) 단체협약체결권을 인정하되, 법령, 조례, 예산에 의해 규정되는 내용과 법령 또는 조례에 의한 위임을 받아 규정되는 내용은 성실 이행 의무를 부여하고 있다.

교사가 단체 및 노조에 가입하고 활동하는 것은 법적으로 정당한 일이다. 교사가 개인이 아닌 연대(solidarity)를 통해 교육 민주화, 교사 권익, 교권 존중 등을 가로막는 문제를 풀어나갈 때 실천력과 효과성은 확대된다. 한편, 단위학교 관리자의 업무 추진에 어려움 발생, 관리자와 교사, 노조와 비노조 교사 간의 갈등, 교사의 투쟁적 이미지로 인한 사회적 반감 형성 등의 문제도 발생할 수 있다(김혜숙, 2007).

교사가 교직단체에 가입하고 활동하는 것은 합법적인 일이더라도 그 권리 행사는 무제한 인정될 수 없다. 교사는 노조활동을 통해 추구하는 특정 이념에 대하여 개인적으로는 옳다고 확신할지라도 이를 학습자에게 주입하려는 행위를 삼가야 한다. 오히려 교사는 교직단체 활동을 통해 추구하는 것에 오류 가능성이 있는지, 독선적인건 아닌지, 민주주의의 이념에 위배되는 점이 있는지 등 성찰하는 자세를 지녀야 한다. 교사의 곁에는 다양한 가치, 지식에 대한 독자적 비판 능력이 아직은 부족한 어린 학생이 있다는 점을 잊지 않아야 한다.

4 교직 특성과 윤리

직업 윤리란 직업에 종사하는 개인이 자신의 직무를 잘 수행하기 위해 지켜야 할 윤리적인 원칙과 규범이다. 직업 윤리는 직업에 대한 신념, 태도, 행위로 표현된다 (양해림 외, 2018). 교직 윤리는 교육활동을 하는 교사가 지켜야 할 공식적, 비공식적 규범 혹은 행동 지침이며, 교육의 질을 높이기 위한 지향적 행동이라고 말할 수 있다. 교직 윤리에는 복잡하고 역동적인 교직 활동의 특성이 반영되어 있다. 교수활동, 생활 지도, 학급경영, 학교교육과정 편성·운영, 학부모 및 대외 관계 등 교직의 특성을 살펴보고, 그에 따른 교직 윤리를 유추해보자.

첫째, 교육 활동은 객관적인 사실을 학습자에게 가치중립적으로 전달하는 정도를 넘어선다. 교사의 주관적 가치, 신념, 태도는 학습 내용과 방법에 반영되어 전달되며, 사소한 행동조차도 학생의 성장에 영향력이 있다. 이러한 이유로 학습자와 그 보호자는 교사의 인품과 성품에 대한 기대가 높다. 친절하고 자상하며 진실성과 성실함을 갖춘 교사를 기대하고 있다(김병찬, 2005; 이기마, 2017).

둘째, 교직의 핵심 활동인 교수 활동은 학생의 협조가 있어야 성공할 수 있다. 의사는 병을 치료하기 위해 수술 중 환자를 재울 수 있고 변호사는 성공적으로 변호하기 위해 재판 중 자신의 고객이 조용히 있도록 할 수 있다. 하지만 교사는 학생이 교육과정상의 목표를 달성하는 것을 강제로 할 수는 없다. 때로는 배우려는 동기가 없고, 저항까지 하는 학생을 상대로 인지적·도덕적 행동의 변화를 위한 동기부여를 하여야 한다(Labaree, 2004).

셋째, 교육 활동은 교사와 학생 간의 상호작용을 바탕으로 한다. 가르치는 일은 이성뿐만 아니라 복잡한 감정도 얽혀있는 감정노동의 한 형태다. 교실 안에는 의도적인 거짓말로 잘못을 회피하려고 하거나, 잘못된 행동을 지도해도 거리낌 없이 계속하는 등의 다양한 학생이 있다. 이 때 교사는 자신도 모르게 화를 내는 등 감정적으로 흔들릴 수 있다(김희봉, 2004). 교사는 학생과의 복잡하고 까다로운 감정적 상황에서 자신을 통제할 수 있어야 한다.

넷째, 교육 활동은 학생, 학부모, 동료 교사, 교감이나 교장 등 학교 내외의 공식적, 비공식적 관계를 통해 이루어진다. 교직에 임하는 자가 여러 대상과 관계를 맺고, 관계의 정도를 설정하고, 관계를 유지하는 일은 개인과 학교 조직에 적지 않은 영향을 미친다. 예컨대 교직활동에서 학부모와의 관계는 중요한 부분이다. 학부모는 학교와 교사가 본인의 자녀를 보살펴주고 학업, 관계 등에서 더 나아지게 해주기를 기대하며 교육활동에 많은 관심을 보인다. 교사는 학부모와의 관계 설정 및 유지 과 정에서 윤리적 자세가 필요하다.

다섯째, 교직은 국가·사회 공동체에 봉사하는 일이다. 교직의 역할은 학교와 지 역사회가 우호적, 협력적으로 연결되도록 하는 등 국가·사회 발전에 일익을 담당하 는 것이다. 빠르게 변화하는 전문지식과 봉사에 대한 사회적 요구에 부응하여 그 변 화를 구현하고 관리하는 노력을 하는 것이다(Schön, 1983).

교직은 학교라는 특수한 환경을 중심으로 사람과 사람의 상호작용, 연결, 협력을 바탕으로 이루어지는 일이다. 학생, 학부모, 관리자 등과 관계를 맺고 소통하는 일, 윤리적 원칙과 규범에 따라 직무를 수행하는 일은 교사의 직무에 미치는 영향력이 매우 큰 부분이다.

5 ▶ 교직 윤리의 성격

1) 법규적 윤리 규범

교육기본법 제14조에는 교원의 윤리적 의무와 책임이 명시되어 있다.

> 교원은 교육자로서 갖추어야 할 품성과 자질을 향상시키기 위하여 노력하여야 한다
> (제2항). 교원은 교육자로서 지녀야 할 윤리의식을 확립하고, 이를 바탕으로 학생에게
> 학습윤리를 지도하고 지식을 습득하게 하며, 학생 개개인의 적성을 계발할 수 있도록
> 노력하여야 한다(제3항).

국가공무원법에 규정된 교원의 의무는 주어진 일을 수행하여야 하는 적극적 의무 와 하지 말아야 하는 소극적 의무로 구분된다. 적극적 의무에는 선서(제55조), 성실 (제56조), 복종(제57조), 친절·공정(제59조), 종교중립(제59조의2), 비밀엄수(제60조),

청렴(제61조), 품위유지(제63조) 등이 있고, 소극적 의무에는 직장이탈 금지(제58조), 영리 업무 및 겸직 금지(제64조), 정치활동 금지(제65조), 집단행위 금지(제66조) 등이 있다. 국가공무원으로서 교사가 법규적 윤리규범을 준수하지 않으면 그에 따른 징계나 처벌, 부정적 평가를 받게 된다. 교육공무원 징계 양정에는 '부적격교원'이 명시되어 있다.

> (부적격교원) 중대한 비리 · 범법행위로 사회적 · 윤리적 문제를 야기하여 교단에서
> 배제할 대상이 되는 교원. 혹은 정신적 · 신체적 질환으로 직무수행이 곤란한 교원으로
> 장기적 · 지속적으로 학생의 지도를 비롯한 소관직무의 수행이 불가능한 교원

법과 규정을 지키는 것만으로 모든 윤리적 문제 상황에 대처하기란 불가능하다. 법과 규정을 적용하기에 모호한 행위가 있으며, 법적 처벌을 받았다고 해서 그 행위가 정당화되는 것은 아니다. 처벌은 되지 않더라도 윤리적 책임으로부터는 자유로울 수 없고, 비난받아 마땅한 공직자들의 행위는 존재한다(양해림 외, 2018).

만일 교원이 법과 규정을 어기지 않을 정도의 최소한의 의무만으로 직무를 수행하겠다고 한다면 어떤 일이 벌어질까? 수많은 유대인을 죽음으로 몰아넣은 나치독일의 공직자였던 아돌프 아이히만(Adolf Eichmann)이 법정에서 한 말을 살펴보자.

> 공직자가 자신에게 주어진 업무를 최선을 다해서 수행하는 것이 무엇이 잘못이냐,
> 주어진 의무를 다했다.

평범한 공직자였던 그가 유대인 학살이라는 반인륜적 범죄를 저지르게 된 이유는 무엇일까? 한나 아렌트(Hannah Arendt)는 아이히만의 비윤리적 행위는 자신의 업무에 대해 사유하지 않은 데서 비롯되었다고 하였다.

> 그에게서 찾을 수 있는 유일한 특징은 '사유(思惟)할 수 없는 능력'이었다. 그는 타
> 인의 관점에서 사유할 능력이 없기 때문에 도덕적으로 행동할 능력이 없었고, 책임의
> 윤리를 실천할 수 없었다(Arendt, 1963, 1964).

　　도덕적, 윤리적으로 합당하게 직무를 수행하기 위해서 교사가 법과 규정을 지키는 일 외에 더 노력해야 할 일은 무엇일까? 아렌트는 '사유(思惟)'라고 말한다. 사유능력은 문제 상황을 인식하고 도덕적인 결정을 내리는 과정에서 중요한 역할을 한다. 나치 독일의 지식인들은 정부가 제정한 법률과 명령을 잘 따랐다. 나치 독일의 패망은 윤리의식을 결여한 채 실정법과 명령만을 따르는 사람들의 비참한 최후를 보여주었다(신득렬, 2002).

2) 자율적 윤리 규범

　　교원의 행위는 법률적 제재뿐만 아니라 전문직의 도덕적 이상과 표준을 담은 자체 윤리강령에 따라서도 규율된다. 윤리강령을 선포하는 집단은 대체로 공익을 추구하는 사회봉사적 기능을 가지는 공동체의 성격을 가진다(홍은숙, 2011). 교원도 교직의 도덕적 이상과 표준을 담은 자체 윤리강령을 가지고 있다. 정당이 정치 강령에 기초해서 결정을 내리고 활동하는 것처럼, 교원도 교육강령에 기초하여 교직을 수행하고자 한다(Sergiovanni & Starratt, 2008). 교원 윤리강령은 특정 집단 혹은 단체 차원에서 지향하는 가치, 신념, 실천규범을 담아 제정된다는 특성이 있다. 몇 가지 사례를 살펴보자.

　　한국교원단체총연합회는 2005년 5월에 '교직윤리헌장'과 윤리적 행동 규범을 담은 '우리의 다짐' 10개 항목으로 구성된 교직윤리헌장을 제정·선포하였다(https://www.kfta.or.kr).

〈교직윤리헌장〉

　　우리는 교육이 인간의 가치와 존엄성을 높이며, 개인의 성장과 자아실현은 물론 국가와 민족의 미래에 중대한 영향을 준다는 사실을 명심하고, 국민으로부터 부여받은 교육자의 책무를 다하기 위해 최선을 다한다. 우리는 균형 있는 지덕체교육을 통하여 미래사회를 열어갈 창조정신과 세계를 향한 진취적 기상을 길러줌으로써 학생을 학부모의 자랑스러운 자녀요 더불어 사는 민주 사회의 주인으로 성장하게 한다. 우리는 교육자의 품성과 언행이 학생의 인격형성을 좌우할 뿐만 아니라 사회전반의 윤리적 지표가 된다는 사실을 깊이 인식하고 윤

리성과 전문성을 높이기 위해 노력한다. 이에 우리 모두의 의지를 모아 교직의 윤리를 밝히고 사랑과 정직과 성실에 바탕을 둔 교육자의 길을 걷는다.

〈우리의 다짐〉

1. 나는 학생을 사랑하고 학생의 인권과 인격을 존중하며 합리적인 절차와 방법에 따라 지도한다.
1. 나는 학생의 개성과 가치관을 존중하며 나의 사상·종교·신념을 강요하지 않는다.
1. 나는 학생을 학업성적·성별·가정환경의 차이에 따라 차별하지 않으며, 부적응아와 약자를 세심하게 배려한다.
1. 나는 수업이 교사의 최우선 본분임을 명심하고 질 높은 수업을 위해 부단히 연구하고 노력한다.
1. 나는 학생의 성적평가를 투명하고 엄정하게 처리하며 각종 기록물을 정확하게 작성·관리한다.
1. 나는 교육전문가로서 확고한 교육관과 교직에 대한 긍지를 갖고, 자기개발을 위해 노력한다.
1. 나는 교직 수행과정에서 습득한 학생과 동료 그리고 직무에 관한 정보를 악용하지 않는다.
1. 나는 학생이나 학부모로부터 사적이익을 취하지 않으며 사교육기관이나 외부업체와 부당하게 타협하지 않는다.
1. 나는 잘못된 제도와 관행을 개선하는 데 앞장서며 교육적 가치를 우선하는 건전한 교직문화 형성에 적극 참여한다.
1. 나는 학부모와 지역사회를 교육의 동반자로 삼아 바람직한 교육공동체 형성을 위해 함께 노력한다.

미국교육연합회(National Education Association)는 1975년에 교사윤리강령을 채택하여 현재까지 유지하고 있다. 이 윤리강령은 전문을 통해 교육자는 높은 수준의 윤리적 기준을 준수할 책임이 있음을 강조하고 있다.

〈전문〉

교육자는 각 인간의 가치와 존엄성을 바탕으로 진리 추구, 수월성에의 헌신, 민주적 원리의 육성을 최고로 중요시한다. 교육자는 배움과 가르침의 자유, 만인에게 평등한 교육 기회를 보장하여야 한다. 교육자는 가장 높은 윤리적 기준을 준수하는 책임을 진다.

교육자는 교육의 과정에 내포된 책임이 막중함을 인식한다. 동료, 학생, 부모 및 지역 사회 구성원의 존중과 신뢰를 얻기 위해 가능한 한 최고 수준의 윤리적 행위가 요구된다. 교직윤리강령은 모든 교육자의 열망을 나타내며 행동을 판단할 수 있는 기준을 제시한다. 이 윤리강령을 위반하는 경우, 국가교육연합회와 소속 단체는 내부 규정에 따라 그에 상응하는 조치를 취할 것이며, 그 외 어떤 다른 형식의 조항도 구속력을 가질 수 없다.

이어 제1원칙에는 '학생에 대한 헌신(commitment to the student)'과 관련된 8개의 조항이 제시되어 있다.

〈제1원칙: 학생에 대한 의무〉

1. 학생이 학습을 추구하는 독자적인 행동을 부당하게 제지해서는 안 된다.
2. 학생이 다양한 관점에 접하는 것을 부당하게 거부해서는 안 된다.
3. 학생의 성취 속도와 관련된 과목을 고의로 억제하거나 왜곡해서는 안 된다.
4. 학습, 건강 및 안전에 유해한 조건으로부터 학생을 보호하려는 합당한 노력을 해야 한다.
5. 학생이 창피함이나 비하의 대상이 되도록 의도해서는 안된다.
6. 인종, 피부색, 신념, 성별, 출신 국가, 결혼 여부, 정치·종교적 신념, 가족, 사회·문화적 배경, 성적 지향을 근거로 부당하게,
 a. 특정 학생을 특정 프로그램에서 배제해서는 안 된다.
 b. 특정한 학생에게 불이익을 주면 안 된다.
 c. 특정한 학생에게 특정 혜택을 주면 안 된다.
7. 사적인 이익을 위해 학생과의 직업적 관계를 이용해서는 안 된다.
8. 직무 과정에서 얻은 학생에 대한 정보는 직업적 목적에 부합하거나 법률에서 요구하는 경우를 제외하고는 공개해서는 안 된다.

　제2원칙에는 '교직에 대한 헌신(commitment to the profession)'과 관련된 8개의 조항이 제시되어 있다. 주요 내용은 "교직에 지원하는 자는 자신의 능력과 자격에 관해 허위 사실을 제시하면 안 된다. 인격, 교육 등에서 자질이 없는 자가 입직하는 것을 도와서도 안된다. 직무 과정에서 얻은 동료나 학생에 관한 정보를 직업적인 목적이나 합법적 요구가 아니고서는 누설해서는 안 된다"로 요약된다. 상세한 내용은 홈페이지(https://www.nea.org)에서 찾아보자.

　핀란드 교원노동조합 OAJ의 코메니우스의 선서(The Comenius' Oath)는 의사들의 히포크라테스 선서나 간호사들의 나이팅게일 선서와 같이 교사들의 교직 윤리 준수에 대한 다짐의 성격을 지닌다(https://www.oaj.fi).

〈코메니우스의 선서〉

　나는 교사로서 인간의 가장 중요한 임무 중 하나인 다음 세대를 교육하는 일에 종사하고 있다. 이 일에서 나의 목표는 현존하는 인간의 지식, 문화, 기술을 새롭게 하고 전수하는 것이다.

　나는 교직에 정의, 공정의 자세로 임하고 학생의 발전을 도모하여 각자의 적성과 재능에 따라 완전한 인간으로 성장할 수 있도록 노력할 것이다. 또한 부모, 보호자 그리고 아동과 청소년의 교육을 담당하는 사람들을 돕도록 노력할 것이다.

　나는 비밀에 해당하는 정보를 공개하지 않을 것이며, 아이들과 젊은이들의 사생활을 존중할 것이다. 나는 또한 그들의 신체적, 심리적 안전을 지킬 것이다.

　나는 돌보는 어린이와 젊은이들을 정치적, 경제적 착취로부터 보호하고, 모든 개인이 자신의 종교적, 정치적 신념을 발전시킬 수 있는 권리를 지킬 것이다.

　나는 교직의 공동 목표와 동료들의 지원에 전념하며 전문적인 기술을 유지하고 발전시키기 위해 지속적으로 노력할 것이다. 나는 지역 사회의 이익을 위해 행동하고 교직에 대한 존경심이 강화되도록 노력할 것이다.

　교사 윤리강령에는 주로 교사 자신, 학생, 학부모와 지역사회 등에 대한 구체적인 윤리 규범과 실천 의지가 담겨있다. 교직에 임하는 교사 자신의 도덕성, 전문성, 책임감 등의 실천을 강조하고 있으며, 학생에 대해서는 존중과 배려, 차별 금지, 공정한 평가 등을 강조하고 있다. 학부모, 지역사회에 대해서는 사적이익 금지, 협력, 봉사 등의 실천을 강조하고 있다.

01 교사는 교직 현장에서 다양한 윤리적 딜레마를 경험하게 된다. 예컨대, 각 학생에게 '스펙 쌓기' 기회를 공정하게 줄 것인지, 입시 실적을 높이기 위해 상위권 대학에 진학할 가능성이 높은 학생에게 더 기회를 줄 것인지 선택해야 하는 상황에 직면할 수 있다. 이 밖에 교사는 학생지도와 관련하여 어떤 윤리적 딜레마를 겪을 수 있을까?

02 교원노조가 해서는 아니되는 활동이 법에 명시되어 있다. 그 금지된 활동은 무엇인가? 그리고 교직단체의 특정 가치를 지향하는 교사가 직무 중에 지켜야 할 행위는 무엇일까?

03 교사 직무의 핵심활동인 수업에 임하는 학생 중에는 교실에 억지로 끌려와 앉아있는 '징집 병'과 같이 교사의 통제를 인정하지 않는 학생이 있을 수 있다. 이러한 학생을 수업에 참여시키는 과정에서 교사는 어떠한 윤리적 태도가 필요하겠는가?

04 교직에서 중요하다고 생각하는 <교직윤리 5계명>을 정리해보자.
(팀 토의 시 <교직윤리 7계명> 함께 만들기)

제
4
장

교사와 교육공동체

예비교사와 신임교사에게 필요한
교사론과 교직실무

제4장

교사와 교육공동체

신철균

'교육공동체'라는 말이 최근 더욱 강조되고 있다. 학생을 교육하는 데 있어 교사가 학생과 좋은 관계를 형성하는 것이 기본이겠지만, 교사 혼자의 노력만으로는 한계가 있다. 다른 교사와 잘 협력하고 학부모, 지역사회와 교육적 파트너십을 갖췄을 때 학생들은 다면적이고 다층적인 지원을 받아 잘 성장해갈 수 있다. 여기에서는 교사와 학생, 교사와 교사, 교사와 학부모, 그리고 교사와 지역사회가 어떻게 관계를 맺고 공동체를 이뤄나가는 것이 필요한지 논의하고자 한다.

◎ 반드시 알아야 할 것
- 교사와 교육공동체
- 교사와 학생의 소통과 관계
- 교사와 교사의 협력
- 교사와 학부모, 지역사회와의 파트너십

◎ 목차
1. 교육공동체의 이해
2. 교사와 학생의 소통과 관계
3. 교사와 교사의 관계와 협력
4. 교사와 학부모의 관계와 대응 방식
5. 교사와 지역사회의 파트너십

1 교육공동체의 이해

인간은 공동체 속에서 살아간다. 인간은 홀로 살아갈 수 없고 지역, 국가, 지구의 상호의존적 관계망 속에 살아간다. 감염병 유행과 기후변화, 전쟁 등의 문제들은 혼자 해결할 수 없으며 함께 힘을 모아야 가능하다. 그래서 운명공동체라는 말을 쓴다.

가르침과 배움은 상호간의 관계 속에 이루어진다. 교육적인 관계가 원만하게 형성되지 않고서는 가르침과 배움이 쉽지 않다. 그래서 교육공동체가 필요하다. 교사와 학생 간에, 그리고 교사와 학부모 간에 신뢰와 소속감이 있을 때 교육 활동은 원활해지고 활력이 생긴다.

공동체(共同體, Community)는 사전적 의미로 '사회 일반 생활이나 행동 또는 목적 따위를 같이 하는 집단'(표준국어대사전, 2023), '특정한 사회적 공간에서 공통의 가치와 유사한 정체성을 가진 사람들의 집단'(한국민족문화대백과사전, 2023)이다. 교육공동체는 '교육이 일어나는 공간(예: 학교)에서 교사, 학생, 학부모 그리고 지역사회가 함께 아이들의 교육과 성장을 위해 노력하는 집단'이다. 학습공동체로서의 학교, 전문적 학습공동체(전학공), 마을교육공동체 등 교육 분야에서도 공동체라는 단어가 많이 쓰이고 있다. 그만큼 교육에서 공동체적 의식이 중요하고 어렵기도 하기 때문에 더 강조된다고 본다.

교육에서 공동체 의식을 가지면 내 시험 성적, 내 아이만을 위해 경쟁하고 타인을 배제하는 것이 아니라, 함께 협력하며 타인을 포용하는 가치를 가치며 모두가 함께 배우고 성장하는 교육적 목표의 지향점을 향해 갈 수 있다. 시험지 유출 사건이나 학교 폭력 고발 사건, 학부모 갑질 사건 등은 공동체 의식의 결여의 예로 볼 수 있다.

사회학자 퍼트남(Robert Putnam)은 그의 저서 『나 홀로 볼링』에서 미국 사회가 깨진 유리조각처럼 파편화되는 것을 지적하며 '더불어 함께' 모여 볼링치는 것을 강조하였다. 즉 사회적 관계를 맺으며 사회적 자본(social capital)을 쌓고 연대와 결속을 맺는 활동을 통해 공동체가 소생할 수 있다고 하였다(Putnam, 2000). 최근 우리사회도 경쟁이 치열해지고 코로나 등 위기상황을 겪으며 사회뿐만 아니라 교직 분위기도 개인주의 성향 강화에 대한 우려가 있다.

주된 교육 활동 공간인 학교와 가정, 지역사회에서 교사와 학생, 학부모, 그리고 지역사회 간에 어떻게 소통하며 관계를 형성해나갈 것인지, 이를 통해 어떻게 교육 공동체로 발전시켜나갈 것인지는 교육의 목적 실현에 매우 중요하다. 따라서 교사가 소통하고 관계를 형성하는 주된 대상인 학생, 교사와 교사, 교사와 학부모, 그리고 교사와 지역사회를 중심으로 현실과 양상을 살펴보고, 교사가 어떠한 방법으로 소통하고 관계를 형성해나갈 수 있을지를 제시할 것이다. 교육적 현실 파악과 대응 방식을 아는 것은 교사의 교직 생활 정착과 나아가 교육 공동체 지향에 도움이 될 것이다.

2 교사와 학생의 소통과 관계

1) 현실

교육에서 교사와 학생의 관계는 핵심이다. 가르치는 사람과 배우는 사람 간의 관계는 교육적 양상에만 존재한다. 교사와 학생의 관계는 교사 효능감의 가장 중요한 요인 중 하나로 교사와 학생 간의 관계를 긍정적으로 인식할 때 교사 효능감은 증가한다(Aslan, 2015).

그러나 점점 교사는 학생을 교육하고 생활지도하는 데 있어 어려움을 느끼고 있다. 고등학교의 학급당 학생수는 1970년 60.1명이었는데 2023년에는 22.9명까지 줄어들었다(교육부, 2022; 교육통계서비스, 2001, 2023). 무려 약 37명이나 학급당 학생수가 줄어들었는데 교사의 학생지도와 수업은 수월해져야 하는 것 아닌가? 하지만 학생수는 줄어들었으나 학생 한 명 한 명의 요구가 다양해지며, 학생들의 문제행동이 심각해지고 있기 때문에 학생 지도에 대한 교사들의 어려움은 더욱 커지고 있다.

학생과 교사의 소통에 대한 인식 차이는 존재한다. 학생들은 담임교사가 자신들과 성적, 친구문제 등에 대해 소통을 많이 하고 있지 않다고 생각하는 데 비해, 교사는 학생에 비해 상대적으로 훨씬 소통을 많이 하고 있다고 생각한다(김정원, 신철균, 2014). 그리고 교사의 열의와 태도에 대한 학생의 인식은 대체로 부정적이지는 않지만, 학년이 올라갈수록 교사와 학생 간에 생각을 공유하는 등의 관계 질이 낮아진다(김정원, 신철균, 2014; O'Conner & McCartney, 2007).

이처럼 교사와 학생의 소통과 관계 형성은 중요하지만 쉽지만은 않다. 학교를 겨우 다니면서 졸업만 하려는 학생도 있고, 선생님에게 관심은커녕 상처만 받아 선생님을 적대시하거나 대드는 '아픈 손가락'의 학생도 있다. 반면 수업에 너무 열심히 참여하고 선생님의 말 한마디를 귀담아 들으며 오히려 선생님에게 힘을 실어주는 '예쁜' 학생도 있다. 교사도 사람인만큼 학생에게 화도 나고 때로는 밝은 웃음을 보이는 등 감정이 다양하게 나타난다. 교사는 감정을 숨겨야 하는가? 학생은 교사에게 어떤 존재이고, 교사는 학생에게 어떤 존재인가? 교사가 학생에게 기대하는 것과 학생이 교사에게 기대하는 것 사이에 서서 교사와 학생의 관계를 다시 조망해보아야 할 것이다(서화영 외, 2022).

2) 대안

(1) 교사도 감정을 지닌 사람임을 인정하기

직사각형 교실에서 교사는 학생의 온갖 말과 행동을 지켜본다. 학생이 드러내는 갖가지 언행에 대해 긍정적이고 부정적인 감정을 느낀다. 교사의 역할상 어떤 부분은 수용하고, 어떤 부분은 수용할 수 없다. 수용할 수 없는 문제행동을 보이는 학생에게 교사는 훈계도 하고 야단도 치면서 부정적 감정과 화냄의 감정도 드러낸다. 교사로서 나의 모습을 어떻게 받아들여야 할까?

일단, '교사도 감정을 지닌 사람이다'라는 것을 솔직히 인정하는 것이 필요하다. 어떠한 감정도 드러냄이 없이 냉정하게 학생을 지도하는 것은 불가능하다. 물론 감정의 기복이 너무 심해 학생들에게 안정감을 주지 못하는 것은 문제이지만, 교사가 학생들의 '예쁜' 언행에 기뻐하고 '나쁜' 언행에 감정이 상하는 것은 사람으로서 당연하다. 자신의 그런 감정을 인정하고, 그것이 교육적으로 바람직하였는지 등을 성찰하면서 자신을 되돌아 보는 것이 필요하다.

(2) 세 가지 형태의 교사와 학생과의 관계

교사의 효과적 교수법과 관계 개선을 위한 교사역할훈련 프로그램인 TET(Teacher Effectiveness Training)에 따르면 교사와 학생 간의 인간관계는 크게 세 가지로 나눌 수 있다. 제1의 방법은 '교사가 이기고 학생이 지는 갈등 해결법'이다. 이는 교사가 꾸짖기, 명령 등 권위의 방법을 행사하여 학생을 관리 통제하는 것이다. 이러한 방법은 학생의 화, 증오, 욕구불만, 굴욕감 등의 감정을 생기게 해 복종하거나 도망치는 행동으로 나타나게 한다.

제2의 방법은 '교사가 지고 학생이 이기는 갈등 해결법'이다. 학생을 통제하지 않고 학생이 하고 싶은 것을 마음대로 하게 하는 것이다. 학생은 마구 떠들거나 마음대로 행동하여, 결국 학생은 '더 엄격하게 대해 주세요'란 요구를 하게 된다. 교사 자신도 이런 관계를 견디지 못해 '학생에게 얕보이면 안돼'라는 생각을 하며 제1의 관리 통제 방법으로 돌아가려 한다.

제3의 방법은 '교사와 학생이 함께 성장하는 해결법'이다. 이는 교사와 학생의 민주적 관계 형성으로서 학생의 감정을 이해하고, 학생이 스스로 해결해 나갈 수 있도록 도움을 주는 것이다. '기다림이란 교육적 관계의 토대이다.'(Kondo, 2008). 기다리면 늦어지는 것이 아니라 학생의 태도와 사고방식에 대해 관심을 갖고 지켜보는 것이며, 그것이 학생의 자발적 성장을 돕는 관계 형성의 출발이다.

<기다리고 있을 테니까>

너에게는 너만의 걸음걸이

삶의 방법이 있을거야

괜찮아, 아버지는(선생님은) 여기서 기다리고 있을 테니까

출처: Kondo(2008: p.39). (괄호 안)은 저자가 추가.

그리고 학생의 이야기를 듣고 교사는 다양한 방식으로 소통의 방식을 취할 수 있다.

예) 학생: '성적이 떨어졌어요'

교사: ● 침묵하기: ……

● 인정해주기: 그렇구나.

● 말문 열기: 좀 더 자세히 얘기해 주겠니?

● 적극적 경청: 그래서 실망했겠구나.

출처: Kondo(2008: p.78).

교사의 적극적 경청은 학생의 감정을 확인하며 학생이 선생님과 더 이야기하고 싶다는 생각이 들도록 소통하고 관계를 맺는 방식이다. 이러한 방식으로 교사와 학생 사이에 신뢰를 쌓아 갈 수 있으며 서로 존중의 관계가 형성할 수 있을 것이다.

교사와 학생 개인별 관계 형성도 중요하지만, 학생회나 동아리 등 학생 집단과의 관계에 신경을 써야 하는 경우가 많다. 여전히 한계는 있지만, 학생 자치 활동이 강화되며 집단적으로 학생들의 요구가 분출되고 있다. 학교 내 휴식·여유 공간 마련, 다양한 동아리와 자치 활동 지원 그리고 학생의 기본적 권리에 대한 보장 등 학생들의 요구가 다양화되고 있는데 학생들의 상황을 이해하고 인정하면서, 그러한 목소리가 왜 나왔고 나올 수밖에 없었는지를 헤아리는 것이 필요하다. 지나친 민원성 요구는 교육적으로 판단하고 지도해야겠지만, 학생들의 요구가 교사나 학교측에 전달될 수 있는 통로를 마련해줌으로써 학생을 학교의 주체적인 구성원으로 인정해주고 지지해주는 것이 학생과 교사의 관계 형성에서 중요할 것이다.

3 ▶ 교사와 교사의 관계와 협력

1) 현실

우리나라 경제 발전의 원동력은 교육이고, 우리나라 학생들의 학업성취도는 세계적으로 높기 때문에 한국의 교육에 대한 관심이 많다. 그 핵심 요인에는 교사의 역량과 전문성이 있다. OECD에서도 학업성취도가 높은 핀란드, 한국 등의 국가를 분석해봤을 때 그 핵심 요인으로 교사의 역량과 질을 꼽고 있다. 자아효능감이 높은 교사가 자신의 역량을 신장시켜 학생들을 가르칠 때 교육적 효과는 커진다. 그만큼 교사는 공교육의 질적 발전을 위해서 중요하다.

그러나 한 명의 교사가 고군분투해서 학교의 혁신과 발전을 이끌기 힘들고, 설령 일부 성과가 있다 하더라도 그 혁신을 지속시키기는 어렵다. 이것이 교사 간의 협력과 교사들의 학습공동체가 필요한 이유이다. 세계 교육 차원에서 주목을 받고 있는 핀란드와 우리나라의 교사들을 비교해볼 때, 두 나라에서 공통적으로 교사 효능감에 긍정적 영향을 미치고 있는 것 중 하나가 수업 자율성 만족도이다. 특징적인 점은 우리나라 교사는 핀란드에 비해 '팀 혁신성(Team innovativeness)'이 교사 효능감에 중요한 영향을 미치는 반면, 학교의 규율적 문화는 교사효능감을 반감시킨다는 것(이호준, 김민조, 2023)이다. 우리나라는 교사들이 혁신적인 수업 아이디어를 함께 개발하고 문제 해결을 위해 서로 머리를 맞대며 지원하는 것을 중요하게 생각한다. '함께 머리를 맞대어 협력하지만, 서로 통제하거나 규제하지는 않는' 동료 간의 관계와 학교 문화가 이루어질 때 한국의 교사들은 교육활동에 대한 신념과 자신감이 높아진다는 것을 알 수 있다.

한편, 교사들은 학교에서 동료교사들과 학생들의 생활지도와 관련해서 소통을 하며 학년 간, 교과 간에 회의도 하고 전문적 학습공동체도 운영한다. 교직원 회의나 학년 회의, 그리고 일상적으로 교내 메신저 프로그램을 통해 업무에 대해 협의한다. 고등학교 교원 간에 의사소통 내용, 즉 교수학습 영역과 행정업무 영역으로 구분해 봤을 때 그 소통 및 네트워크 양상이 다르다. [그림 4-1]을 보면 알 수 있듯이, 교수학습 의사소통 네트워크에서 '부장교사 이상'은 중앙에 포진해 있지 못하고 대체적으로 여기저기 흩어져 있는 상태이다. 이것은 그만큼 교수학습 네트워크에 있어서 부장교사 및 교감·교장이 차지하는 중앙성의 정도가 약하다는 것을 나타낸다. 반면 [그림 4-2]에서 행정·사무 의사소통 네트워크는 중앙과 외곽이 확연하게 구분되는 형태를 띠며, 부장교사나 관리자의 중앙성과 영향력은 크다는 것을 알 수 있다(신철균, 2007). 중앙성이 크다는 것은 영화계에서 유명한 영화감독이 촬영과 배우 섭외 등에 미치는 영향력이 큰 것처럼, 네트워크의 다른 구성원에게 영향과 파급력이 크다는 것을 의미한다. 이처럼 학교 내에서 의사소통 내용에 따라 구성원 간에 다양한 양상의 네트워크가 형성되고 있다는 것을 이해하고, 나와 동료교사들이 함께 어떤 네트워크를 강화해나가고 결속력을 가질 것인지를 생각해보는 것이 중요할 것이다.

[그림 4-1] 교원의 교수학습 네트워크 집중도

[그림 4-2] 교원의 행정 네트워크 집중도

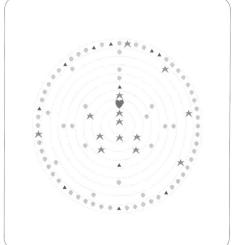

♥: 교장 ★: 부장, 교감 ●: 교사 ▲: 기간제교사

출처: 신철균(2007: pp.350－351).

2) 대안

(1) 학교 구성원 파악과 일반적인 학교의 속성 이해

학교의 기능이 다변화되고 종합화되고 있기 때문에 학교에는 다양한 구성원이 있다. 기본적으로 특별한 직위가 없는 이른바 평교사, 즉 교사가 다수를 차지하고 있지만, 교장과 교감의 관리자가 있고, 중간관리자의 역할을 하는 부장교사도 있다. 물론 교사에는 보건교사, 사서교사, 상담교사 등 비교과 교사들도 있다. 그리고 예산, 시설 등 행정을 담당하는 행정실의 교육행정직원들과 교무실에서 행정을 보조적으로 도와주는 행정실무사가 있다. 이외에 급식실의 영양사와 조리사도 있으며 학교에 따라 상담사, 복지사 등이 있는 학교도 있다.

이처럼 학교는 다양한 분야와 직종의 구성원들이 생활하며 업무를 하고 있기 때문에 이들의 역할을 파악하고 내가 도움이 필요할 시 적절하게 도움을 요청해야 한다. 예컨대 행정업무를 처리하는 과정에서 행정실무사와 행정실의 협조가 필요하며, 문제행동을 하거나 취약계층의 학생들에 대해 지도를 하기 위해서는 상담사와 복지사와의 긴밀한 협력이 필요하다. 또한 신규교사로서 경험이 부족하다는 것을 인정하고 선배교사나 부장교사의 도움을 적극적으로 요청하며 문제를 해결해나가는 것이 필요하다.

학교는 이처럼 다양한 구성원이 업무를 나누어 맡고 있는 조직으로서 기업과 같은 영리조직이나 군대와 같은 위계조직의 특성과는 다르다는 것을 이해할 필요가 있다. 학교는 행정 영역에서는 관료제의 특성으로 규정과 지시에 따른 '강한 연결(tight coupling)'의 면이 있으면서도, 교수학습 영역에서는 교사의 자율성을 강조하는 '느슨한 연결(loose coupling)'의 다면성을 가지고 있는 조직임을 이해해야 한다.

(2) 교사 간의 협력과 전문적 학습공동체 참여

교사들은 멘토링, 컨설팅, 동료장학 그리고 교사동아리, 학습모임(전문적 학습공동체) 등 여러 차원으로 서로 관계를 맺게 된다. 또한 각종 교내외 교사연수와 세미나에 참여하기도 하며, 학교의 교육과정위원회나 학교운영위원회 등의 위원으로도 참여하며 업무를 분담하고 일정한 역할을 맡는다. 이를 통해 교사의 전문성도 신장시키며 학교의 일상에서 겪는 고민과 대화를 나눈다.

교사들 간의 활동은 교사 협력(collaboration)이라는 핵심적 속성을 갖는다. 의사가 환자를 진단하고 수술을 할 때 여러 분야의 의사들이 협진하고 공동협력체제를 갖듯이, 교사들이 학생을 지도하고 행정 업무를 처리할 때 교직원과의 협력은 필수적이다. 문제행동을 보이는 학생에 대해 담임으로서 그리고 교과교사로서 어려움에 처해 있을 때, 옆 자리의 동료교사나 동학년 교사와 함께 머리를 맞대어 보면 보다 적합한 지도방안이 나올 수 있다. 그리고 학부모의 민원으로 고민될 때 부장교사나 관리자의 경험과 행정적 처리 능력을 믿고 요청할 필요가 있다.

필요에 의한 도움을 일회적으로 요청할 수도 있지만, 교사 간에 지속적인 소통과 신뢰 관계를 구축해 나간다면 동료교사의 지원은 더 적절해지고 도움이 된다. 이를 위해서는 다양한 교사동아리나 전문적 학습공동체를 통해 연대감을 느끼고 결속감을 갖는 것이 중요하다. 특히 교사는 사람을 키우는 직업으로서, 끊임없이 새로운 상황과 문제에 직면하기 때문에 전문적 학습공동체를 통해 동료 간에 학습해 나가는 자세가 필요할 것이다. 다양한 학습 방식이 있을 수 있지만, 신규교사가 수업에서나 생활지도에서 곤경에 처했을 때 다양한 진단과 해결방안을 친숙하게 주고 받을 수 있는 곳이 전문적 학습공동체이다. 따라서 홀로 모든 것을 짊어지거나 해결하려 하지 말고, 같은 공동체의 일원이라 생각하고 교사 간에 소통과 협력을 만들어 가는 것이 필요할 것이다.

교사와 학부모의 관계와 대응 방식

1) 현실

최근 교사의 만족도가 최저치에 이르며 교직이탈 현상이 심해지고 있다는 조사들이 속속 보고되고 있다. 1장에서 살펴본 것처럼, OECD TALIS(교수학습국제조사)에서 우리나라 중학교 교사들은 교사직업 재선택('다시 선택할 수 있다 해도 나는 교사라는 직업을 택할 것이다')에 동의하는 비율이 67%로 OECD 평균(75.6%)보다 12% 가량 낮게 나타났다(이동엽 외, 2019). 또한 우리나라 교사는 교직이탈 의향('정년까지 교직에 재직하지 않을 의향')이 높았는데, 특히 저경력 교사 중에서도 여교사의 교직이탈 의도가 높게 나타났다(김혜진 외, 2021).

한국교육신문(2023.5.15.)의 조사결과에 따르면 교사들의 교직 만족도는 역대 최저로 낮았고, 교사들의 애로점에 가장 큰 영향을 미치는 것은 학생들의 생활지도 어려움과 학부모의 민원과 관계 형성이었다. 또한 학부모와의 상담은 수업 준비 부담에 비해 교사들, 특히 초등학교 교사들에게 큰 부담으로 작용하고 있다. 그만큼 교사들의 교직생활에 학부모와의 관계는 큰 영향을 미치고 있다. 교사들이 학생들의 성장을 위해 학부모와 교육적 소통을 하는 방식이 아니라, 학부모에 의해 '민원'을 받고 법적 고소·고발을 당하는 극단적 갈등 사례가 빈번히 나타나고 있다는 사실은 안타까운 현실이다. 이러한 문제로 교사들의 교직 만족도가 저하되고 자아존중감이 떨어지는 현상이 발생하고 있다.

하지만 학생을 잘 지도하고 교육하는 데 있어 학부모와의 소통과 협력은 필수적이다. 학생이 가정에서 어떻게 생활하고 있는지, 학교에서 맺는 친구관계의 어려움을 부모님께 토로하고 있지는 않는지 등 학생의 일상적인 모습과 정보를 교사와 학부모가 긴밀히 소통할 때 학생에 대한 교육과 지도는 더 적절해진다. 그래서 교육활동에 대한 학부모와의 소통과 '학부모 참여'를 더 바람직하게 권장하는 연구와 정책

이 많다. 학교에서도 학부모 상담의 날, 학부모 수업 공개부터 학부모회, 학교운영위
원회 등을 통해 학부모의 참여를 권장하며 활성화하고 있다. 물론 최근 학부모 극성
민원 사태와 교사의 업무 부담을 고려하여 의무적인 학부모 상담의 날을 폐지하는
교육청도 생겨났지만, 학부모의 학교 이해와 교사, 학교에 대한 신뢰를 높이지 않고
서 교육 활동이 원활해지기는 힘들다. 학부모는 갈등의 대상만이 아니라 협력과 소
통의 대상이자, 더 나아가 교육의 3주체 중 하나이다. 따라서 교사는 학부모와 다양
한 방식을 통해 소통하고 관계 형성을 해나가야 할 것이다.

2) 대안

(1) 학부모 상담과 공개수업에 학부모와 마주하기

학부모 상담 주간이나 학부모 공개 수업 시기가 되면 교사는, 특히 신규교사는 긴
장이 되기 마련이다. '학부모의 질문에 답을 못하면 어쩌지', '내가 신규교사라고 무
시당하면 어떡하지'란 고민을 하게 된다. 학부모와의 공식적 만남 자리는 부담스러
운 것이 사실이다. 이럴 때 다음과 같은 마음 자세와 준비를 해두면 도움이 된다.

먼저, 학부모도 교사를 믿고 있다고 생각한다. 학부모는 교사에게 '아이를 맡긴 사
람'으로서 선생님에 대한 기대(물론 때로는 걱정)와 궁금증을 갖는다. '우리 아이를 잘
돌보고 가르쳐줄 사람인가', '우리 아이는 학교에서 별일 없이 잘 지내는가'와 같은
궁금함을 갖는다. 학부모 상담 기간은 학부모가 교사에 대한 믿음을 갖고 교사에 대
한 호의적 태도를 갖게 하는 중요한 시기이다. 물론 학생들의 친구관계와 학습활동
에 대한 사전 준비와 파악도 당연히 필요하다. 이러한 준비 내용을 갖고 학부모를
만나면 당연히 학부모도 교사의 학생에 대한 관심과 자신감을 느낄 것이다. 이러한
소통과 관계가 축적되면 학부모는 '교사 편'이 되고 교사에게 우호적이 될 것이다.
학부모가 교사에 대한 불신을 갖는다는 생각보다는 학부모도 교사를 믿고 있고, 이
기회를 통해 학부모와 신뢰를 쌓을 수 있다는 생각을 하고 학부모와 소통해나가자.

둘째, 완벽함과 특별함보다는 일상적인 모습을 보여준다고 생각한다. 수업공개는
교사에게 늘 부담이고, 학부모 수업공개는 더 완벽하고 특별하게 준비해야 한다고
스스로 압박을 주는 경우가 있다. 하지만 수업은 완벽할 수 없고, 수업공개는 특별
한 쇼와 이벤트를 하는 자리가 아니다. 학부모는 아이들이 일상뿐만 아니라 수업 시

간에 잘 참여하고 있는지, 아이에 대한 관심으로 학교에 오는 것이기 때문에 교사가 연예인처럼 특별함을 보여주기보다는 자연스러운 일상적 수업을 보여주는 게 학부모에게도 좋다. 그리고 아이들도 수업 공개를 위해 '특별히 준비한 수업'보다는 '우리 선생님이 일상적으로 하는 수업'을 편안하게 느낀다. '학부모는 교사인 나를 보러 온 것이 아니라 자녀를 보러 온 것'이며, '완벽한 수업은 없다'는 생각으로 당당하고 편안하게 수업을 준비하며 학부모를 만나자(서준호, 노동현, 2019).

(2) '마당발' 학부모를 파악하고 다양한 학부모와 소통 넓혀가기
: 교육활동 참여의지가 높은 학부모, 학부모회와 소통하기

신규교사에게 학부모는 어렵고 힘든 존재일 수도 있으나, 교사의 어려움을 덜어주고 지원자가 될 수도 있다. 아이의 문제에 대해 모든 것이 학부모의 탓이라는 생각이 아니라, 아이의 문제를 교사와 학부모가 함께 해결하는 동반자라는 생각을 가지고 학부모와 함께 아이의 문제 해결과 올바른 성장을 위해 힘을 합쳐야 한다. 학부모를 나의 편으로 만드는 게 중요한데, 어디서부터 어떻게 시작해야 할지 막막할 때가 많다.

먼저 학교 교육활동에 참여의지가 높은 학부모와 소통을 해나가는 것이 필요하다. 예를 들면, 학교나 학급에는 학부모회나 운영위원회 등이 있는데 학교 교육에 관심과 참여의지가 많은 학부모들이 위원으로 활동을 한다. 혹은 임원은 아니지만 학부모들의 의견을 모으며 학부모 간에 소통 창구가 되는 비공식적 대표 역할을 하는 학부모가 있다. 네트워크 이론에서는 이들을 '허브(혹은 마당발)(hub)'나 '연결자(bridge)'라고 표현한다. 허브나 연결자가 되는 학부모들은 많은 학부모나 지역사회와 연결되어 있고, 여러 학부모를 연결시키고 정보를 중개하는 사람이기 때문에 파급력이 크다.

학급의 자발적인 학부모회나 학교 교육활동 참여 의지가 높은 학부모와의 대화와 상담 자리를 통해 학급에서 이뤄지는 것들에 대한 학부모들의 생각과 요구를 파악하여 선제적으로 대처해나가는 것이 필요하다. 학생들의 학교와 학급에서의 만족도는 부모에게 전달되고, 부모는 그 의견을 다른 학부모와 공유하는 게 많다. 학교와 학급에서 잘 하고 있는 사항은 장점을 파악하여 더 강화해 나가고, 부족한 점은 '뒷담화'로 쌓아 두며 폭발시키는 방식이 아니라 먼저 파악하고 하나씩 해결해나가는 것이 중요하다. 학교와 학급 교육활동에 보탬이 되고 교사에게 좋은 제언을 해주고 싶어하는 학부모의 '선의'를 잘 받으며 학부모와 소통 채널과 방식을 넓혀 나가자. 물론 대표 역할을 하는 학부모 임원만이 아니라 중심이 되지 않고 외곽에 있거나 학부모 네트워크에 빠져 있는 학부모의 의견도 들어야 하는 것은 당연하다. 한 명의 학부모가 모든 학부모를 대표한다고 볼 수 없기에, 다양한 학부모들과 소통하며 관계망을 넓혀 나감으로써 교육에 대한 공감대를 형성하는 것이 중요하다.

5 ▷ 교사와 지역사회의 파트너십

1) 현실

교사의 교육 활동은 학교를 넘어서 지역사회로 확장되고 있다. '국가교육과정'만이 아니라 지역의 특수성과 고유성이 담긴 '지역교육과정'도 개발되어 학교에서 활용하고 있다. 학교 교육만이 아니라 지역과 함께 하는 교육, 즉 학교-마을-지자체가 아이를 키우기 위해 함께 협력하며 서로 이해하고 공존하는 공동체인 마을교육공동체가 강조되고 있다. 또한 국가 교육정책으로 시행 중인 자유학기제와 고교학점제 정책은 지역사회 전문가와 공간을 학생들의 선택 프로그램이나 진로체험 활동에 적극적으로 활용할 것을 권장하고 있다. 학교와 지역은 일방적으로 자원을 주거나 수혜를 받는 것이 아니라 쌍방적이고 호혜적인 커뮤니티가 되는 것이 필요하다.

학교와 마을이 분리되고, 교육청과 지자체가 분리되는 것을 넘어서서 통합적으로 연결하며 하나의 공동체를 만들려는 노력하는 사례들이 속속 등장하고 있다(서용선, 2019). 서울 마포의 성미산 마을, 전북 완주의 마을교육공동체 등이 학교와 지역사회가 교육의 가치를 공유하고 마을 속에서 함께 교육을 실천하는 실례이다.

그럼에도 불구하고 아직 현실은 녹록하지 않다. 교사는 '그것까지 하라고?', '(학생과 학교의 안전을 위해서 외부와의 연계와 개방은) 아직 일러'라는 목소리를 내기도 한다. 교사들은 학교 수업과 생활지도에다가 지역 연계 활동까지 해야 하는 업무 부담을 갖기도 한다. 당연히 신규교사로서 학교를 넘어 지역사회와 관계를 맺고 지역사회를 교육의 장으로 활용하는 것은 쉽지 않은 일이지만, 교육과 시대의 흐름을 읽고 시선을 확장해나가는 것이 필요하다.

2) 대안

(1) 지역사회 자원에 대한 탐색과 활용

교사가 생활해본 경험이 없다면 교사가 근무하는 학교의 지역을 처음부터 잘 알기는 어렵다. 교과와 관련되어 수업에 활용할 수 있는 지역의 자원을 알아보거나, 학생들이 동아리나 체험활동을 위해 갈 수 있는 공간이 무엇이 있는지를 탐색해보는 것이 우선일 것이다. 경기도에 있는 몽실학교는 의정부, 김포 등 7개 지역에서 운영되는 학교 밖 배움터로서 '우리가 이루고 싶은 것으로 세상을 이롭게 한다'는 슬로건으로 청소년이 자신이 원하는 프로젝트를 실행하며 학생주도성을 강화하는 프로그램을 다양하게 운영하고 있다. 교육과정연계 교육활동과 방과후 학생자치활동을 하는 역할을 하기 때문에 교사들이 수업과 연계하여 활용할 수도 있고 학생들이 스스로 이용할 수도 있는 소중한 지역의 교육 공간이다. 이러한 공간 외에도 청소년수련관, 스포츠센터, 박물관 등 의외로 많은 자원이 있다. 더 나아가 지역의 현안 문제를 해결하는 정책마켓과 같은 학생들이 제안하는 지역 문제해결 프로젝트를 통해 지역사회와 교육협력을 형성해갈 수 있다.

교사는 수업을 하고 학생들과 동아리 활동이나 체험 활동을 하는 데 있어 적극적으로 지역사회의 인적·물적 자원을 활용할 필요가 있다. 교사의 시야를 넓혀 교육의 무대를 교실만이 아니라 지역사회로 확장해 긴밀한 상호 협조관계를 갖춰야 할 필요가 있다. 이처럼 지역 자원을 탐색하고 교육활동에 활용함으로써 교사와 지역과의 연계를 만들어 가는 것이 필요하다.

(2) 학생 교육에 지역사회와 공동으로 협력하기

최근 시·도교육청별로 '지역교육과정'을 만들고 학습하는 시간이 증대되고 있다. 이는 학생이 지역에 대한 관심과 애정을 갖고 우리 지역의 특성이 무엇인지 알아가고 탐구해가는 과정이다. 지역 교육과정에 대한 학습과 체험이 원활히 이뤄지기 위해서는 지역사회가 함께 협력하여 학생들의 지역 학습 환경을 조성해주어야 한다. 학생들이 지역을 이해하고 지역의 시민으로서 성장해가는 것을 지원하는 데는 교사 혼자서만의 노력으로는 한계가 있을 수밖에 없기 때문에, 지역사회의 관심과 지원이 필수적으로 뒷받침되어야 한다.

특히 특별한 도움이 필요한 문제행동 학생이나 가정환경이 어려운 취약계층의 학생들은 교사 혼자의 노력으로 문제를 해결하기가 쉽지 않다. 그러한 학생들은 한번의 지원으로 문제가 해결되는 경우는 드물고 지속적으로 관리하며 관심을 갖고 지원을 해줘야 한다. 이를 위해서는 지역의 상담기관이나 치료기관 등과 연계하고, 지역아동복지센터의 지원과 결합하여 다각적인 협력 체제를 갖추는 것이 필요하다. 교사 혼자서 학생의 문제를 해결하려 하는 '개별적인 지원' 방식보다는, 지역사회의 다양한 자원을 결합하는 '통합적 지원' 방식이 도움이 필요한 학생들에게 훨씬 더 효과적일 것이다. 따라서 교사는 학교와 가정, 지역사회의 파트너십에 기반하여 지역사회 기관과 공동으로 협력하는 자세가 요청된다.

생각하고 토의하기

01 교육공동체(학교공동체)는 학생, 학부모, 교사의 다양한 요구가 분출되는 사회에서 어떤 의미가 있고, 그 순기능과 역기능은 무엇일까?

02 교사가 학생, 학부모와의 관계에서 겪는 구체적인 어려움은 무엇이며, 어떻게 대응해 나가야 할까?

03 동료교사 간에 관계 맺기를 어떻게 하는 것이 적절하다고 생각하며, 그것을 위해 나는 어떤 노력과 자세를 취할 것인가?

04 학교의 울타리를 넘어 지역과 함께 학생을 교육하는 사례를 찾아보고, 교사의 역할, 학교와 지역의 관계에 대한 생각을 정리해보자.

제
5
장

사회변화와 교육

제5장

사회변화와 교육

김훈호

교육은 사회 발전의 중요한 원동력이 되지만 그로 인해 나타난 사회의 변화는 다시 학교 교육에 영향을 미치게 된다. 급격한 합계출산율 저하는 학령인구의 감소로 이어져 소규모 학교 증가 및 적정규모 학교 육성 정책을 야기하였다. 국가 간 이동이 증가하고 국제화가 심화됨에 따라 국내에 정착하는 이주배경인구도 빠르게 증가하고 있으며, 이로 인해 이주배경학생 수도 꾸준히 늘어나고 있다.

최근에는 ChatGPT로 대표되는 AI 기술의 발달로 우리의 삶뿐만 아니라 학교 수업 및 교육활동에 있어서도 급격한 변화가 나타날 것으로 예상되고 있다. 주목해야 할 주요한 사회변화 모습을 살펴보고, 그러한 변화들이 학교 교육에 미칠 영향을 검토해 보고자 한다.

◎ 반드시 알아야 할 것
- 학령인구 감소와 이주배경학생의 증가
- 양극화 현상과 교육격차 확대
- 미래 학교교육의 변화와 대응

◎ 목차
1. 인구변화와 교육
2. 사회·경제적 양극화와 교육격차 확대
3. 미래사회와 학교교육의 변화

1 인구변화와 교육

1) 학령인구 감소

0.78명. 2022년 우리나라의 합계출산율이다. 합계출산율은 여성 1명이 평생 낳을 것으로 예상하는 평균 출생아 수를 의미하는데, 지난해 합계출산율이 0.78명까지 떨어지면서 1970년에 출생통계를 작성한 이후 최저치를 기록했다(통계청, 2023.8.30.).

통계청에서 2023년에 발표한 '장래인구추계: 2022~2072년'에 따르면, 우리나라 인구는 앞으로 50년 동안 1,550만 명 가량이 급감하면서 2070년이 되면 3천 600만 명대에 머물 것으로 전망했다. 이는 우리나라의 합계출산율이 1.0명 수준으로 반등할 경우를 가정한 것으로, 만일 현재와 비슷한 07~0.8명 정도가 유지될 경우에는 2천만 명 이상이 줄어들면서 3천만 명 선을 지키기도 어려운 상황이라고 보았다.

출산율 저하는 급격한 학령인구 감소로 이어졌다. 학령인구(6~21세)는 1980년(1,440만 명)에 정점을 찍은 후 계속 줄어들었다. 2023년에는 725.9만 명으로 1980년 대비 50.4%에 그쳤다. 앞으로가 더 걱정인데, 2025년에 700만 명대 아래로 내려가고, 2030년에는 600만 명대마저 무너져 500만 명대로 내려앉을 전망이다.

학령인구의 감소는 다시 소규모 학교의 증가로 이어졌다. 농산어촌뿐만 아니라 대도시의 구도심 지역에서도 소규모 학교가 빠르게 증가하고 있다. 2022년 교육통계연보에 따르면, 전교생 수가 60명 이하인 초등학교는 1,362개교로, 전체 초등학교(6,163개교)의 22.1%에 해당한다. 전교생 수가 30명 이하인 초소형 초등학교도 512개교(전체 초등학교의 8.3%)에 이른다. 전교생 수가 60명 이하인 초등학교가 가장 많은 지역은 전북으로 203개교에 달했고, 경북이 201개교, 전남이 199개교 순이었다. 반면, 대구(2개교)나 서울(4개교), 대전(7개교) 등의 대도시는 60명 이하의 초등학교는 아직 한 자릿수다. 그런데 기준을 높여 보면 소규모 학교가 빠르게 증가하는 것을 확인할 수 있다. 대도시인 서울의 경우 초등학교는 전교생 수 240명 이하, 중·고등학교는 300명 이하를 소규모 학교로 분류하는데, 2012년에는 20개교에 불과했던 소규모 학교가 2021년에는 99개교(초 41개교, 중 45개교, 고 13개교)로 무려 5배 증가하였다.

[그림 5-1] 2022~2070 장래인구 추계

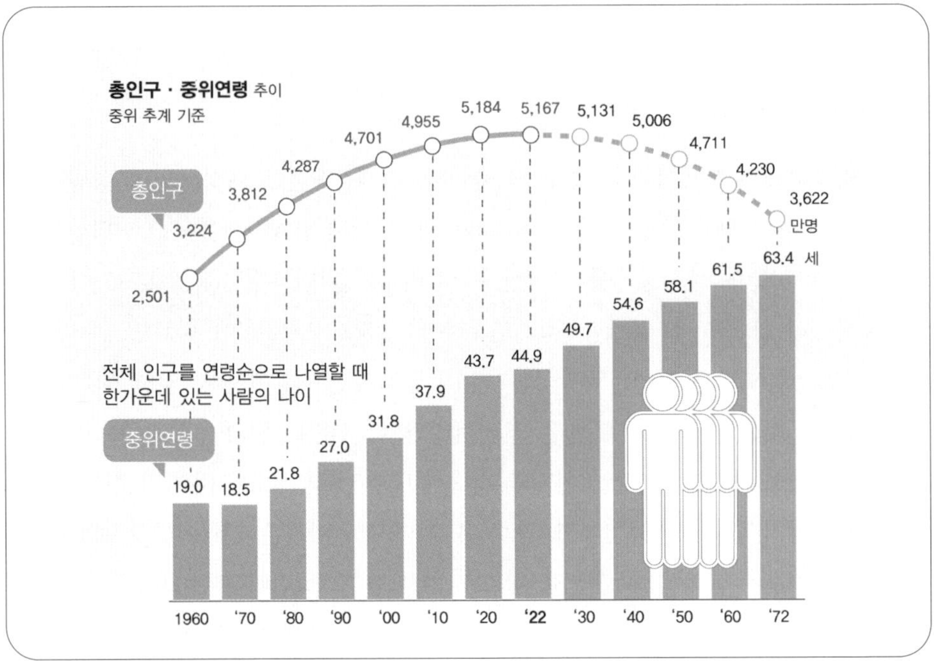

총인구 · 중위연령 추이
중위 추계 기준

총인구

2,501
3,224
3,812
4,287
4,701
4,955
5,184
5,167
5,131
5,006
4,711
4,230
3,622 만명

63.4 세

전체 인구를 연령순으로 나열할 때
한가운데 있는 사람의 나이

중위연령

19.0 18.5 21.8 27.0 31.8 37.9 43.7 44.9 49.7 54.6 58.1 61.5

1960 '70 '80 '90 '00 '10 '20 '22 '30 '40 '50 '60 '72

출처: 통계청(2023.12.14.).

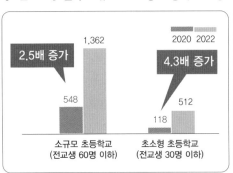

[그림 5-2] 전국 소규모 · 초소형 초등학교 현황

2.5배 증가

4.3배 증가

2020 2022

548 1,362
118 512

소규모 초등학교
(전교생 60명 이하)

초소형 초등학교
(전교생 30명 이하)

출처: 교육부, 한국교육개발원(2022).

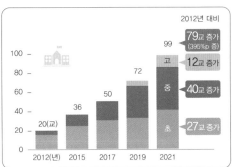

[그림 5-3] 서울 소규모 학교 추이

2012년 대비

79교 증가
(395%p 증)

12교 증가

40교 증가

27교 증가

고 중 초

20(교) 36 50 72 99

2012(년) 2015 2017 2019 2021

출처: KBS뉴스(2021.10.28.).

전국 17개 시·도교육청이 국회에 제출한 자료에 따르면, 2023년에 신입생이 0명인 초등학교는 145곳이었으며, 전년도 114개교에서 31개교(27.2%)가 늘어난 수치이다. 시·도별로 보면 경북(32개교)이 가장 많았으며, 전남(30개교)과 강원(20개교), 전북(20

개교), 경남(18개교) 순이었다. 신입생이 5명 미만인 초등학교는 전국적으로 856곳이었으며, 10명 미만인 초등학교도 1,587개교(전체 초등학교의 25.8%)에 이르고 있다.

소규모 학교가 증가하면서 적정규모 학교 육성(통합운영학교, 학교재배치, 통폐합 등)에 대한 관심과 요구 또한 높아지고 있다. 일부 초등학교에서는 학생 수가 적어서 한 학급에 2개 학년 이상의 학생들이 함께 생활하는 '복식학급'을 운영하고 있다. 소규모 중등학교에서는 소속 학교에서 수업 시수를 채울 수 없어서 다른 학교에 나가 수업을 해야 하는 '순회교사'나 자신이 전공하지 않은 다른 교과목을 가르쳐야 하는 '상치교사' 제도를 운영하기도 한다. 이로 인해 소규모 학교에서는 정상적인 교육과정 운영이 어렵고, 다양한 프로그램 운영이나 학생 간 다양한 상호작용이 곤란하여 질 높은 교육활동을 수행하는 데 한계가 있다고 지적하기도 한다. 교육부는 소규모 학교가 갖는 이러한 문제들을 해결하고 소규모 학교 운영에 따른 교육재정 운용의 비효율 문제를 개선하기 위해 1982년부터 적정규모 학교 육성 정책을 추진해 오고 있다.

다만, 일부에서는 학교 통폐합을 중심으로 한 적정규모 학교 육성 정책이 오히려 통학 여건이 좋지 않은 도서·산간·벽지 지역의 교육 여건을 더욱 열악하게 할 수 있다고 우려하고 있다. 또한, 농산어촌 지역의 학교가 지역사회에서 갖는 사회적 기능을 간과한 채 경제적 효율성만을 강조하고 있어 고령화되어 가고 있는 이들 지역을 더욱 어렵게 하고 있다고 지적한다(지방교육재정알리미, 2016). 때문에 소규모 학교가 상대적으로 많은 경기나 강원, 전남, 충남, 경북 등을 중심으로 소규모 학교를 통폐합하는 대신 초등학교와 중학교, 중학교와 고등학교를 통합하여 운영하는 '통합운영학교'에 관심이 높다(전제상 외, 2020). 최근에는 교육부도 소규모 학교 통폐합 대신 '통합운영학교'를 적정규모 학교 육성 정책의 대안으로 적극 검토하고 있다.

〈표 5-1〉 통합운영학교 현황(기준: 2021.03.01.)

구분	서울	부산	인천	대구	대전	울산	세종	경기	강원	충북	충남	전북	전남	경북	경남	제주	계
초·중	2		2	1				8	2	8	6	6	6	9	3	5	58
중·고	1	3	1		2	2	1		4		14	9	7	7	3	1	55
초·중·고			4				1					1					6
계	3	3	7	1	2	2	1	9	6	8	20	16	13	16	6	6	119

출처: 전제상, 김훈호(2021: p.374).

최근에는 대도시에서도 '도시형 통합운영학교'에 대한 관심이 높다. 대도시에서도 학생 수 감소가 현실화되고 있을 뿐만 아니라, 신도시나 재건축 지역의 경우 초기에는 초등학교 수요가 높으나 이들이 상급학교로 진학하면 수요가 빠르게 중·고등학교로 이동하여 초등학교 학생 수가 급감할 수 있기 때문에 대도시 지역에서도 통합운영학교에 대한 관심과 수요가 증가하고 있다(전국시도교육감협의회, 2019).

2) 이주배경학생의 증가

OECD는 외국인, 이민2세, 귀화자 등 3개월 초과 장기 거주 이주배경인구 비율이 전체 인구의 5%를 넘어서면 '다문화·다인종 국가'로 분류한다. 우리나라는 2018년부터 총인구 대비 이주배경인구 비율이 4%를 유지하였으며, 2022년 기준 이주배경인구는 총 226만 명으로 전체 인구의 4.4%에 이르고 있다. 그리고 통계청이 발표한 장래 인구전망 결과에 따르면, 우리나라의 이주배경인구는 2030년에 264만 명으로 증가하여 전체 인구의 5.2%에 이를 것으로 내다보았다(통계청, 2022.4.14.).

〈표 5-2〉 이주배경학생 유형별 현황(기준: 2023.04.01.)

학제	국제결혼 가정		외국인 가정	합계
	국내출생	중도입국		
초등학교	82,491 (3.2%)	5,617 (0.2%)	27,531 (1.1%)	115,639 (4.4%)
중학교	32,210 (2.4%)	3,108 (0.2%)	8,380 (0.6%)	43,698 (3.3%)
고등학교	15,063 (1.2%)	1,928 (0.2%)	4,199 (0.3%)	21,190 (1.7%)
계	129,764 (2.5%)	10,653 (0.2%)	40,110 (0.8%)	180,527 (3.5%)

출처: 한국교육개발원 교육통계(https://kess.kedi.re.kr/index).
주: 괄호는 전체 학생 수 대비 이주배경학생 비율을 의미함.

이주배경인구가 증가함에 따라 이주배경학생 수도 빠르게 증가하는 모습을 보이고 있다. 초·중·고등학교의 이주배경학생 수는 2014년에 6.8만 명(전체대비 1.1%) 수준이었으나, 지속적으로 증가하여 2023년에는 18.1만 명(전체대비 3.5%)에 이르고 있다(관계부처합동, 2023). 전체 학생 수가 빠르게 감소하고 있음을 고려할 때, 향후 이주배경학생의 비율은 더욱 가파르게 증가할 것으로 보인다.

이주배경학생의 증가를 성격별로 세분화하여 살펴보면, 지난 10년 동안 외국인 학생의 증가는 8.6배였으며, 국내출생(2.3배)이나 중도입국(1.9배)과는 상당한 차이를 보였다. 한국어 능력이 부족한 외국인 학생의 증가가 두드러지고 있음을 고려할 때, 향후 이주배경학생에 대한 교육정책 수립 및 학교 교육과정 운영 시 한국어교육이 상당히 중요한 영향을 미칠 것으로 보인다.

[그림 5-4] 이주배경학생 성격별 인원 추이(명)   [그림 5-5] 이주배경학생 성격별 구성비 추이

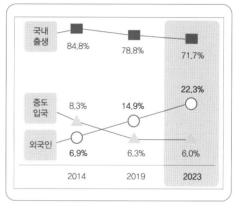

출처: 관계부처합동(2023: p.3).

이주배경학생을 위한 한국어교육과정이 제공되고 있기는 하나, 교과학습을 위한 한국어 능력이 부족하여 학업에 어려움을 겪는 학생이 많으며, 이주배경학생의 중도 탈락률 또한 전체 평균보다 높은 경향을 보이고 있다. 또한, 이주배경학생 가정의 경제적 어려움으로 인해 대학진학률도 상당히 낮은 편이다(관계부처합동, 2023).

〈표 5-3〉 이주배경학생의 학업중단률 및 대학진학률 현황

	학업중단률			대학진학률
	초등학교	중학교	고등학교	
이주배경학생	0.68%	0.78%	2.05%	40.5%
전체	0.58%	0.54%	1.55%	71.5%

출처: 관계부처합동(2023).

이에 정부에서는 "이주배경학생 누구나 차별 없이 교육받고 인재로 성장할 수 있는 교육환경 구축"을 위해 다음과 같은 10개의 추진과제를 설정하고 이주배경학생의 교육활동 지원을 위해 노력하고 있다.

〈표 5-4〉 이주배경학생 인재양성 지원 방안

10대 추진 과제	
차별없는 교육환경을 위한 한국어 교육체계 강화	① 지역거점 「한국어 예비과정」 운영 ② 대학, 기관 등 지역자원을 활용한 한국어교육 강화 ③ 학교 내 한국어교육 인프라 확충 ④ AI 기술을 활용한 수준별 맞춤형 지원
학생 개인의 강점을 살린 우수인재 양성	⑤ 이중언어교육 강화를 통한 글로벌 인재양성 ⑥ 특화형 직업교육을 통한 고숙련 실무인재 양성 ⑦ 다양한 분야로의 성장을 돕는 진로교육 강화
다문화 밀집지역의 학교 교육여건 개선	⑧ 이주배경학생 친화적 인프라 확충 ⑨ 다문화교육지원센터를 통한 학교 업무부담 경감 ⑩ 시도별·학교별 다문화 실태조사 추진

출처: 관계부처합동(2023)을 기반으로 재구성.

다문화·다인종 사회로의 전환이 위기가 아닌 기회가 되기 위해서는 미래인재 양상을 위한 정부의 정책적 노력도 중요하지만, 보다 중요한 것은 이주배경학생에 대한 학교와 사회의 인식 변화이며, 학교현장의 관심과 세심한 배려라고 할 수 있다.

2 사회·경제적 양극화와 교육격차 확대

1) 사회·경제적 양극화의 심화

코로나19를 거치면서 경제 침체와 임금 격차 심화, 가계부채 증가 및 양극화 심화 등이 중요한 사회 문제로 지적되고 있다. 2021년 우리나라 국민의 월평균 가구소득은 493만 원으로 2020년(478만 원)보다 15만 원 정도 늘었으며, 코로나19 이전인 2019년(486만 원)과 비교해도 조금 증가하였다. 그러나 소득의 양극화는 더욱 뚜렷해지고 있다. 가구소득을 1분위(하위 20%)~5분위(상위 20%)로 나눠보면, 1분위 가구의 2021년 소득(181만 원)은 2020년(183만 원)보다 2만 원 줄었지만, 5분위 가구의 소득은 2020년 895만 원에서 2021년 948만 원으로 53만 원 가량 증가하였다. 그 결과 1분위와 5분위 사이의 소득격차는 2019년 4.76배에서 2021년 5.23배로 더욱 벌어졌다.

[그림 5-6] 소득구간별 월평균 소득 추이

출처: 중앙일보(2022.04.05.).

[그림 5-7] 전체소득 대비 상위소득자 점유율

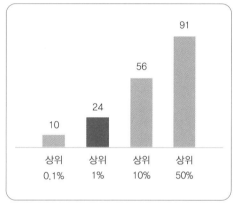

출처: 전송화(2023: 13).

소득 양극화는 국세청 자료에도 여실히 드러나는데, 2021년 종합소득세 상위 0.1% 소득자가 차지하는 소득의 비중은 전체 소득의 10% 수준이며, 상위 1% 소득자가 전체 소득의 24%를, 상위 10%의 소득자가 전체 소득의 56%를 차지하였다(전송화, 2023).

2) 교육격차 확대와 정책적 대응

소득의 양극화 현상은 학교 현장의 교육격차로 이어지고 있다. 한국교육개발원의 '학교 교육 실태 및 수준 분석' 자료에 따르면, 소득수준과 초·중·고등학생의 수학성취도가 비례하는 모습을 보였으며, 소득계층에 따른 학업성취도 격차도 증가하였다.

〈표 5-5〉 소득계층에 따른 수학 학업성취도 차이 비교

학교급	소득계층	1주기(03-05년)		2주기(06-08년)		3주기(09-11년)		4주기(12-14년)	
		평균 점수	600만원 이상과의 점수차	평균 점수	600만원 이상과의 점수차	평균 점수	600만원 이상과의 점수차	평균 점수	600만원 이상과의 점수차
초등학교	200만원 미만	47.00	5.05	47.10	5.90	47.09	5.38	46.21	6.60
	400만원 미만	50.70	1.35	49.63	3.37	49.49	2.98	48.72	4.09
	600만원 미만	52.37	−0.32	52.54	0.46	51.46	1.01	50.75	2.06
	600만원 이상	52.05		53.00		52.47		52.81	
중학교	200만원 미만	46.52	6.63	46.20	7.48	45.76	3.96	46.04	7.58
	400만원 미만	51.26	1.89	50.49	3.19	49.99	−0.27	49.33	4.29
	600만원 미만	54.28	−1.13	53.47	0.21	53.25	−3.53	52.01	1.61
	600만원 이상	53.15		53.68		49.72		53.62	
고등학교	200만원 미만			46.53	6.45	46.78	5.06	46.79	5.75
	400만원 미만			49.38	3.60	49.23	2.61	48.90	3.64
	600만원 미만			51.99	0.99	50.88	0.96	51.07	1.47
	600만원 이상			52.98		51.84		52.54	

출처: 박경호 외(2017: p.68).

2019년 국가수준학업성취도평가 결과에서도 부모의 경제수준과 학업성취도가 비례하는 모습이 나타난다(서민희 등, 2020a, 2020b).

〈표 5-6〉 중·고등학교의 기초생활수급 대상 학생 비율 대비 학업성취도 분포 비교

중학교	2% 미만				10% 이상				고등학교	2% 미만				10% 이상			
	우수학력	보통학력	기초학력	기초학력미달	우수학력	보통학력	기초학력	기초학력미달		우수학력	보통학력	기초학력	기초학력미달	우수학력	보통학력	기초학력	기초학력미달
국어	49.5	38.2	9.2	3.1	33.3	46.1	14.7	5.9	국어	41.4	41.5	14.4	2.7	18.5	47.8	25.7	7.9
수학	32.1	42.6	18.3	7.0	9.3	40.1	33.4	17.2	수학	43.9	32.2	18.0	5.9	16.6	30.1	36.2	17.0
영어	41.8	41.5	15.0	1.8	13.2	50.3	31.4	5.1	영어	54.8	31.9	11.4	2.0	25.3	41.0	25.6	8.1

출처: 서민희 외(2020a: p.38, 2020b: p.38)를 기반으로 재구성.

중학교와 고등학교 모두 기초생활수급 대상 학생 비율이 높을수록 국어, 수학, 영어 과목의 기초학력 미달 학생 비율이 증가하였다. 반면, 우수학력 학생 비율은 기

초생활수급 대상 학생 비율이 낮은 학교일수록 높게 나타났다.

2020년 이후에는 코로나19 상황으로 인해 교육격차 문제가 더욱 주목을 받았다. 사회적 거리두기 시행으로 학교는 등교수업과 원격수업을 병행하였고, 교사와의 상호작용이 제한적이었다. 교사들로부터 즉각적인 도움을 받지 못하는 상황이 지속되면서 학생들의 학습결손이 증가하였다(김훈호, 이호준, 2022). 문제는 부모의 경제적 수준이 높을수록 부모가 온라인 학습을 직접 지원하거나 사교육을 통해 학습결손을 보완하는 비율이 높았다는 점이다. 결과적으로, 그 동안 부모의 사회·경제적 배경에 따른 교육격차 문제를 완화해주던 학교와 교사의 역할이 약화되면서, 학생 간 교육격차가 확대되었으며 소득계층에 따른 차이가 더욱 증가하였다(김위정, 2020; 이정연 외, 2020)

부모의 소득수준은 자녀의 학업성취도뿐만 아니라, 대학 진학률이나 졸업 후 임금 수준에도 상당한 영향을 미친다. 한국직업능력연구원의 분석 결과(최수현, 2022)에 따르면, 부모의 소득 분위가 높아질수록 자녀가 일반대학에 재학하는 비율이 증가하였으며, 전문대학 진학 또는 대학 미진학자 비율은 감소하였다. 그리고 가구소득을 10분위로 세분화할 경우, 가구소득이 1분위(저소득)에서 10분위(고소득)로 높아지면 자녀의 임금은 약 33% 정도 증가하는 것으로 나타났다(이지은, 정세은, 2023). 즉, 부모의 소득 수준이 자녀의 임금으로 대물림되고 있는 것이다.

[그림 5-8] 부모 소득분위에 따른 자녀의 고등교육 수준

출처: 최수현(2022: p.2).
주: 1분위(하위 25%), 4분위(상위 25%).

부모 소득에 따른 교육격차 문제를 해소하기 위해 정부는 다양한 기초학력 보장 정책을 추진하고 있다.

〈표 5-7〉 교육부 제1차 기초학력 보장 종합계획(2023~2027)

핵심과제 및 세부과제	
정확한 진단을 통한 지원 대상 학생 선정	① 현장 수요 기반 진단도구 개선 ② 기초학력 맞춤형 진단체계 강화 ③ 학습지원대상학생 선정 체계화
기초학력 향상 다중 안전망 구축	④ 정규수업 연계 기초학력 교수학습 혁신 ⑤ 학교 내 종합적 지원 ⑥ 학교 밖 전문적 지원
코로나19 대응 교육결손 해소	⑦ 학습·심리·정서 측면의 종합적 접근 ⑧ 학생별 상황·특성 및 지역연계 맞춤형 지원
학습지원 교육 기반 내실화	⑨ 교과·담임교사 지원 ⑩ 기초학력보장 업무여건 정비 ⑪ 교원양성과정 개선

출처: 교육부(2022)를 기반으로 재구성.

기초학력 미달 학생이 매년 증가하고 있을 뿐만 아니라, 코로나19 이후 취약계층 학생의 교육격차 문제가 더욱 심화되고 있어 보다 체계적인 기초학력 진단 및 지원 체계 구축이 필요한 상황이다.

3 ▶ 미래사회와 학교교육의 변화

1) OECD 교육 2030과 학교교육의 미래 방향

OECD는 미래 사회에 필요한 역량을 밝히고, 해당 역량을 함양할 수 있는 교육의 방향과 방법을 찾기 위해 2015년부터 "Education 2030: The Future of Education and Skills(이하, OECD 교육 2030)" 프로젝트를 추진해 오고 있다. 'OECD 교육 2030'의 지향점은 개인과 사회의 '웰빙(well-being)'이다. 기존의 교육적 목적이 주로 직업을 위한 준비 또는 국가 경제발전과 연결되었다면, 'OECD 교육 2030'은 학생들이 자신의 목표를 달성하고, 행복한 삶을 영위하기 위해 스스로의 지식과 기능, 태도, 가치를 만들어가는 역량, 즉 '변혁적 역량'을 갖추기를 기대하고 있다.

'OECD 교육 2030' 프로젝트에서 가장 핵심이 되는 개념은 '학생 행위주체성(student agency)'이다. 이는 학생이 책임감 있게 생각하고 행동할 수 있는 능력을 의미하며, 목적의식, 성찰적인 태도, 목적 달성을 위한 투자, 책임감으로 구성된다(황은희 외, 2019). 이러한 학생의 행위주체성을 강화하기 위해서는 학생 스스로 계획을 세우고 실천할 수 있는 기회를 확대해야 하며, 학교 및 지역사회에서 학생들이 참여할 수 있는 기회를 촉진하고 허용적인 분위기를 조성할 필요가 있다(김종윤 외, 2021). 다만, 행위주체성은 학생 혼자만의 노력으로 함양하기는 어려우며, 또래 학생과 교사, 학부모, 지역사회가 상호지원적인 관계를 형성하는 것이 중요하다. OECD

〈표 5-8〉학생 행위주체성과 교사 행위주체성의 촉진 및 저해 요인, 지원 방안

구분	촉진 요인	저해 요인	지원 방안
학생 행위 주체성	▪ 실패나 실수에 대한 포용적 문화 ▪ 가정에서 학생이 선택·결정했던 경험 ▪ 학생 참여 중심 수업 ▪ 자신의 삶과 자기 스스로에 대한 성찰의 기회 제공 ▪ 교사의 전문성과 열린 태도 ▪ 교사·학부모와의 상호작용·의사소통	▪ 실패에 대하여 비난하는 문화 ▪ 다양성과 창의성을 배척하는 분위기 ▪ 학생의 결정을 존중하지 않는 분위기 ▪ 비민주적, 권위주의적인 사회 분위기 ▪ 권위적인 교사의 태도 ▪ 가정에서의 양육 방식(부모의 과도한 간섭 등)	▪ 학생 스스로 계획을 세워서 학습할 수 있도록 지원 ▪ 학생의 참여 확대(학교 및 지역 사회 등) ▪ 학생 주도성 촉진을 위한 분위기 조성 ▪ 학급당 인원 축소를 통한 개별화된 수업 환경 구축 ▪ 학생 성장을 지원할 수 있는 평가
교사 행위 주체성	▪ 교사 존중 및 교사 전문성 신뢰 ▪ 민주성·다양성을 존중하는 학교 문화 ▪ 교사 학습공동체 활성화 ▪ 교사의 권한 및 책임 강화 ▪ 교육과정 해석·활용 자율성 ▪ 교사의 평가권 강화 ▪ 교사를 지원하는 학교 환경 ▪ 교사 의견을 정책에 반영하는 제도	▪ 학부모의 민원 ▪ 관행과 현상유지 및 안정성 강조 ▪ 과도한 교사(행정) 업무 ▪ 권한에 비해 과도한 책임 ▪ 교사의 재량권 부족 ▪ 교육과정 해석 및 실행 자율성 부족 ▪ 교사 불신 문화 ▪ 교사의 전문성 부족	▪ 교육과정 운영의 자율성 확대 ▪ 교사의 재량권 강화 ▪ 교사의 평가권 확대 ▪ 교사 간 협력 및 교사 공동체 지원 ▪ 행정 업무 간소화 ▪ 교사의 연구 역량 강화

출처: 이미경(2022: pp.11－12)에서 재인용.

교육 2030에서는 이를 '협력적 행위주체성(co-agency)'이라고 정의한다(이상은, 소경희, 2019).

　'학생 행위주체성'과 '협력적 행위주체성'을 견인하기 위해서는 '교사 행위주체성'이 뒷받침되어야 한다(허주 외, 2021). '교사 행위주체성'은 교사 자신의 경험이나 교육적 신념, 전문지식, 자신이 속한 학교 및 학생, 학부모 등 교육공동체의 특성에 대한 이해를 바탕으로 교육과정을 이해, 해석, 재구성하여 수업과 평가를 적극적이고 창의적으로 디자인하고 실행하는 교사의 역량을 의미한다(이미경, 2022: p.11). 즉, 행위주체성이 높은 교사는 교육의 변화·혁신을 위해 학생이나 동료교사, 학부모 등과 적극적으로 상호작용하며, 의미 있는 목표를 설정하고 실천할 뿐만 아니라, 전문성을 개발하기 위해 지속적으로 노력하고, 자신의 교육활동에 대한 책임을 지며, 그 과정과 결과를 성찰할 수 있는 존재라고 할 수 있다. 교사의 행위주체성을 강화하기 위해서는 교육과정 운영에 대한 자율성이 현재보다 확대될 필요가 있으며, 교사의 평가권 확대와 교사 간 협력 지원, 행정업무 간소화 등을 위한 노력이 요구된다.

2) OECD 미래 학교교육 시나리오

　OECD에서는 「Back to the Future of Education: Four OECD Scenarios for Schooling」 보고서를 통해 네 개의 미래 학교교육 시나리오를 발표하였다. 그런데 OECD가 미래 학교교육에 대한 시나리오를 발표한 것은 이번이 처음이 아니다. 이미 2001년에 학교교육에 대한 태도·기대·지원, 학교교육의 목적·기능, 조직·구조, 교직 요소 등을 고려하여 여섯 개의 미래 학교교육 시나리오를 제시한 바 있다(OECD, 2001). 그러나 학습시장이 빠르게 팽창하고, 디지털 기술의 발달로 교육환경에 상당한 변화가 예상되는 바, OECD는 2001년의 시나리오에 기반하여 앞으로 20년 뒤인 2040년의 학교 모습을 네 가지 시나리오로 제시하였다.

[그림 5-9] OECD 미래 학교교육 시나리오

1 학교교육의 확대

형식교육에의 참여가 늘어난다. 국제협력과 기술발전을 통해 좀 더 개별화된 수업이 가능해진다.
학교교육의 구조와 절차는 유지된다.

2 교육 아웃소싱

사회가 시민 교육에 직접 참여하고, 전통적인 학교교육 체제가 무너진다.
디지털 테크놀로지가 교육을 주도하면서 더 다양하고 유연한 환경에서 학습이 일어난다.

3 학습 허브로서의 학교

학교는 유지되지만, 다양성과 실험정신이 규범이 된다.
학교의 담을 개방하여 학교와 지역사회를 연결하고, 지속적으로 변화하는 형태의 학습,
시민 참여, 사회 혁신을 지지한다.

4 삶의 일부로서의 학습

교육이 시공간의 경계없이 일어난다.
기계의 발전에 따라 형식학습과 비형식학습 간의 구분이 없어진다.

출처: OECD(2020: p.7, 박은경, 2020: p.29에서 재인용).

(1) 시나리오 1: 학교교육의 확대(schooling extended)

2040년에도 학교교육에의 참여가 지속적으로 증가하며, 영·유아 교육부터 고등교육 이후까지 형식교육이 더욱 확대·보편화 될 것으로 보았다. 학교 시스템은 여전히 관료제적인 성격이 유지되고, 공통 교육과정 및 공통 평가제도를 통한 통일성 및 표준에 대한 강조가 지속된다. 다만, 합의된 핵심역량을 성취할 수 있는 한도 내에서 개별 학습자에 대한 학습 내용 선택권이 제한적으로 허용되며, 디지털 학습환경이 발전함에 따라 교육 로봇이나 소프트웨어 활용이 활성화되고 학생의 자율학습이 증가할 것으로 보았다. 이로 인해 교실 내에서 교사들은 전통적인 교수자로서의 역할보다 학생의 학습동기 유발이나 우발적인 상황 관리에 치중하게 될 가능성이 높다.

〈표 5-9〉 OECD 미래 학교교육 시나리오별 주요 특징

구분	목적과 기능	조직과 구조	교사 인력	거버넌스	공교육의 도전과제
시나리오 1: 학교교육의 확대	▪ 사회화, 습득된 지식과 역량에 대한 인증 및 자격 부여, 돌봄	▪ 교육기관이 독점적으로 학교교육의 전통적인 기능을 담당함	▪ 규모의 경제와 기능의 분화의 가능성이 있으나, 학교교육을 교사가 독점함	▪ 전통적인 행정 정부가 강력한 역할을 담당하면서, 국제협력이 강조됨	▪ 공통의 교육체제 내에서 다양성과 질을 보장하는 것: 합의와 혁신 간 균형이 필요함
시나리오 2: 교육 아웃소싱	▪ 유연한 서비스를 찾는 "고객"들의 요구에 따라 다양해짐	▪ 구조의 다각화: 여러 가지 조직적 구조가 개인 학습자에게 제공됨	▪ 학교 안팎을 운영하는 교사인력의 역할과 지위가 다양해짐	▪ 더 큰 교육시장(지역, 국가, 국제수준의) 내에서 학교교육 시스템이 기능함	▪ 시장실패를 해결하기 위해 접근성과 질을 보장하는 것 ▪ 다른 교육 공급자들과 경쟁하고 정보를 공유하는 것
시나리오 3: 학습 허브로서의 학교	▪ 유연한 학교 구조를 통해 학습 개별화와 지역사회의 참여가 활성화됨	▪ 학습 허브로서 학교가 다양한 지역적, 국제적 자원을 조직함	▪ 교사 전문직이 광범위하고 유연한 전문가 네트워크의 연결점으로 기능함	▪ 지역의 의사결정에 중점을 두며, 다양한 파트너십을 구축함	▪ 다양한 관심사와 권력관계의 역동성, 지역적 목적과 제도적 목적의 잠재적 갈등, 지역 간 역량 차이
시나리오 4: 삶의 일부로서의 학습	▪ 테크놀로지가 기존 학교의 목적과 기능을 재구성	▪ 사회적 제도로서의 학교교육이 사라짐	▪ 프로슈머들이 중심적인 역할을 하는 개방형 시장	▪ 데이터와 디지털 테크놀로지에 대한 (글로벌)거버넌스가 핵심	▪ 정부 혹은 기업의 강력한 개입이 민주적 통제와 개인의 권리에 영향을 미칠 수 있음 ▪ 사회가 분열될 위험이 있음

출처: OECD(2020: p.41, 박은경, 2020: p.10에서 재인용).

(2) 시나리오 2: 교육 아웃소싱(education outsourced)

홈스쿨링이나 튜터링, 온라인학습, 지역사회기반 교수학습 등 교육의 형태가 현재보다 다양해질 것으로 보인다. 교육을 소비하는 학생·학부모로부터 선택을 받기 위해 공공 교육기관과 민간 교육기관이 경쟁하는 상황에 놓일 가능성이 크다. 그리고 디지털 교육 플랫폼이나 지역에 기반을 둔 네트워크가 발달하면서 학부모가 교육과 관련된 중개 서비스를 이용하는 빈도는 증가할 것이고, 학습 주제나 내용별로 민간의 학습 플랫폼이나 상담서비스가 활성화될 것이다. 민간이 참여하는 교육 시장이

비약적으로 성장할 경우, 국가의 공적 재원이 민간 교육기관 또는 기업의 재정지원 수단으로 활용될 가능성도 있다. 교육 제공자가 다양해지고 기존 공공 교육기관과 경쟁하게 될 것이라는 점에서는 현재와 차이가 있으나, 교수자－학습자의 관계나 학생의 학습경험 자체가 근본적으로 변화하는 것은 전제하지 않는다.

(3) 시나리오 3: 학습 허브로서의 학교(school as learning hubs)

학교가 현재보다 더 지역사회 안으로 들어갈 가능성이 크다. 대부분의 학교 기능은 유지되지만, 학교교육과 관련된 권한이 지역사회로 이양될 수 있다. 학교는 지역 내 다양한 교육 서비스 간 교류를 연결해 주는 매개체 역할을 수행하며, 다양한 공간에서 제공되는 학습의 기회를 연결해 주는 역할을 담당하게 된다. 또한, 학년 구분이 사라지고 개별화된 학습 경로가 더욱 강화될 것으로 보인다. 때문에 교사들의 교수학습 전문성에 대한 신뢰가 더욱 높아질 수 있으며, 지역사회의 다양한 교육 자원을 연결하고 학습활동을 재구성하는 전문가로 거듭날 가능성이 크다. 교사가 아닌 다른 전문가, 즉 학부모나 지역사회 활동가 등의 참여가 확대되고, 박물관이나 도서관 등과 같은 외부 자원의 활용이 더욱 활발해질 것으로 보인다.

(4) 시나리오 4: 삶의 일부로서의 학습(learn-as-you-go)

최근 주목을 받고 있는 생성형 AI 기반의 ChatGPT나 Gemini와 같은 인공지능이 확산되고, 가상현실이나 증강현실, 사물인터넷 등이 급격하게 발전하게 될 경우를 상정하고 있다. 디지털 인프라가 확대되고 상호 연결성이 강화되면서 학습의 기회는 제한이 없어지고 표준 교육과정이나 정형화된 학교 체제는 사라지게 된다. 인공지능 개인 비서가 개별 학습자의 지식이나 역량 수준을 분석하고 맞춤형 지식 및 활동을 제공함으로써 교사의 설 자리는 거의 사라질 수 있다. 심지어 서로 다른 언어들이 실시간으로 통·번역되면서 학습 콘텐츠에 대한 접근성에 제약이 사라지고 다른 국가 및 다른 문화권의 학습자들과도 언제든지 소통할 수 있는 환경이 제공된다. 기존의 학교라는 공간뿐만 아니라 학사일정 또한 의미가 없어지고, 학생들은 언제 어디서든 원하는 학습활동을 영위할 수 있게 된다. 이러한 사회가 도래할 경우 교사라는 전문 직업은 사라질 것이며, 개인 학습자가 자신의 학습활동을 직접 설계하고 소비하는 프로슈머(professional consumer)로 자리매김할 것으로 예상된다.

01 학령인구가 감소하면서 농산어촌뿐만 아니라 대도시에서도 소규모 학교가 점차 증가하고
   있다. 소규모 학교 교육활동의 장 · 단점은 무엇일까?

02 일부 지역에서는 일반학생보다 이주배경학생이 더 많은 학교가 나타나고 있다. 이주배경
   학생 교육 및 지도를 위해 어떤 준비와 노력이 필요할까?

03 사회 · 경제적 양극화가 심화되고 농산어촌과 도시 지역 간 교육여건 등에 차이가 확대되면서
   소득계층 간, 도 · 농간 교육격차를 우려하는 목소리가 높다. 교육격차 해소를 위해 교사와
   학교는 어떠한 노력을 기울여야 할까?

04 OECD는 2040년 미래학교의 모습에 대해 네 가지 시나리오를 제시하였다. 내가 동의하는 미
   래학교의 모습은 무엇인가? 이를 위하여 학교와 교사는 무엇을 준비해야 할까?

제2부

교직실무

제
6
장

학급담임과 학급경영

예비교사와 신임교사에게 필요한
교사론과 교직실무

제6장

학급담임과 학급경영

한은정

교사가 되면 교과지도와 더불어 학급담임 업무를 수행하게 된다. 모든 교사가 학급담임을 맡게 되는 것은 아니지만, 부장교사나 특별한 사유를 제외하고는 대부분의 교사가 학급담임 업무를 맡게 된다. 그만큼 학급담임으로서의 업무는 교사가 수행해야 할 업무의 중요한, 그리고 상당한 부분을 차지한다. 그렇다면 학급담임은 어떤 업무를 하고 있을까? 1년 동안 어떤 학급경영 계획을 세우고 아이들과 함께 살아가야 더욱 즐겁고 행복한 한해살이가 될 수 있을까?

학급담임의 역할과 주요 업무, 학급경영 계획 및 운영에 대해 살펴보고, 아이들과 함께 행복한 1년을 꾸려가는 담임 선생님이 되는 방법을 설계하도록 한다.

◎ 반드시 알아야 할 것
- 학급담임의 역할
- 학급담임 업무의 특징
- 학급경영 계획 및 운영의 실제

◎ 목차
1. 학급담임의 역할
2. 학급담임 업무의 특징
3. 학급경영 계획 및 운영
4. 행복한 담임교사가 되려면

1 학급담임의 역할

학급담임은 1년 동안 학급 학생들의 학습 및 생활지도를 담당하는 교사의 직무 또는 역할을 의미한다. 담임교사는 "학생의 부모"이자 "아이의 성장을 돕는 멘토"라는 말이 있는 것처럼(교육부 공식 블로그, 2010.3.5.), 학급담임은 학생들이 학교생활에 적응하고 학급의 일원으로서 사회성을 키우고 성장해가는 한해살이에 중요한 역할을 한다. 학교를 졸업한 학생들에게 "학교 다닐 때 인상깊었던 선생님"을 물었을 때, 상당수의 학생들이 담임교사를 언급하는 것은 1주일에 1~5시간의 수업을 지도하는 교과교사에 비해, 담임교사는 수업 외에도 많은 시간과 일상을 함께 하기 때문이다. 모든 담임교사가 학생들에게 긍정적인 기억만으로 남는 것은 아니지만, 학생들의 1년 동안의 학교생활 적응과 학업 성취, 심리적 안정 등에 가장 큰 영향을 미치는 역할임은 부인할 수 없는 사실이다.

담임교사는 구체적으로 어떤 역할을 하고 있을까? 담임교사는 학급운영에 관한 책임자로서, 1년 동안 학생들과 함께 학교생활을 하면서 상담 및 생활지도, 학습지도, 학생들과 관련한 사무를 처리하는 등의 역할을 한다. 다만, 담임교사가 대부분의 교과 지도까지 담당하는 초등학교와는 달리, 중, 고등학교에서는 교사별로 교과를 지도하기 때문에 학급담임 업무가 교과 지도와는 별개로 진행된다. 즉, <표 6-1>에서 '교과지도' 관련 업무의 경우, 초등학교 학급담임교사는 해당 내용의 업무를 주로 수행하지만, 교과지도와 학급담임 업무가 분리되어 수행될 수밖에 없는 중, 고등학교에서는 일부 해당하지 않는 부분도 있다.

〈표 6-1〉 담임교사의 주요 업무 내용 및 역할

구분		주요 업무 내용	
학급 운영 · 관리	학급 관리	▪ 학급교육과정 편성·운영 계획 작성 ▪ 연간 학급경영계획 작성 ▪ 급훈의 선정과 실천지도 ▪ 매일의 조, 종례 지도 ▪ 학생 실태조사 분석 및 기록 유지 ▪ 가정환경 및 교우관계 파악	▪ 학급활동 지도 및 평가 ▪ 학교행사 운영(현장체험학습, 수련회, 체육대회, 학교축제 등) ▪ 학급행사 운영(생일, 학급문집, 앨범 만들기, 학급잔치 등)
	사무	▪ 학교생활기록부 및 보조기록부 관리	▪ 학생 추천서 등의 발급

	관리	▪ 학생 학급결과물 관리(학습장, 회의록, 워크북 등) ▪ 건강기록부 기록 ▪ NEIS에 연간 활동 내용 기록 등 관리	▪ 교육평가 관리(집계, 통계, 통지표 작성 등) ▪ 학생기초자료 조사(학급 비상연락망 등)
	교실 관리	▪ 학급 환경 조성(청소, 게시물, 채광, 통풍, 난방 등 관리)	▪ 청소 지도 ▪ 교실 비품(TV,컴퓨터, 기자재 등) 관리 지도
교과지도		▪ 학습태도 분석 및 학습방법 지도 ▪ 학력미달학생(위기학생, 소외계층 등) 지도	▪ 교육평가 및 분석 ▪ 수행평가 이행 관련 관찰 지도
생활지도		▪ 상담을 통한 인성, 학업 및 진로 지도 ▪ 생활지도부와 연계한 책임 지도 ▪ 학생의 복장, 학용품, 소지품 등 보건위생 및 안전생활지도	▪ 학생의 출결상황 파악 및 생활태도 지도 ▪ 학생의 교우관계 및 여가 활동 지도 ▪ 학교급식, 방과후 귀가, 아침자습 및 각종 활동 지도
교과 외 활동지도		▪ 학급회 운영 지도 ▪ 학급임원 선출 지도 ▪ 교외체험학습 활동 지도	▪ 독서 및 일기 지도 ▪ 창의적 체험활동(자율, 동아리, 봉사, 진로활동 등)
사안처리		▪ 학생 사안 발생 시 문제 발견 및 해결안 모색	▪ 1차 책임자로서 사전 예방 교육 및 사안 발생 시 보고, 처리 등
대외관계 및 기타		▪ 교직원 간 인화 단결 및 업무 협조 ▪ 지역사회, 교육 관련 기관과의 유대 형성	▪ 바람직한 학부모와의 관계 형성 및 교사의 품위 유지 등

출처: 광주광역시교육청(2012).

2 학급담임 업무의 특징

　학급담임 업무의 특징을 살펴보면, 다음 네 가지로 정리해 볼 수 있다. 첫째, 학급담임 업무의 가장 큰 특징 중의 하나는 학생들과의 일상적인 하루 생활을 공유한다는 것이다(이인효, 1990). 담임교사는 조회 전후, 일과 중, 종례 후에 이르기까지 학생들의 전반적인 학교 생활에 대한 지도를 한다. 조회 전에는 출결 확인, 교실 정리, 자율학습 및 각종 아침 활동 지도 등을 수행하고, 일과 중에는 교과 수업 중의 결과 학생 지도, 외출 및 조퇴 지도, 안전 지도, 급식 지도 등을 하며, 종례 후에는 청소 지도, 교실 정리 및 문단속, 출석부 정리 등의 업무를 수행하게 된다.

둘째, 학급담임 업무는 이러한 일상을 공유하면서 학생들과 긴밀한 인간관계를 수립한다는 특징이 있다. 담임교사는 학생들과 1년 동안 함께 생활하면서, 학생들을 깊게 이해하게 되고 학생들과 공감, 일체감을 형성한다(한은정, 2005). 이로 인해 담임교사는 다른 교사가 학급 학생을 야단할 때에는 마치 자신이 야단맞는 것과 같은 기분을 느끼는 '내 아이 의식'을 갖게 된다(이인효, 1990; 조석훈, 2004). 이러한 특징들로 인해, 교직의 보람을 주로 학생들과의 인간관계에서 찾는 교사들은 담임교사를 함으로써 교직 생활의 진정한 보람을 얻을 수 있다고 믿는 경향이 있다(이혜영, 류방란, 윤여각, 2001).

셋째, 앞서 설명한 바와 같이 학급담임 업무는 학생들과 긴밀한 인간관계를 수립한다는 특징이 있지만, 이로 인해 학생이나 학부모와의 관계 맺기에 대한 부담감과 어려움을 수반한다. 대부분의 초, 중, 고등학교에서 학생들을 학교에 적응시키는 일은 명시적으로, 혹은 암묵적으로 담임들에게 맡겨져 있다. 따라서 담임교사의 생활지도는 인간관계의 형성에 관한 것으로 부단히 신경이 쓰이는 일이며, 일부 교사들은 학생과의 관계 형성에 어려움을 겪기도 한다. 특히 중학생은 초등학생과 고등학생의 중간적인 발달 단계에 있어서 생활지도가 어려우므로, 담임교사가 맡고 있는 생활지도의 비중이 더욱 커지는 특징이 있다.

넷째, 학급담임 업무는 해당 업무를 맡게 됨으로써 학급 학생들과 관련한 행정 업무 및 책임 범위가 증가한다는 특징이 있다. 담임교사에게는 생활기록부 작성, 출결확인 및 관련 서류 수합, 학생 및 학부모 상담, 교실 청소 및 환경 정리 등의 업무가 더 부가되며, 학교에서 수업 외의 시간에 학생들과 관련한 사고가 발생할 경우 상당수가 학급담임 교사의 책임으로 전가되는 경향이 있다. 뿐만 아니라, 교과교사들은 수업 중 잘못된 행동을 하는 학생을 담임교사에게 보고하고 이를 통제해주기를 기대하는 경향이 있다(김종철, 1983: 한은정, 2005에서 재인용). 실제로 교사의 업무별 평균 소요시간을 분석한 정바울 외(2014: p.65)의 연구에 따르면, 초, 중학교 교사들은 하루 업무시간의 20% 이상을 학급담임 업무에 소요하는 것으로 나타났다(수업 외 학생지도 10.7%, 학급 행정 업무 10.6%).

3 학급경영 계획 및 운영

1) 학년도가 시작되기 전, 학사일정을 확인하자!

좋은 담임교사가 되려면 어떻게 해야 할까? 일단, 학급 아이들과의 생활이 1년 동안 이라는 점을 고려하여, 새 학년도가 시작하기 전에 전체적인 흐름을 짜 놓는 것이 중요하다. 학급자치 활동 시간이 확보되어 있기는 하나, 심리검사, 각종 행사나 교육 등으로 인해 학생들과 제대로 된 회의나 논의를 할 시간이 부족한 것이 현실이다. 따라서 1-2월 중에 새로운 학년도의 학사일정이 정해지면, 이를 고려하여 1년 동안의 학급자치 활동 등을 비롯한 학급 운영 계획을 수립하는 것이 좋다. 경기도 A중학교의 2023년 학사일정을 참고하여 학교 주요 행사를 정리해 보면, <표 6-2>와 같다.

〈표 6-2〉 A중학교의 학사일정 및 주요 행사

월	학교 행사	월	학교 행사
3	입학식 및 개학식 1학기 학급임원선거 학부모총회 및 교육과정 설명회 교과융합수련활동	8	개학식 2학기 학생임원수련회
4	과학의 날 행사 1학기 상담주간 1학기 1차 지필평가	9	2학기 상담주간 2학기 1차 지필평가 교과융합진로체험
5	체육축제(체육대회) 교과융합진로체험 학부모 상담주간 수업공개의 날	10	체험학습(가을소풍) 학부모 상담주간
6	–	11	2학기 2차 지필평가 학생회 임원 선거
7	1학기 2차 지필평가 교과융합진로체험 2학기 학급임원선거 방학식	12	2학기 2차 지필평가
		1	종업식, 졸업식

출처: A중학교 홈페이지.

학급경영은 이러한 학사일정을 고려하되, 기본적인 1년 동안의 방향은 담임교사와 학급 학생들이 중시하는 "가치"를 중심으로 이루어져야 한다. 학급 학생들과 학급이라는 조직 자체가 교육적으로 성장할 수 있어야 하기 때문이다. 즉, 연간 학급운영목표를 수립하고 이를 구현하는 형태로 월별 학급활동이 계획되어야 한다. 예를 들면, '배려하는 삶'을 학급운영 목표로 한다면, 학급공동체를 형성하고 학급 내 학생들이 서로 도우며 배려할 수 있는 경험을 할 수 있는 구체적인 프로그램을 운영해야 한다.

〈표 6-3〉 중학교의 월별 학급운영 목표 및 주요 활동(예시)

월	학급 활동	월	학급 활동
3	**학급공동체 형성 & 적응** ▪ 공동체 형성하기 프로그램 ▪ 학급임원 선거 ▪ 학급 규칙 정하기(예: 우리 반 10계명 만들기) ▪ Color Day 정하기(예: 매월 마지막 주 특정 요일, 특정 색깔 옷 입고 사진찍기) ▪ 1인1역 선정하기 ▪ 3월 생일파티 & Color Day	8~9	**방학 중 달라진 학생 이해 & 교우 관계 파악** ▪ 학급임원 선거 ▪ 학생 상담(방학 중 생활 및 교우관계, 진로 등) ▪ 자신의 감정 표현하기 프로그램 ▪ 학습 분위기 조성(2학기 1차 지필평가) ▪ 8, 9월 생일파티 & Color Day
4	**학생 이해 & 관계 맺기** ▪ 학생 상담(학급 적응 및 교우관계 등) ▪ MBTI 검사를 통해 친구 성격 이해하기 ▪ 우리 반 인명사전 만들기(우리 반에서 누가 무엇을 잘하는가 알려주는 사전) ▪ 학습 분위기 조성(1학기 1차 지필평가) ▪ 4월 생일파티 & Color Day		
5	**학급 팀워크 향상** ▪ 체육대회 참여 및 협동(반티셔츠 제작, 반 구호 등 응원 준비) ▪ 체험학습(봄 소풍), 학급사진 촬영 ▪ 학부모 상담 ▪ 우리 반 100일 기념 파티 ▪ 5월 생일파티 & Color Day	10~11	**우리 반 추억 만들기** ▪ 체험학습(가을소풍), 학급사진 촬영 ▪ 학부모 상담 ▪ 나와 다른 타인 이해하기 프로그램 ▪ 학급 앨범 만들기 ▪ 롤링페이퍼 쓰기 ▪ 10, 11월 생일파티 & Color Day

	1학기 정리 & 방학 준비		1년 마무리
6	▪ 학습 분위기 조성(1학기 2차 지필 평가) ▪ 6, 7월 생일파티 & Color Day ▪ 방학 중 생활 관련 당부 ▪ 1학기 학교생활기록부 작성	12~1	▪ 학습 분위기 조성(2학기 2차 지필평가) ▪ 학급 앨범, 롤링페이퍼 배부 ▪ 12, 1월 생일파티 ▪ 2학기 학교생활기록부 작성

출처: 일부 아이디어는 최선경(2019), 하임 G.기너트(2020)의 내용을 인용함
    (우리 반 10계명 만들기, 우리 반 100일 기념 파티(최선경, 2019), 우리 반 인명사전 만들기
    (하임 G.기너트)).

2) 학급 아이들과의 한해살이는 3월이 결정한다!

새로운 누군가를 만날 때 첫 인상이 중요하듯이, 학급 운영에 있어서도 학년도의 첫 달인 3월이 중요하다. 3월에 학생들과의 첫 만남도 준비해야 하고, 학급 정부회장을 뽑기에 앞서 학생들이 공동체 의식을 느끼고 배려할 수 있도록 하는 프로그램을 운영하고, 리더의 의미에 대해 생각해 보는 시간을 갖는 것도 중요하다. 또 학급 정부회장을 뽑은 후의 첫 자치 활동은 학생들이 스스로 학급 규칙을 짜고 1년 동안 어떤 반이 되고 싶은지 그 그림을 함께 그려 보아야 한다. 즉, 3월에 학급담임 교사로서 어떤 학급 운영 철학과 방향을 갖고 있는지 이야기하고, 아이들이 생각하는 학급의 모습을 함께 그려 나가면서 한 해를 시작해야 하는 것이다.

이렇게 3월을 시작하려면, 1~2월 중의 겨울방학에 준비해야 할 것이 많다. 담임 교사로서의 학급경영 철학이나 방향도 생각해두어야 하고, 1년 동안의 학급경영 계획도 월별로 짜야 하고, 그 외 학급 운영에 필요한 실무적인 것들(예: 실태조사서, 자리 배치 방법 등)도 준비해야 한다. 또한 사전에 학급 학생들이 누구인지 확인하고, 학생들의 신체적, 심리적 특징이나 가정환경, 교우관계 등도 전년도 학급담임과 이야기하여 확인해 둘 필요가 있다. 특히 특수학급 학생의 경우 어떤 장애가 있는지, 통합수업이나 학급 활동, 또는 외부 활동 시의 유의사항은 무엇인지, 어떤 학생들과 친한지, 이 학생들을 괴롭히는 학생은 없었는지, 만약 있었다면 누구인지 확인해 둘 필요가 있다. 이주배경학생이 있는 경우에도 한국어 능력 수준이나 교우관계, 학습에 어려움을 겪는 부분은 무엇인지, 전년도에 이들 학생들의 학습이나 학교 적응을 도와주었던 방법은 무엇인지 등을 미리 확인해야 한다. 그 외에 탈북학생이나 느린 학습자(경계선 지능) 등 학급담임으로서 좀더 신경을 써 주어야 할 학생들의 특징에 대해 사전에 파악해 두어야 한다.

3월이 시작되면, <표 6-4>와 같이 학부모 총회 및 상담, 학급 임원 선거, 학급 자치 활동, 학생 상담 등이 이루어진다. 그 중 학생 상담은 3월 중에는 새 학년도가 시작되고 각종 행사가 있어 주로 4월에 '상담주간'을 두어 실시하는 경우가 많다. 다만, 학생 실태조사 양식을 가정에 배부하여 학생의 성격이나 기타 특징, 하루 일과 시간 및 활동 등을 파악하면서, 일부 학생들을 상담하게 되는 경우에는 3월에 실시하기도 한다. 중요한 것은 학생들과 하는 상담이 학급담임으로서 학생을 이해하고 학생들과 관계를 쌓아나가는 데 큰 영향을 미칠 수 있다는 것이다. 학급 아이들과의 1년을 결정짓는 3월의 주요 학급 활동을 구안해 보면 <표 6-4>와 같다.

〈표 6-4〉 3월의 주요 학급 활동과 사전 준비

시기	학사일정	주요 학급 활동(준비 또는 실행)
1~2월	겨울방학	■ 담임교사로서의 학급경영 철학 및 방향 생각하기 ■ 1년 동안의 학급경영 계획 세우기(월별 계획) ■ 학급 운영에 필요한 실무적인 것들 준비하기 − 학생실태조사서 양식, 자리 배치 방법 등
3월	학부모 총회 및 상담	■ 학급 학부모와의 첫만남 준비 − 학급교실에서의 첫만남 시 좌석 배치 − 첫만남에서 담임교사로서 하고 싶은 말 준비 − 학부모 상담 준비
	학급 임원 선거	■ 학급공동체 형성하기 프로그램 운영 − 학급 전체가 공동체로서 배려하고 협력하는 필요성을 느낄 수 있는 활동 프로그램 운영 ■ 학급 임원 선거 준비 및 실시 − <추천서> 양식 준비 및 후보자 배포 − 선거 포스터 게시 장소 안내 및 선거 운동 독려 − 선거 실시(선거관리위원회 개표 및 검표 활동)
	학급 자치 활동	■ 학급 규칙 만들기 ■ 1인 1역 등 학급에서의 다양한 활동 정하기
	학생 상담	■ 학생 상담 − 문장완성검사, 각종 심리검사 결과 확인하여 상담 전 학생 특성 파악 − 집단 상담, 개별 상담 중 적절한 것을 선택하여 운영 − <상담 누가 기록부> 작성하기

상담을 하기 전이나 후에 활용할 수 있는 '문장완성검사'(SCT: Sentence Completion Test) 양식(이우경, 2018)을 제시하면 <표 6-5>와 같다.

〈표 6-5〉 문장완성검사 주요 내용

1. 내가 가장 좋아하는 사람은	20. 나는 공부는
2. 내가 백만장자라면	21. 내가 믿는 것은
3. 이번 방학에 꼭 하고 싶은 것은	22. 집에 혼자 있을 때, 나는
4. 내가 신이라면	23. 우리 엄마는
5. 내가 앞으로 하고 싶은 일은	24. 내가 가장 자신하는 것은
6. 내 생애에서 가장 행복한 날은	25. 다른 사람이 내게 기대를 많이 하면 나는
7. 만일 내가 지금 나이보다 10살이 위라면	26. 언젠가 나는
8. 다른 사람들은 나를	27. 우리 아빠는
9. 내가 가장 우울할 때는	28. 우리 선생님은
10. 내가 가장 성취감을 느낄 때는	29. 내가 좀 더 어렸다면
11. 내가 가장 싫어하는 사람은	30. 요즘 나는
12. 나를 가장 화나게 하는 사람은	31. 내게 제일 걱정되는 것은
13. 담임선생님과 나는	32. 나의 좋은 점은
14. 아빠와 나는	33. 나의 나쁜 점은
15. 엄마와 나는	34. 내가 만약 외딴 곳에 혼자 살게 된다면 가장 같이 살고 싶은 사람은
16. 친구들과 나는	35. 현재 나의 큰 즐거움은
17. 내가 가장 두려워하는 것은	36. 나의 학교생활은
18. 내가 가장 따뜻하게 느끼는 사람은	37. 무엇보다도 좋지 않게 생각하는 것은
19. 아무도 모르게 내가 원하는 것은	38. 내 소원이 마음대로 이루어진다면, 첫째 소원은 둘째 소원은 셋째 소원은

출처: 이우경(2018).

4 행복한 담임교사가 되려면

우리가 교사가 되고 싶은 이유에는 직업 안정성, 방학이라는 시간적 여유 등 여러 가지 현실적인 이유가 있을 수 있겠지만, 대부분의 예비교사들은 아이들을 가르치는 일이 즐겁다는 점을 공통적으로 이야기한다. 즉, 다른 직업을 선택하는 사람들에 비해 교사를 희망하는 사람들은 사람을 만나고 가르치는 것을 좋아하며, 아이들이 변화하고 성장하는 모습을 보며 보람을 느끼는 경우가 많다. 이러한 성향을 보면, 교사들이 교과 지도뿐만 아니라 학급담임 업무를 선호할 것으로 생각되는데 실제로는 그렇지 않은 경우가 많다. 왜 그럴까?

학교에서는 학년도 말(12월말 또는 1월말)에 각 교사들에게 다음 학년도의 업무 분장표를 제시하고 어떤 업무를 희망하는지 조사를 한다. 업무분장 희망원 양식에는 교무부나 연구부 등의 부서와 담당 업무 및 보직교사 희망 여부, 학급담임 여부 및 담임 학년 희망 등의 내용이 포함된다.

앞서 살펴본 바와 같이, 학급담임 업무는 학급 아이들의 생활지도를 담당해야 한다는 점에서 중요하고, 그에 수반되는 업무도 많다. 이로 인해 최근에는 학급담임 업무의 부담과 중요성 등을 고려하여, 담임교사에게는 부서 업무를 부과하지 않고 부서에 소속된 보직교사(부장교사)와 교사들이 교무부, 연구부 등의 업무를 전담하도록 하는 학교도 많이 증가하였다. 교사 수가 상대적으로 많은 고등학교에서는 담임에게 부서 업무를 많이 배당하지 않는 편이다.

학교에 따라 다르지만 학급담임을 희망하는 교사는 많지 않다. 한 언론보도에 따르면, 교사들의 담임교사 기피 현상이 심해진 이유는 생활지도 과정에서의 학생 마찰과 학부모 민원 증가, 교권 침해, 진학·행정업무 과다 등에 기인한다(데일리한국, 2023.10.06.). 학급담임 업무의 수당에 비해 업무량이나 정신적 스트레스가 과다하고, 일부 시도교육청의 경우에는 교감, 교장으로의 승진에 활용되는 가산점을 부여하기도 하지만 이 또한 매력적인 유인가로 작용하지 않는 상황이다. 즉, 학급담임 업무로 인한 업무량의 증가나 정신적 스트레스에 비해, 현재의 수당 체계나 승진 가산점 등은 교사들에게 제대로 된 보상으로 인식되지 않고 있는 것이다. 아이들과 함께 하는 것이 즐겁고 행복해서 교사가 된 사람들이 정작 아이들과 가장 많은 시간을 보낼 수 있는 학급담임 업무를 기피한다는 것은 안타까운 일이다.

[그림 6-1] OECD 학습나침반 2030

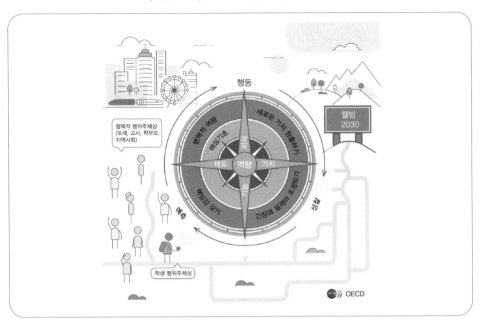

출처: OECD Future of Education and Skills 2030 홈페이지(최수진 외, 2019: 42에서 재인용).

그렇다면, 우리가 '행복'한 담임교사가 되려면 어떻게 해야 할까? 이는 단순히 우리 학급 내의 문제로 한정하지 않고, 좀더 거시적인 관점에서 우리 미래교육에서의 '행복'이 무엇인지와 더불어 생각해 볼 중요한 문제이기도 하다. <OECD 학습나침반 2030>에서는 우리 학생들에게 미래를 이끌어가는 변혁적 역량을 강조하면서, 학생들과 교사들의 협력적 행위주체성과 삶에서의 웰빙(Well-being)을 강조한 바 있다. 즉, 나와 학생들이 좀 더 잘 살기 위해, 좀 더 행복한 삶을 꿈꿀 수 있어야 하는 것이다.

학급담임교사는 아직 미성숙한 아이들과 1년 동안의 삶을 함께 하는 만큼, 조급하지 않은 마음으로 교사로서의 제 역할을 다하며 아이들과 살아가는 것이 중요하다. 교과 교사와는 달리, 학교생활의 일과를 같이 하는 담임교사는 퇴근 후에도 여전히 학급 학생들에 대한 걱정이나 상담 등을 해야 하는 일이 비일비재하고, 학부모들도 본인들이 아이들에게 해야 한다고 생각하는(또는 하고 싶다고 생각하는) 역할을 학급담임에게 기대하기도 한다. 그러나 우리는 학급담임 교사이지 부모가 될 수는 없다.

아이들을 사랑하고 아이들이 꿈을 펼치며 예쁘게 성장하는 것을 기대하고 그것을 위해 노력하는 것은 교사로서의 역할이지만, 교사가 부모의 역할을 대신할 수는 없다. 교사는 교사로서의 역할에 최선을 다하면 되는 것이다.

아이들이 삶을 살아가는 주체성 있는 개인으로서, 또한 학급이라는 조직 내의 공동체 구성원으로서 자신의 역할을 다하고 그 속에서 성장할 수 있도록 하는 것, 그것이 학급 담임의 역할이다. 그러한 역할을 수행하기 위해 학급담임으로서의 철학과 가치관을 정립하고, 1년 동안의 학급 운영 계획을 수립하고 실천하는 것이다. 아이들이 성장하는 것처럼, 학급담임도 성장하는 것임을 기억하고 학급 운영에 있어서의 전문가가 되기 위한 끊임없는 노력이 필요하다.

01 새 학년이 시작되는 3월, 학급 학생들과의 첫 만남에서 어떤 모습을 보여주고 싶은가? 첫 만남에서 어떤 말을 할 것인지 생각해 보자.

02 학급 학생들에 대해 어떤 점들을 파악하고 싶은지 생각해 보자. 학급 학생들과 상담할 때 <문장완성검사지>의 일부만 활용하고자 한다면, 어떤 문항을 선택하는 것이 좋을까? 해당 문항들을 선택한 이유는 무엇인가?

03 학급 담임교사가 된다면, 학급경영의 목표를 무엇으로 설정할 것인가? 1년 동안의 프로그램(학급활동)을 기획하고 주요 내용을 정리해보자.

04 학생의 가족 형태가 다양해지고 학생 보호자가 학부모가 아닌 경우도 있다. 학급 담임으로서 고려해야 할 점은 무엇일까?

제
7
장

학교와 진로교육

예비교사와 신임교사에게 필요한
교사론과 교직실무

제7장

학교와 진로교육

이종업, 박정우

학교에서 충실한 진로교육이 이루어지기를 바라는 기대가 크다.

학교급별로 진로교육은 어떻게 이루어져야 할까?

학생의 진로개발 역량을 키우려면 어떠한 진로교육 활동을 시도해볼 수 있을까?

학생 개개인의 진로개발과 진로선택을 위해 모든 교사는 진로교육 전문성을 가져야 한다.

학교 진로교육의 전반을 체계적으로 이해하고, 효과적인 진로교육 활동을 설계할 수 있어야 할 것이다.

◎ 반드시 알아야 할 것
- 진로교육의 개념과 의의
- 진로전담교사의 직무와 선발
- 교과연계 진로교육의 유형과 프로그램 개발
- 중학교, 일반고, 직업계고의 진로교육

1 학교 진로교육의 이해

진로교육(career education)은 진로(career)와 교육(education)의 합성어로, 종합적이고 거시적인 관점에서 보면 개인의 진로발달을 돕는 개입(intervention)의 한 종류라고 볼 수 있다(정철영 외, 2023). 「진로교육법」에 정의된 '진로교육'이란 국가 및 지방자치단체 등이 자신의 소질과 적성을 바탕으로 직업 세계를 이해하고 자신의 진로를 탐색·설계할 수 있도록 학교와 지역사회의 협력을 통하여 진로수업, 진로심리검사, 진로상담, 진로정보 제공, 진로체험, 취업지원 등을 제공하는 활동을 말한다. 관련 용어에 대한 법적인 정의는 다음 <표 7-1>과 같다.

〈표 7-1〉 「진로교육법」 제2조(정의)

구분	정의
진로상담	학생에게 진로정보를 제공하고 진로에 관한 조언과 지도 등을 하는 활동(온라인으로 하는 활동을 포함)
진로체험	학생이 직업 현장을 방문하여 직업인과의 대화, 견학 및 체험을 하는 직업체험과, 진로캠프·진로특강 등 학교 내외의 진로교육 프로그램에 참여하는 활동
진로정보	학생이 진로를 선택할 때 필요한 정보로 개인에 대한 정보, 직업에 대한 정보, 노동시장을 포함한 사회환경에 대한 정보 등

「진로교육법」 제2장 초·중등교육의 진로교육에는 제10조(진로심리검사), 제11조(진로상담), 제12조(진로체험 교육과정 편성·운영 등), 제13조(진로교육 집중학년·학기제)가 명시되어 있다. 이를 정리하면 다음 <표 7-2>와 같다.

〈표 7-2〉 「진로교육법」 제2장 초·중등교육의 진로교육

구분	내용
진로심리검사	① 초·중등학교의 장은 학생이 소질과 적성을 이해하고 진로상담의 자료로 활용할 수 있도록 진로에 관한 심리검사(이하 "진로심리검사"라 한다)를 제공할 수 있다. ② 교육부장관은 학생의 발달 단계에 맞는 진로심리검사의 운영 기준을 제시할 수 있다.
진로상담	① 초·중등학교의 장은 학생의 진로 탐색 및 선택을 지원할 수 있도록 진로상담을 제공하여야 한다.

	② 초·중등학교의 장은 학생의 진로에 관하여 해당 학생의 보호자로부터 의견을 들을 수 있다.
진로체험 교육과정 편성·운영 등	① 교육부장관과 교육감은 학생에게 다양한 진로체험의 기회를 제공할 수 있도록 교육과정을 편성하고 운영하여야 한다. ② 학교 교육과정 운영에 따른 진로체험 시간은 수업시간으로 본다. ③ 진로체험 교육과정의 편성·운영 및 수업 인정에 필요한 사항은 대통령령으로 정한다.
진로교육 집중학년·학기제	① 「초·중등교육법」 제24조에도 불구하고 교육감은 특정 학년 또는 학기를 정하여 진로체험 교육과정을 집중적으로 운영하는 진로교육 집중학년·학기제를 운영할 수 있다. ② 제1항에 따른 진로교육 집중학년·학기제의 운영에 필요한 사항은 대통령령으로 정한다.

초·중등교육의 진로와 관련된 활동으로 진로심리검사, 진로상담, 진로체험 교육과정 편성·운영, 진로교육 집중학년·학기제 등이 있으며, 학교장은 진로심리검사와 진로상담의 제공, 교육감은 진로체험 교육과정 편성·운영, 진로교육 집중학년과 집중학기제를 편성·운영할 수 있다.

학교급별 진로교육의 내용과 수준은 진로발달 단계의 차이를 반영한다. 초등학교의 경우 일에 대한 호기심을 가지고 진로의식을 갖추는 시기로서 '진로인식 단계'에 해당한다. 초등학교 시기는 진로개발에 필요한 기초적 역량을 기르는 시기라고 말할 수 있다. 중학교는 직업세계와 교육기회 등에 대해 체계적으로 진로정보를 탐색하는 시기로서 '진로탐색 단계'로 명명할 수 있다. 이 시기는 자신에게 맞는 직업을 탐색하여 잠정적으로 진로계획을 세우는 시기이다. 고등학교는 자기 이해와 진로탐색을 바탕으로 자신의 진로를 설계하고 실제 준비하는 시기이다. 고등학교 시기는 '진로설계 단계'로 상급학교 진학이나 취업을 위한 진로준비 활동을 포함한다(한상근 외, 2021). 학교급별 주요 진로발달 과업을 제시하면 다음 [그림 7-1]과 같다.

[그림 7-1] 학교급별 주요 진로발달 과업

중점 발달 과업	초등학교	중등학교	고등학교
	진로인식	진로탐색	진로설계
세부 내용	• 자신을 소중한 사람으로 인식 • 삶의 다양성과 일의 중요성 배우기 • 진로에 기초적인 지식, 기술, 태도 배양	• 자신의 소질과 적성 파악 • 다양한 직업세계와 교육기회 탐색 • 진로를 주도적으로 찾는 데 필요한 지식, 기술, 태도 배양	• 미래 직업세계 변화에 대한 이해 • 진로 목표 및 학업 계획 수립 • 진로 설계와 실천에 필요한 지식, 기술, 태도 배양

출처: 한상근 외(2021).

　「진로교육법」이 2015년에 제정된 후 '초·중등 진로교육 현황조사'의 법적 근거가 확보되었다. 초·중등 진로교육의 전반적인 운영 현황을 조사·분석하여 진로교육 정책 수립에 필요한 기초자료를 확보하는 것을 목적으로 한다. 학생의 상급학교 진학 및 취업 등 진로 현황, 진로교육 관련 인력 및 시설 현황, 진로교육 프로그램의 운영 현황 등을 법적 조사 항목으로 구성하고 있다. 조사 대상은 당해 연도 「교육통계연보」의 학교 현황에 따라 모집단을 선정하고, 학교급별 400개교(총 1,200개교)를 대상으로 한다. 조사 대상자는 표본 학교의 진로전담교사, 학교 관리자(교장 또는 교감 1인), 고등학교 담임교사, 학생, 학부모가 해당된다(김민경 외, 2022). 초·중등 진로교육 현황조사의 내용체계는 [그림 7-2]와 같다.

[그림 7-2] 진로교육 현황조사의 내용체계

조사 영역	투입	과정	성과
의미	진로교육 자원, 환경 및 지원	진로교육 활동 운영 및 참여	진로교육 만족도, 성과 및 요구
조사 내용	• 진로교육 환경여건 – 학교 단위 진로교육 계획 수립 – 예산편성 – 조직구축 – 공간 설치 • 진로교육 지역사회 협력 – 학교 진로교육 협의회 운영 – 진로교육 지역사회 협력의 도움 정도 – 지역사회 협력 지원을 위한 정책 및 노력 – 진로체험처 활용 • 관리자의 인식	• 진로교육 내용 – 「진로와 직업」 과목 선택 – 교과연계 진로교육 – 진로상담 – 진로심리검사 – 진로체험 – 진로동아리 – 창업가정신 및 창업체험교육 • 학생의 학교 진로활동 참여 • 학부모 대상 진로활동 참여 • 담임교사 진로교육(지도) 내용 • 진로교육 프로그램 및 자료 • 가정에서의 진로교육	• 학교 진로교육 및 학교생활 만족도 • 학생 진로인식 및 학교생활 – 학생 진로목표 설정 – 학생 진로 개발역량 – 학습동기, 자기주도학습
조사 대상	학생, 진로전담교사, 학부모, 담임교사, 학교 관리자		

출처: 김민경 외(2022).

2 진로전담교사와 진로교육

진로전담교사는 초·중등학교에서 학생의 진로교육을 전담하는 교사로, 2010년 '진로진학상담교사'로 출발하여 2015년에 현 명칭이 확정되었다. 진로교육의 이론과 관련 제도 및 정책에 대한 이해를 바탕으로 진로교육의 대상과 직접 대면하여 진로교육을 수행하는 주체로서, 진로교육 및 진로지도의 실천을 이끄는 중요한 역할을 담당하고 있다(정철영 외, 2023).

중학교 자유학기제, 학교급별 진로교육 집중학년제 등 진로교육의 중요성이 증가함에 따라 2차 진로교육 5개년 계획에서 학교급별 진로교육의 전담인력 확충 방안으로 진로전담교사 배치 방안이 발표되었다(교육부, 2016a). 이에 따라 시·도교육청에서는 매년 학교 진로교육 계획을 수립하여 진로전담교사 선발 및 배치 계획과 전문성 제고를 위한 연수를 실시하고 있다.

진로전담교사에 대해 「진로교육법 시행령」에 규정된 사항은 다음 <표 7-3>과 같다.

〈표 7-3〉「진로교육법 시행령」제9조(진로전담교사)

구분	내용
진로 전담 교사	① 중학교, 고등학교 및 특수학교의 진로전담교사는 교육부령으로 정하는 과목이 「교원자격검정령」제4조에 따라 담당과목으로 표시(부전공과목으로 표시된 경우를 포함한다)된 교원자격증을 보유한 교사로 배치하여야 한다. ② 초·중등학교(중학교, 고등학교 및 특수학교를 제외한다)의 진로전담교사는 「초·중등교육법」제19조 제3항에 따라 보직교사를 두는 방식으로 배치할 수 있다. ③ 진로전담교사는 학교당 1명 이상을 배치하여야 한다. 다만, 교육감이 정하는 일정 규모 이하의 학교에 두는 진로전담교사는 순회(巡廻) 근무 형태로 배치할 수 있다. ④ 법 제9조 제2항에 따른 진로전담교사 지원 전문인력은 다음 각 호의 요건을 모두 갖춘 사람이어야 한다. 1. 「국가공무원법」제33조 제1호 및 제3호부터 제5호까지의 결격사유에 해당하지 아니할 것 2. 교육감이 실시하는 진로교육에 관한 교육 또는 연수를 40시간 이상 이수할 것 3. 진로교육과 관련하여 교육부장관이 정하여 고시하는 자격기준을 갖출 것

진로전담교사의 역할은 학생의 진로개발역량 함양을 위한 촉진자와 학생 진로·진학·취업지도 및 지원자로의 역할을 기본으로, 지역사회와 진로교육 관련 유관기관과 네트워크를 구성하는 연계자, 총괄 관리자의 역할을 한다(김명희 외, 2022). 진로전담교사 직무와 관련하여 교육과학기술부(2011)에서는 10가지 직무를 기본 직무로 제시하였고, 이에 대한 상세한 직무 매뉴얼은 시·도교육감이 정하도록 하였다. 진로교육법 제정 이후 2016년 교육부에서는 중등학교 진로전담교사 배치 및 운영 지침에서 15가지 직무를 제시하였다. 현재는 시·도교육청별로 교육부(2016b)의 직무를 사용하거나 각 시·도의 상황에 맞게 수정하여 사용하고 있다.

진로전담교사의 직무 영역을 학교급별로 정리하면 다음 <표 7-4>와 같다.

〈표 7-4〉 진로전담교사의 직무 영역

학교급	직무 영역
공통	1) 학교진로교육과정 기획 및 편성 총괄 2) 학생 및 학부모 진로상담 실시 및 지원 3) 진로심리 검사와 결과 환류 4) 진로교육 및 체험 프로그램 기획 및 운영 5) 진로탐색 및 체험활동 네트워크 관리 6) 학부모 진로교육 연수&컨설팅 운영 및 진로정보 지원 7) 교내 교원 대상 진로교육 역량 강화 연수 운영 및 진로정보 지원
중학교 고등학교	1) 진로와 직업 과목 수업 및 창의적 체험활동 중 진로활동 지도 2) 학생 맞춤형 진로·진학 지도

출처: 주휘정 외(2021).

진로전담교사는 학교에서 진로관련 업무와 수업을 전담하며, 현직교사의 자격 취득으로 운영되고 있다. 중등학교 진로전담교사 선발 배치 및 운영은 시·도교육청에서 자체적인 진로전담교사 배치 및 운영지침을 개발하여 사용하거나 2016년 교육부에서 제시한 「중등학교 진로전담교사 배치 및 운영 지침」을 근거하여 운영 중이다. 대표적으로 서울특별시교육청의 진로전담교사 선발 및 배치는 중등교육과에서 진행하며, 추천 자격은 교과교사로서 중등 1급 정교사 자격을 소지하고, 자격 취득 후 7년 이상 재직이 가능한 자에 해당한다. 2023년 선발 및 배치 계획에 따르면, 주로 일반교과 교사 중에서 진로상담 과목으로 변경하지만, 대학원 등에서 진로상담 자격증 취득(예정)자가 있는 경우 우선 선발한다. 대학원에서 자격증 취득자는 서면 심사를 생략하고, 평판도 조사만 시행한다(서울특별시교육청, 2022). 진로상담 자격은 충남대학교 등 해당 전공이 설치된 교육대학원에서 취득할 수 있으며, 아직까지는 현직교사의 자격 전환만 가능하다.

3 ▶ 교과연계 진로교육

교과연계 진로교육은 학교 교육과정에서 운영되고 있는 교과 수업 시간에 학교 진로교육 성취기준을 자연스럽게 연계한 것으로, 진로교육 관련 내용이 반영된 교과수업을 의미한다. 교과연계 진로교육의 실시는 주로 교과 수업 시간에 실시되며, 학생들이 자신의 이야기에 관심을 가지면서, 교과에 대한 집중도를 높이는 것이 주 목적이다. 교과 수업시간을 통해 직업에 대한 소개, 자기에 대해 알아보는 글쓰기, 영어로 말하기 등 간단한 진로연계 수업부터 심화된 진로연계 수업까지 연계의 수준은 다양하게 나타날 수 있다(교육부, 한국직업능력개발원, 2018).

교육부(2023)에서도 2022 개정 교육과정에서는 일반교과와 연계한 진로교육을 추진하겠다고 밝혔다. 이에 따라 2022 개정 교육과정 대비 전 교과 수업 시 진로교육이 포함될 수 있도록 연계 방안 마련 및 교원 연수 등이 추진되고 있다. 교과연계 진로교육 유형으로는 1) 교과중심 연계, 2) 진로중심 연계, 3) 교과 & 진로균형 연계로 구분할 수 있다.

교과연계 진로교육의 유형은 다음 [그림 7-3]과 같다.

[그림 7-3] 교과연계 진로교육의 유형

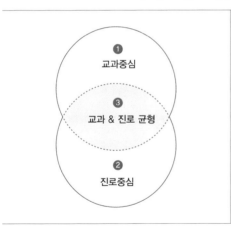

1) '교과중심'은 연계의 비중이 교과 내용 학습이 중심이며, 진로교육 관련 내용의 비중이 다소 낮음.
2) '진로중심'은 연계의 비중이 진로교육 관련 내용이 중심이며 교과 내용은 방법적으로 활용함.
3) '교과 & 진로 균형'은 교과와 진로 내용이 균형을 이루는 것을 말하며 이를 위해서는 학생들이 진로에 대해 생각해 볼 수 있는 사항을 주제로 교과내용을 연계하여 진행하거나, 교과내용 중 학생들의 진로와 관련된 내용을 연계함.

출처: 진로정보망 커리어넷(2023).

교과연계 진로교육 교수학습 프로그램 개발(운영) 절차는 분석, 설계, 개발 및 운영, 평가 단계를 거친다. 분석 단계는 교과, 학생, 학교 특성을 분석하고, 교과와 진로교육 성취 목표 간의 연계성을 판단하여 교과연계 진로교육 성취기준을 설정한다. 설계 단계는 분석 과정에서 얻은 정보를 바탕으로 효과적인 교수학습 방법과 평가

도구를 설계한다. 예를 들어 강의법, 토의법, 토론법, 시범식 수업, 협동학습, 프로젝트기반학습, 문제기반학습 등 학습과제의 특성과 성취기준에 따라 적절한 교수학습 방법을 선택한다. 평가계획은 과정중심평가와 프로그램의 효율성(만족도 평가, 사전-사후조사 등)에 대한 내용을 포함한다. 개발 및 운영은 수업 지도안을 작성하고, 교과 지식과 진로에 대한 태도 및 가치관을 형성할 수 있도록 실제 수업을 운영한다. 평가는 설계 단계에서 계획한 평가를 실행하고 결과를 반영한다.

학교에서 배우는 내용이 직접적으로 개인의 삶에 있어 실제적인 의미를 부여하는 교육으로 융합되고 연계되어야 한다. 교과연계 진로교육은 일반교과의 내용과 진로교육 관련 내용을 자연스럽게 연계하여 다루는 것을 말한다. 고등학교 교과연계 진로교육 교수학습 프로그램의 개요를 예시하면 다음 [그림 7-4]와 같다(교육부, 한국직업능력개발원, 2018).

[그림 7-4] 고등학교 교과연계 진로교육 교수학습 프로그램 개요

교과	주제	교과 성취기준	진로교육 성취기준	교과연계 진로교육 성취기준
통합사회	자연환경과 인간생활	• [10통사 02-01] 자연환경이 인간의 생활에 미치는 영향에 관한 과거와 현재의 사례를 조사하여 분석하고, 안전하고 쾌적한 환경 속에서 살아갈 시민의 권리의 대해 파악한다. • [12지과 I 04-04] 기후변화의 원인을 자연적 요인과 인위적 요인으로 구분하여 설명하고, 인간 활동에 의한 기후변화의 환경적, 사회적 및 경제적 영향과 기후변화 문제를 과학적으로 해결하는 방법에 대해 토의할 수 있다.	• [I.2.2.1.] 직업생활에서 팀워크와 의사소통의 중요성을 이해할 수 있다. • [I.2.2.2.] 상황(대화, 발표, 회의 등)에 맞는 의사소통 방법을 알고 활용할 수 있다. • [II.1.1.1.] 미래 사회의 모습과 변화를 상상하여 설명할 수 있다.	• 모둠별로, 자연환경이 인간의 생활에 미치는 영향을 비주얼씽킹으로 표현해 보면서 창의성을 함양하고 팀워크와 의사소통의 중요성을 이해할 수 있다. • 비주얼씽킹의 결과물을 활용하여 갤러리워크 활동을 진행하면서, 큐레이터의 역할을 간접 체험하고 상황에 맞는 의사소통 방법을 익히고 활용한다. • 인간이 기후 변화에 미친 영향에 대하여 이해하고, 기후 변화로 달라지는 미래 사회의 모습과 기후 변화에 대한 해결책을 상상하여 뉴스로 표현하면서 뉴스 앵커 및 편집자의 역할을 간접 체험한다.

출처: 교육부, 한국직업능력개발원(2018).

[그림 7-4]는 통합사회 과목에서 자연환경과 인간생활이라는 주제로 자연환경이 인간의 생활에 미치는 영향에 관하여 과거와 현재의 사례를 조사하여 분석하고, 안전하고 쾌적한 환경 속에서 살아갈 시민의 권리를 파악하는 데 교과 성취기준이 있다. 이를 진로교육과 연계한다면, 기후 변화에 대한 해결책을 상상하여 뉴스로 표현하면서 뉴스 앵커 및 편집자의 역할을 간접적으로 체험하는 활동을 통해 직업을 경험한다. 이처럼 진로교육을 일반교과와 연계하여 다루는 활동은 학생들은 능동적인 진로교육 참여가 가능하고, 아울러 자기주도적 진로설계 역량을 기르는 데 도움이 된다.

4 중·고등학교의 진로교육

1) 중학교 진로교육

중학교는 초등학교에서 익힌 삶의 다양성, 일의 중요성, 긍정적 자아상을 토대로 다양하고 폭넓은 진로 탐색을 통해 자신의 진로 특성을 발견하고 견고히 하며, 잠정적인 진로 목표 설정을 준비하는 시기이다. 고등학교 진학을 앞둔 학생들은 폭넓은 진로 탐색을 통해 자신의 관심사를 발견하고 확장해 나가며, 중학교 졸업 후 가능한 진로 선택을 이해하고 이에 대한 의사 결정 과정에서 이용할 수 있는 정보, 조언과 지원 등에 접근할 수 있는 방법을 학습함으로써 주도적으로 자신의 진로 방향성을 설정하고 준비해 나갈 수 있어야 한다(교육부, 2022).

2016년부터 운영되고 있는 자유학기제는 중학교 6학기 중 한 학기를 내신 성적 없이 학생들의 진로학습과 학습 능력의 향상을 위해 기존의 수업방식이 아닌 자유로운 토론, 발표, 진로체험 등으로 한 학기 동안 수업을 진행하는 방법이다. 중학교 과정 중 한 학기 동안 학생들이 시험 부담에서 벗어나 꿈과 끼를 찾을 수 있도록 도입된 정책이며, 학생들이 자신의 적성과 미래를 탐색하여 진로를 설계하는 경험을 통해 꿈과 끼를 찾게 된다. 또한 지식과 경쟁 중심 교육에서 벗어나 창의성, 인성, 자기주도 학습능력 등의 미래 핵심역량을 함양하고, 행복한 학교생활을 영위하기 위해

도입된 제도이다(교육부, 2015). 자유학기제 시기에는 성적표에 점수 대신 일반 교과 교사, 주제선택 교과 교사, 예술체육 교과 교사, 동아리 교사 등이 교육활동 전(全)영역에 해당하는 서술형평가를 나이스 생활기록부에 입력하고, 그 내용이 성적표로 나간다. 자유학년제는 자유학기제를 확장한 것으로, 중학교 한 학년 동안 학생의 소질과 적성을 키울 수 있는 다양한 체험활동을 운영하는 제도다(교육부, 2017). 자유학기제가 중학교 1학년 1학기, 1학년 2학기, 2학년 1학기 중 한 학기를 선택하여 운영하였다면, 자유학년제는 중학교 1년 동안 두 학기를 운영하는 것이다.

그러나 교육부는 2025년부터 자유학년제를 폐지하고, 중학교 1학년 학생들은 1학기 또는 2학기 중 한 학기만 자유학기로 운영하겠다고 밝혔다. 구체적으로 기존 한 학기 170시간, 1년 221시간 운영지침이 한 학기 102시간 운영으로 줄어들게 되었다. 자유학기 운영 시간 단축으로 줄어든 진로 체험 시간은 진로연계학기로 보완하게 되었다. 진로연계학기란 상급 학교(학년)로 진학하기 전 학기나 학년의 일부 시간을 활용하여 학교급 간 연계 및 진로 교육을 강화하는 기간으로, 안정적인 학교급 전환 및 고교생활을 준비하는 중학교 3학년 2학기에 해당한다. 진로연계학기 기간 동안 교과 단원은 학생의 역량 개발과 자기 주도적 학습능력 향상에 중점을 두고 교과별 학습 경로, 학습법, 진로 및 이수 경로 등의 내용으로 구성될 예정이다(교육부, 2022).

2) 일반고등학교의 진로교육

고등학교의 진로교육은 중학교 교육의 성과를 바탕으로, 학생의 적성과 소질에 맞게 진로를 개척하며 세계와 소통하는 민주시민으로서의 자질을 함양하는 데 중점을 둔다. 중학교에서 자유학기제를 경험하고 성인기로의 원활한 이행을 위한 중간에 위치된 시기로서 진로와 취업에 대한 고민은 학생들이 해결되어야 할 과제이며, 미래의 삶을 자기 주도적으로 설계하도록 역량을 개발하고, 자신의 행복과 삶의 질을 좌우하는 핵심이 되는 시기이다(교육부, 2022; 이봉재, 박수정, 2021). 일반고등학교의 진로교육 목표는 '미래 직업세계 변화에 대한 이해를 바탕으로 진로목표를 정하고, 스스로 학업계획을 세우며 자신의 진로 설계와 실천에 필요한 지식, 기술, 태도를 기른다'고 명시되었다(한상근 외, 2021).

　고교학점제, 학생부종합전형, 졸업 후 진학 및 취업 준비로 인하여 복잡한 진로
의사결정을 경험하는 시기로서 진로교육은 고등학생이 원활히 진로 의사결정을 할
수 있도록 도움을 줄 수 있어야 한다. 고등학교 진로교육은 주로 수업 중 교과를 이
용하여 이루어지거나 진로심리검사를 통해 이루어지므로 이 시기는 자신과 직업세
계에 대한 이해를 바탕으로 구체적인 진로정보를 탐색하는 심층적 진로탐색이 강조
되는 시기이다(정영철 외, 2023).

[그림 7-5] 고등학교 진로교육 체계

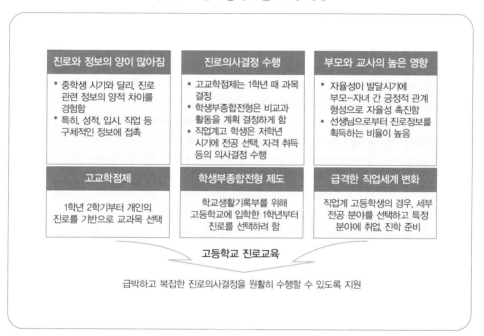

출처: 정철영 외(2023).

　고교학점제는 학생이 기초 소양과 기본 학력을 바탕으로 진로·적성에 따라 과목
을 선택하고, 이수기준에 도달한 과목에 학점을 취득·누적하여 졸업하는 제도로,
2020년부터 2021년 도입 준비기, 2022년부터 2024년 일반계고 학점제 부분 도입기
를 거쳐, 2025년 이후 전체 고등학교에 본격 시행된다. 고교학점제에서 학생들이 자
신의 미래를 체계적으로 탐색하고 준비할 기회를 제공하여야 하는데, 이를 위해 학
생들이 희망하는 진로를 기반으로 스스로 과목을 선택하고 학업을 체계적으로 설계

할 수 있도록 지도하는 것이 필요하다(교육부, 한국교육과정평가원, 2023). 학생들이 다양한 과목 중에서 자신의 진로와 적성을 고려하여 과목을 선택하고 학업 계획을 세우도록 하기 위해서는 '담임교사, 진로전담교사, 교과 교사, 교육과정 담당교사'의 협력이 중요하며, 학생의 학업 설계를 지도할 때는 진로·학업 계획서 작성 실습, 학생 희망 진로에 따른 집단별 워크숍, 교과별 상담 및 체험 부스 운영 등과 같이 학생이 직접 체험하거나 소통, 상담할 수 있는 방식 등이 고려되어야 한다.

3) 직업계고등학교(특성화고, 마이스터고)의 진로교육

중등직업교육을 담당하는 특성화고등학교와 마이스터고등학교를 가리켜 직업계고등학교라고 부르고 있다. 특성화고는 소질과 적성 및 능력이 유사한 학생을 대상으로 특정분야의 인재양성을 목적으로 하는 교육 또는 현장실습 등 체험위주의 교육을 전문적으로 실시하는 학교이고(「초·중등교육법 시행령」 제90조), 마이스터고는 유망분야의 특화된 산업수요와 연계하여 예비 마이스터를 양성하는 특수목적고등학교로 분류된다(「초·중등교육법 시행령」 제91조). 직업계고의 진로교육 목표는 '미래 직업세계 변화와 산업의 전망에 대한 이해를 바탕으로 진로 목표를 정하고 스스로 학업계획을 세우며 전문적인 직업인으로 성장하기 위한 진로 설계와 실천에 필요한 지식, 기술, 태도를 기른다'고 명시되었다(한상근 외, 2021).

직업계고는 직무능력 중심교육, 취업역량 강화, 고졸취업 문화 확산 등이 학교 내에서 진로교육과 연계되어 추진되고 있다. 학교 내에서 산학협력(교원활용, 현장실습) 및 취·창업교육이 가능하도록 학교기업 자체 운영, 학교 내 기업 입주 등의 지원이 이루어지고 있다. 학교 건물 내에 다수 기업을 유치하여 교육과정 운영 지원, 산학 겸임교사 활용, 기업과의 협업 프로그램 등이 운영 중인 학교도 있다(미림여자정보과학고). 또한 직업계고 학생에 특화된 실습경험 제공이 가능한 공공기관 발굴 및 절차 간소화를 통해 공공기관의 현장실습 참여를 유도하고 있다. 일과 학습의 병행, 선취업-후진학 프로그램 확대를 위해 대학 연계 고숙련 기술인재 양성을 위한 직업계고·대학·기업 연계 과정 및 마이스터대 등 기술석사과정 연계 등의 모델도 발굴 중이다(관계부처 합동, 2023).

고졸취업 활성화 정책의 추진 흐름도는 다음과 같다.

[그림 7-6] 고졸취업 활성화 정책의 추진 흐름도

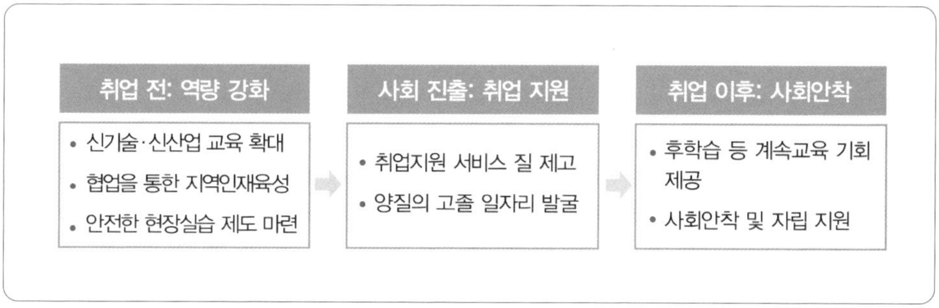

출처: 특성화고·마이스터고 홈페이지.

취업 전 신기술·신산업 교육을 확대하는 등 역량을 강화하고, 사회 진출 시 양질의 고졸 일자리를 발굴한다. 취업 이후에도 후학습 등 계속교육 기회를 제공하고, 사회안착 및 자립을 지원한다. 지역인재 양성－취·창업－지역정주의 지역발전 생태계를 조성하고, 미래 산업 대비 직업계고 교육력 제고와 사회진출을 위한 지원이 강화되고 있다.

5 주요 진로교육 정보

교사, 학생, 학부모가 진로교육과 진로정보 탐색을 위해 활용할 수 있는 주요 정보원은 다음과 같다.

커리어넷(www.career.go.kr)은 직업·학과 정보, 진로인터뷰 등 종합적인 진로정보 제공 및 진로심리검사 등을 통한 진로탐색·설계를 지원한다. 중·고등학생용 심리검사는 직업적성검사, 직업가치관검사, 진로성숙도검사, 직업흥미검사, 진로개발역량 검사 등이 있으며, 진로교육과 연계하여 학교급에 맞는 진로 및 직업 탐색이 가능하도록 설계되어 있다. 다음 [그림 7－7, 8]은 중학생과 고등학생의 자기이해, 진로고민 해결하기, 진로정보탐색에 대한 내용이다. 자기 이해에는 중·고등학생용 심리검사, 진로고민 해결하기에는 상담신청과 진로솔루션, 진로정보탐색에는 직업백과, 미래직업, 학과인터뷰, 대학교학과정보 등의 내용이 수록되어 있다.

[그림 7-7] 중학생을 위한 직업 및 진로 탐색   [그림 7-8] 고등학생을 위한 학과 및 직업 정보 탐색

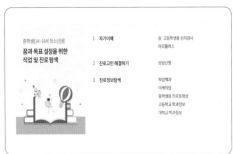 

출처: 커리어넷 홈페이지.

꿈길(www.ggoomgil.go.kr)은 '꿈꾸는 아이들의 길라잡이'의 축약어로, 학생들의 다양한 진로체험을 지원하기 위해 교육부가 운영하는 대국민 서비스 플랫폼이다. 지역사회의 다양한 진로체험처와 프로그램을 관리하고 학교의 진로체험 운영을 지원하고 있다. 진로체험 유형별 활동내용으로는 현장직업체험형, 직업실무체험형(모의일터 직업체험), 현장견학형, 학과체험형, 진로캠프형, 강연형·대화형 등이 있으며, 학생이 직업 현장을 방문하여 직업인과의 대화, 견학 견학 및 체험을 하는 직업체험과, 진로캠프·진로특강 등 학교 내외의 진로교육 프로그램에 참여하는 활동이 있다.

[그림 7-9] 진로체험 프로그램 찾기

출처: 꿈길 홈페이지.

이 밖에 주요 진로교육 관련사이트를 소개하면 다음 <표 7-5>, <표 7-6>
과 같다.

〈표 7-5〉 진로교육 관련 사이트

연번	사이트 명	사이트 주소	주관 기관(부서)
1	원격영상 진로멘토링	mentoring.career.go.kr	청년기업가정신재단
2	청소년기업가체험 프로그램	www.yeep.kr	청년기업가정신재단
3	창의인성교육넷(크레존)	www.crezone.net	한국과학창의재단
4	교육기부	www.teachforkorea.go.kr	한국과학창의재단
5	청소년활동정보서비스	www.youth.go.kr	한국청소년활동진흥원
6	대학알리미	www.academyinfo.go.kr	한국대학교육협의회
7	대입정보포털	www.adiga.kr	한국대학교육협의회
8	전문대학포털	www.procollege.kr	한국전문대학교육협의회
9	고입정보포털	www.hischool.go.kr	교육부
10	에듀넷	www.edunet.net	한국교육학술정보원
11	워크넷	www.work.go.kr	한국고용정보원
12	잡에이블	www.nise.go.kr	국립특수원
13	한국고용정보원	www.keis.or.kr	한국고용정보원
14	한국과학창의재단	www.kofac.re.kr	한국과학창의재단
15	한국교육학술정보원	www.keris.or.kr	한국교육학술정보원
16	한국대학교육협의회	www.kcue.or.kr	한국대학교육협의회
17	한국전문대학교육협의회	www.kcce.or.kr	한국전문대학교육협의회
18	한국직업능력개발원	www.krivet.re.kr	한국직업능력개발원
19	한국청소년정책연구원	www.nypi.re.kr	한국청소년정책연구원
20	한국잡월드	www.koreajobworld.or.kr	한국잡월드

〈표 7-6〉 지역별 진로교육 관련 사이트

연번	사이트 명	사이트 주소	교육청
1	강원도진로교육원	jinro.gwe.go.kr	강원도교육청
2	경기도진로진학지원센터	jinhak.goedu.kr	경기도교육청
3	경남진로교육센터	gne.go.kr	경상남도교육청
4	경북진로진학지원센터	gbe.kr	경상북도교육청
5	광주진로진학지원센터	jinhak.gen.go.kr	광주광역시교육청

6	대구진로진학지원센터	dge.go.kr	대구광역시교육청
7	대전진로진학지원센터	edurang.net	대전광역시교육청
8	부산진로진학지원센터	dream.pen.go.kr	부산광역시교육청
9	서울진로진학정보센터	jinhak.or.kr	서울특별시교육연구정보원
10	세종진로진학정보센터	sjcc.sje.go.kr	세종특별자치시교육청
11	울산진로진학지원센터	jinhak.use.go.kr	울산광역시교육청
12	인천진로진학지원센터	ice.go.kr	인천광역시교육청
13	전남진로진학포털	jdream.jne.go.kr	전라남도교육청
14	전북진로진학센터	jbe.go.kr	전라북도교육청
15	제주진로진학지원센터	jinhak.jje.go.kr	제주특별자치도교육청
16	충남진로진학지원센터	career.edus.or	충청남도교육연구정보원
17	충북진로교육원	jinro.cbe.go.kr	충청북도교육과학연구원

　　진로교육 관련 사이트는 <표 7-5>처럼 한국과학창의재단, 교육부, 한국고용정
보원, 한국대학교육협의회, 한국직업능력개발원, 한국청소년정책연구원 등과 같은
국책기관에서 운영하고 있는 사이트와 <표 7-6>처럼 시·도교육청에서 주관하여
운영하고 있는 진로교육 사이트로 구분할 수 있다. 또한, 시도교육청의 진로진학지
원센터에는 고입정보, 대입정보, 진로정보를 제공하고, 진로 프로그램 신청 등을 운
영하고 있다. 따라서 진로교육에 대한 정보를 얻고자 할 때, 진로교육의 목적과 방
향성을 염두하고 필요한 자료를 취사 선택하여 활용해야 한다.

생각하고 토의하기

01 진로교육을 위해 학급담임교사와 교과담임교사로서 계획할 수 있는 효과적인 활동은 무엇인가? 이를 위한 전문성은 어떻게 쌓을 수 있을까?

02 중학교와 고등학교 진로교육의 차이점은 무엇인가? 학생들의 진로교육은 일반고의 진학교육 및 직업계고의 취업교육과 어떤 관계일까?

03 교과연계 진로교육 교수·학습프로그램을 개발하는 절차와 예시를 참고하여, 특정 과목과 단원을 설정하여 교과연계 진로교육 교수학습지도 개요를 구안해 보자.

*참고자료 : 진로정보망 커리어넷(www.career.go.kr)의 교과연계 진로교육자료

04 꿈길 누리집(www.ggoomgil.go.kr)을 방문하여 내가 살고 있는 지역의 진로체험처를 조사해 보자. 이를 참고하여 특정 학교급 학생을 위한 진로체험 계획을 설계해 보자.

제
8
장

학교 교육과정과 학사 운영

제8장

학교 교육과정과 학사 운영

김수구

    교사는 교육과정의 편제와 운영을 정확하게 이해하고, 학교 교육과정과 교실 수업에서 자율성과 책무성을 발휘해야 한다. 2024년부터 순차적으로 학교 현장에 적용되는 2022 개정 교육과정의 주요 내용은 무엇일까?

    교사는 학급담임과 교과담임으로서 수업과 관련된 학생에 관한 제반 업무를 수행하게 된다. 학교에서 학적관리, 수업관리, 학교생활기록부 관리 등 주요 학사업무는 어떻게 처리해야 할까?

◎ 반드시 알아야 할 것
- 학교 교육과정의 편성·운영의 법적 근거
- 중학교와 고등학교의 2022 개정 교육과정의 편제와 교과목별 시간 배당 기준
- 학사 운영의 근거와 절차

◎ 목차
1. 학교 교육과정의 이해
2. 2022 개정 교육과정의 개요
3. 학교 교육과정의 편성·운영
4. 학사업무

1 학교 교육과정의 이해

1) 학교 교육과정의 개념

교육과정은 학습자의 바람직한 성장·발달을 도모하기 위하여 교육을 지도하는 기관이 체계적으로 개발하여 제공하는 교수학습경험의 계획과 결과의 총체라 할 수 있다(신재흠, 2022). 학교 교육과정은 국가 수준 교육과정 기준과 시·도 교육과정 편성·운영 지침을 근거로 하여 지역의 특수성과 학교의 실정, 학생의 실태에 적합하게 각 학교별로 구체적으로 실행할 활동 등으로 마련한다. 그러므로 학교 교육과정에는 학교가 책임지고 실현해야 할 교육 목표, 내용, 방법, 평가 등에 대한 구체적인 실행 교육프로그램, 특색 있는 교육 설계도, 상세한 교육운영 세부 시행 계획 등을 포함한다.

2) 학교 교육과정 편성·운영 근거

학교 교육과정의 편성·운영의 법률적 근거는 「교육기본법」 제2조, 「초·중등교육법」 제23조, 「지방교육자치에 관한 법률」 제20조, 교육부 고시 제2022-33호 등이 있다. 학교 교육과정 편성·운영의 목적은 우리나라가 교육해야 하는 이념을 실현하는 것이라 할 수 있다. 그 교육의 이념은 「교육기본법」 제2조에 '홍익인간'임을 명시하고 있고, 교육이념의 목적 실현을 위해 학교가 교육과정을 운영해야 함을 「초·중등교육법」 제23조에 명시하여 학교에서는 국가교육위원회에서 정한 국가수준의 교육과정의 기준과 내용에 교육감이 지역의 실정에 맞게 정한 교육청 수준의 교육과정을 반영하여 학교 교육과정을 편성·운영해야 한다. 또한 학교의 교육과정운영·편성의 사무는 「지방교육자치에 관한 법률」 제20조 제6호에 따라서 시도교육감이 관장하며, 학교에서 편성·운영해야 하는 학교급별, 교과목별 교육과정 편성·운영기준은 교육부 고시를 따라야 한다. 해당 법률적 근거를 정리하면 <표 8-1>과 같다.

〈표 8-1〉 학교 교육과정 편성·운영 근거 관련 법령

법령	내용
교육기본법 제2조	교육은 홍익인간(弘益人間)의 이념 아래 모든 국민으로 하여금 인격을 도야(陶冶)하고 자주적 생활능력과 민주시민으로서 필요한 자질을 갖추게 함으로써 인간다운 삶을 영위하게 하고 민주국가의 발전과 인류공영(人類共榮)의 이상을 실현하는 데에 이바지하게 함을 목적으로 한다.
초·중등교육법 제23조	① 학교는 교육과정을 운영하여야 한다. ② 국가교육위원회는 제1항에 따른 교육과정의 기준과 내용에 관한 기본적인 사항을 정하며, 교육감은 국가교육위원회가 정한 교육과정의 범위에서 지역의 실정에 맞는 기준과 내용을 정할 수 있다. ③ 교육부장관은 제1항의 교육과정이 안정적으로 운영될 수 있도록 대통령령으로 정하는 바에 따라 후속지원 계획을 수립·시행한다. ④ 학교의 교과(教科)는 대통령령으로 정한다.
지방교육자치에 관한 법률 제20조 제6호	교육감은 교육과정의 운영에 관한 사항을 관장한다.
교육부고시 제2022-33호	가. 초등학교 1학년부터 중학교 3학년까지의 공통 교육과정과 고등학교 1학년부터 3학년까지의 학점 기반 선택 중심 교육과정으로 편성·운영한다. 나. 학교는 학교 교육과정 편성·운영 계획을 바탕으로 학년(군)별 교육과정 및 교과(군)별 교육과정을 편성할 수 있다. 다. 학년 간 상호 연계와 협력을 통해 학교 교육과정을 유연하게 편성·운영할 수 있도록 학년군을 설정한다. 라. 공통 교육과정의 교과는 교육 목적상의 근접성, 학문 탐구 대상 또는 방법상의 인접성, 생활양식에서의 연관성 등을 고려하여 교과(군)로 재분류한다. 마. 고등학교 교과는 보통 교과와 전문 교과로 구분하며, 학생들의 기초소양 함양과 기본 학력을 보장하기 위하여 보통 교과에 공통 과목을 개설하여 모든 학생이 이수하도록 한다. 바. 교과와 창의적 체험활동의 내용 배열은 반드시 따라야 할 학습 순서를 의미하는 것은 아니며, 학생의 관심과 요구, 학교의 실정과 교사의 필요, 계절 및 지역의 특성 등에 따라 각 교과목의 학년군별 목표 달성을 위해 지도 내용의 순서와 비중, 교과 내 또는 교과 간 연계 지도 방법 등을 조정하여 운영할 수 있다. 사. 학업 부담을 적정화하고 의미 있는 학습 활동이 이루어질 수 있도록 학기당 이수 교과목 수를 조정하여 집중이수를 실시할 수 있다. 아. 학교는 학교급 간 전환기의 학생들이 상급 학교의 생활 및 학습을 준비하는 데 필요한 교육을 지원하기 위해 진로연계교육을 운영할 수 있다. 자. 범교과 학습 주제는 교과와 창의적 체험활동 등 교육 활동 전반에 걸쳐 통합적으로 다루도록 하고, 지역사회 및 가정과 연계하여 지도한다. 차. 학교는 가정과 학교, 사회에서의 위험 상황을 알고 대처할 수 있도록 체험 중심의 안전교육을 관련 교과와 창의적 체험활동과 연계하여 운영한다.

| | 카. 학교는 필요에 따라 계기 교육을 실시할 수 있으며, 이 경우 계기 교육 지침에 따른다.
타. 학교는 필요에 따라 원격수업을 실시할 수 있으며, 이 경우 원격수업 운영 기준은 관련 법령과 지침에 따른다.
파. 시·도 교육청과 학교는 필요에 따라 이 교육과정에 제시되어 있는 과목 외에 새로운 과목을 개설할 수 있다. 이 경우 시·도 교육감이 정하는 지침에 따라 사전에 필요한 절차를 거쳐야 한다.
하. 특수교육 대상 학생에 대해서는 이 교육과정 해당 학년군의 편제와 시간(학점 배당)을 따르되, 학생의 교육적 요구를 고려하여 특수교육 교육과정의 교과(군) 내용과 연계하거나 대체하여 수업을 설계·운영할 수 있다. |

2 ⟩ 2022 개정 교육과정의 개요

교육부는 「초·중등교육법」 제23조 제2항, 제48조 및 국가교육위원회법 부칙 제4조에 따라 초·중등학교 2022 개정 교육과정을 2022년 12월 22일 고시(교육부 고시 제2022-33호)하였다. 이 교육과정은 <표 8-2>와 같이 학교급별, 학년별 적용 시기는 2024년 3월 1일 초등학교 1, 2학년부터 적용하여 단계적으로 학교급과 학년에 적용하여 2027년 3월 1일 중학교 3학년, 고등학교 3학년에게 적용하게 된다.

〈표 8-2〉 2022 개정 교육과정 학교급별 적용 시기

적용시기	초등학교	중학교	고등학교
2024년 3월 1일	1, 2학년	−	−
2025년 3월 1일	3, 4학년	1학년	1학년
2026년 3월 1일	5, 6학년	2학년	2학년
2027년 3월 1일	−	3학년	3학년

고시된 2022 개정 교육과정은 초·중등학교 교육과정 총론을 비롯하여 교과별 세부적인 교육과정의 각론으로 구성된 총 41권의 별책으로 구성되어 있다. 이 별책에서는 중학교와 고등학교의 교육과정 편제와 시간배당 기준에 대한 세부 사항을 기술하고 있다. 학교급별 교과별 세부적인 사항은 국가교육과정정보센터(http://ncic.re.kr) − 교육과정 자료실 − 교육과정 원문 및 해설서에서 게시된 자료를 참고하면 된다.

1) 중학교

중학교의 2022 개정 교육과정의 편제와 시간 배당 기준은 다음과 같다.

(1) 편제

가) 중학교 교육과정은 교과(군)와 창의적 체험활동으로 편성한다.

나) 교과(군)는 국어, 사회(역사 포함)/도덕, 수학, 과학/기술·가정/정보, 체육, 예술(음악/미술), 영어, 선택으로 한다.

다) 선택 교과는 한문, 환경, 생활 외국어(생활 독일어, 생활 프랑스어, 생활 스페인어, 생활 중국어, 생활 일본어, 생활 러시아어, 생활 아랍어, 생활 베트남어), 보건, 진로와 직업 등의 과목으로 한다.

라) 창의적 체험활동은 자율·자치 활동, 동아리 활동, 진로 활동으로 한다.

(2) 시간 배당 기준

구분		1~3학년
교과 (군)	국어	442
	사회(역사 포함)/도덕	510
	수학	374
	과학/기술·가정/정보	680
	체육	272
	예술(음악/미술)	272
	영어	340
	선택	170
	소계	3,060
창의적 체험활동		306
총 수업 시간 수		3,366

① 1시간 수업은 45분을 원칙으로 하되, 기후 및 계절, 학생의 발달 정도, 학습 내용의 성격, 학교 실정 등을 고려하여 탄력적으로 편성·운영할 수 있다.

② 교과(군)별 및 창의적 체험활동 시간 배당은 연간 34주를 기준으로 3년간의 기준 수업 시수를 나타낸 것이다.

③ 총 수업 시간 수는 3년간의 최소 수업 시수를 나타낸 것이다.

④ 정보는 정보 수업 시수와 학교자율시간 등을 활용하여 68시간 이상 편성·운영한다.

2) 고등학교

고등학교의 2022 개정 교육과정의 편제와 학점 배당 기준은 다음과 같다.

(1) 편제

가) 고등학교 교육과정은 교과(군)와 창의적 체험활동으로 편성한다.

나) 교과는 보통 교과와 전문 교과로 한다.

(가) 보통 교과

① 보통 교과의 교과(군)는 국어, 수학, 영어, 사회(역사/도덕 포함), 과학, 체육, 예술, 기술·가정/정보/제2외국어/한문/교양으로 한다.

② 보통 교과는 공통 과목과 선택 과목으로 구분한다. 선택 과목은 일반 선택 과목, 진로 선택 과목, 융합 선택 과목으로 구분한다.

(나) 전문 교과

① 전문 교과의 교과(군)는 국가직무능력표준 등을 고려하여 경영·금융, 보건·복지, 문화·예술·디자인·방송, 미용, 관광·레저, 식품·조리, 건축·토목, 기계, 재료, 화학 공업, 섬유·의류, 전기·전자, 정보·통신, 환경·안전·소방, 농림·축산, 수산·해운, 융복합·지식 재산 과목으로 한다.

② 전문 교과의 과목은 전문 공통 과목, 전공 일반 과목, 전공 실무 과목으로 구분한다.

③ 창의적 체험활동은 자율·자치 활동, 동아리 활동, 진로 활동으로 한다.

(2) 학점 배당 기준

(가) 일반고등학교와 특수목적고등학교(산업수요 맞춤형 고등학교 제외)

교과(군)	공통 과목	필수 이수 학점	자율 이수 학점
국어	공통국어1, 공통국어2	8	학생의 적성과 진로를 고려하여 편성
수학	공통수학1, 공통수학2	8	
영어	공통영어1, 공통영어2	8	
사회 (역사/도덕 포함)	한국사1, 한국사2	6	
	통합사회1, 통합사회2	8	
과학	통합과학1, 통합과학2 과학탐구실험1, 과학탐구실험2	10	
체육		10	
예술		10	
기술·가정/정보/ 제2외국어/한문/교양		16	
소계		84	90
창의적 체험활동		18(288시간)	
총 이수 학점		192	

① 1학점은 50분을 기준으로 하여 16회를 이수하는 수업량이다.

② 1시간의 수업은 50분을 원칙으로 하되, 기후 및 계절, 학생의 발달 정도, 학습 내용의 성격, 학교 실정 등을 고려하여 탄력적으로 편성·운영할 수 있다.

③ 공통 과목의 기본 학점은 4학점이며, 1학점 범위 내에서 감하여 편성·운영할 수 있다. 단, 한국사1, 2의 기본 학점은 3학점이며 감하여 편성·운영할 수 없다.

④ 과학탐구실험1, 2의 기본 학점은 1학점이며 증감 없이 편성·운영하는 것을 원칙으로 한다. 단, 과학, 체육, 예술 계열 고등학교의 경우 학교 실정에 따라 탄력적으로 운영할 수 있다.

⑤ 필수 이수 학점 수는 해당 교과(군)의 최소 이수 학점이다. 특수 목적 고등학교의 경우 예술 교과(군)는 5학점 이상, 기술·가정/정보/제2외국어/한문/교양 교과(군)는 12학점 이상 이수하도록 한다.

⑥ 국어, 수학, 영어 교과의 이수 학점 총합은 81학점을 초과하지 않도록 하

며, 교과 이수 학점이 174학점을 초과하는 경우에는 초과 이수 학점의
50%를 넘지 않도록 한다.

⑦ 창의적 체험활동의 학점 수는 최소 이수 학점이며 ( )안의 숫자는 이수 학
점을 시간 수로 환산한 것이다.

⑧ 총 이수 학점 수는 고등학교 졸업을 위해 3년간 이수해야 할 최소 이수 학
점을 의미한다.

(나) 특성화고등학교와 산업수요 맞춤형 고등학교

교과(군)		공통 과목	필수 이수 학점	자율 이수 학점
보통 교과	국어	공통국어1, 공통국어2	24	학생의 적성과 진로를 고려하여 편성
	수학	공통수학1, 공통수학2		
	영어	공통영어1, 공통영어2		
	사회 (역사/도덕 포함)	한국사1, 한국사2	6	
		통합사회1, 통합사회2	12	
	과학	통합과학1, 통합과학2		
	체육		8	
	예술		6	
	기술·가정/정보/ 제2외국어/한문/교양		8	
소계			64	
전문 교과	17개 교과(군)		80	30
창의적 체험활동			18(288시간)	
총 이수 학점			192	

① 1학점은 50분을 기준으로 하여 16회를 이수하는 수업량이다.

② 1시간의 수업은 50분을 원칙으로 하되, 기후 및 계절, 학생의 발달 정도,
학습 내용의 성격 등과 학교 실정 등을 고려하여 탄력적으로 편성·운영할
수 있다.

③ 공통 과목의 기본 학점은 4학점이며, 1학점 범위 내에서 감하여 편성·운영
할 수 있다. 단, 한국사1, 2의 기본 학점은 3학점이며 감하여 편성·운영할
수 없다.

④ 필수 이수 학점 수는 해당 교과(군)의 최소 이수 학점이다.

⑤ 자연현장 실습 등 체험 위주의 교육을 전문적으로 실시하는 특성화 고등학교의 전문 교과 필수 이수 학점은 시·도 교육감이 정한다.

⑥ 창의적 체험활동의 학점 수는 최소 이수 학점이며 ( )안의 숫자는 이수 학점을 시간 수로 환산한 것이다.

⑦ 총 이수 학점 수는 고등학교 졸업을 위해 3년간 이수해야 할 최소 이수 학점을 의미한다.

3 학교 교육과정의 편성·운영

학교 교육과정의 편성·운영 계획은 학교교육과정위원회가 주관하여 당해 연도의 학교 교육과정 편성 계획을 수립한 후 학교운영위원회의 심의를 거쳐 학교장이 최종 결재하는 절차를 밟는다.

1) 학교교육과정위원회 조직·운영

학교교육과정위원회의 구성은 학교장이 위원장이 되며 학교의 규모와 여건에 따라 교원, 교육과정 전문가, 학부모 등의 위원으로 [그림 8-1]의 예시와 같이 구성할 수 있다. 학교교육과정위원회의 주된 역할은 학교의 교육과정 편성·운영의 방향성을 설정하고 그 방안을 모색하여 학교의 교육과정 편성·운영 계획을 수립하고 수립된 계획에 따라서 안정적인 학교 교육과정이 운영되도록 지원하는 활동을 한다.

2) 학교 교육과정 편성·운영 계획 수립

학교는 매년 교육청의 지침에 따른 절차와 체계(목차)에 따라 학교 교육과정 편성 및 운영 계획을 마련하여 학교의 교육과정을 운영하게 된다. 교육청별 교육과정 편

[그림 8-1] 학교교육과정위원회 조직(예시)

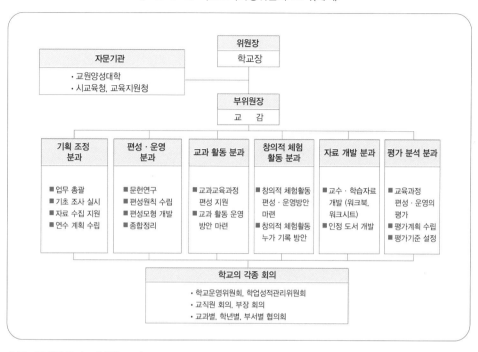

출처: 부산광역시교육청(2023).

성운영 지침은 국가교육과정정보센터(http://ncic.re.kr)의 지역 교육과정에서 확인할 수 있다. <표 8-3>은 중등학교의 학교교육과정편성·운영 절차 예시이며, <표 8-4>는 학교에서 마련해야하는 교육과정 편성 및 운영 계획의 체계(목차)의 예시이다.

〈표 8-3〉 학교 교육과정 편성·운영 절차(예시)

절차	세부내용
교육과정 편성·운영 계획의 수립	▪ 학교교육과정위원회 조직, 임무, 역할의 구체화 ▪ 학교 교육과정 편성 계획 수립
상위 교육과정과 편성·운영 지침 분석	▪ 국가수준 교육과정 ▪ 교육청 교육과정 편성·운영 지침
계획 수립을 위한 기초 조사	▪ 교원, 학생, 학부모의 요구 조사 및 분석 ▪ 학교의 여건, 교원 현황 ▪ 교사의 전문성, 교원 연수 계획, 학습 자료의 구비 실태

	▪ 이용 가능한 지역사회의 인적·물적 자원 ▪ 학교 교육과 유관한 교육 활동의 결과 분석 ▪ 학교 교육과정에 반영할 시사점 추출
학교 교육과정 편성 방향 설정	▪ 학교 교육 목표와 경영 방침 설정 ▪ 학교 특색 교육 활동과 역점 과제 설정 ▪ 교과와 창의적 체험활동에 대한 구체적인 편성 원칙 결정
학교 교육과정 편성·운영 계획의 시안 작성	▪ 편제, 시간 배당, 수업 일수, 수업 시수 결정 ▪ 교육 활동 시간과 교육 내용의 개요 확정 ▪ 교육 내용의 연간 프로그램 작성(지도영역과 내용요소 체계화) ▪ 지도교사 배정 및 집단 편성 ▪ 교육 자료 확보 및 지도 방법의 구체화 ▪ 평가 계획 수립
심의 및 확정	▪ 학교교육과정위원회(교육과정 전문가, 교직원, 학부모 등)의 검토 및 수정, 보완 ▪ 학교운영위원회의 심의 ▪ 학교장의 결재
운영과 질 관리	▪ 교육과정 운영 ▪ 교육과정의 평가와 결과의 분석 활용 ▪ 교육과정 평가와 질 관리

출처: 대전광역시교육청(2022).

〈표 8-4〉 학교 교육과정 편성·운영 체제

제1장 학교 교육과정 편성·운영의 방향
  1. 학교 교육과정의 성격
  2. 학교 교육목표
  3. 편성·운영의 기본방향
  4. 편제 및 시간(학점) 배당
제2장 교과, 창의적 체험활동 지도
  1. 교과(수준별, 선택중심 운영 계획 등)
  2. 창의적 체험활동 교육과정 편성·운영
	제3장 학교 교육과정 평가
	  1. 교과 교육과정
	  2. 재량활동 및 특별활동 교육과정
	제4장 학교 교육과정 운영지원활동
	  1. 각종 위원회 조직 운영
	  2. 학습 및 기초학력 부진 학생 지도 대책
	  3. 방과후학교 운영 계획
	부록

출처: 경상북도교육청(2022)을 재구성함.

3) 학교의 교육과정 편제표

매년 수립하는 학교 교육과정 편성·운영 계획의 내용 중에서 중요한 사항은 교육
과정 편제표이다. 중등학교의 교육과정 편제표는 [그림 8-2]와 [그림 8-3]의 예시
와 같이 학교에서 개설된 공통교과와 선택교과의 시수(학점), 운영 시기(학기), 창의적

체험활동의 시수, 자유학기활동(중학교만 해당) 등을 포함하고 있으며, 개설하는 교과(공통, 선택), 시수(학점), 시기 등은 교사, 학생, 학부모의 의견을 수렴하여 결정한다.

교육과정 편제표는 학년별로 별도로 구성되며 각 학년의 교육과정 편제표는 학생이 입학하는 연도를 기준으로 향후 3년간 운영할 교육과정을 미리 작성하여 운영한다. 작성된 교육과정 편제는 학교운영위원회의 심의와 교육청의 승인을 받아 변경할 수 있다.

[그림 8-2] 중학교 교육과정편제 예시

구분		기준시수	1학년			2학년		3학년	
			1학기	자유학년	2학기	1학기	2학기	1학기	2학기
교과(군)	국어	442	68	17	85	68	68	68	68
	사회	510	34	17	51			34	34
	역사					51	51	34	34
	도덕		34	17	51	34	34		
	수학	374	51		51	68	68	68	68
	과학	680	34	17	51	68	68	68	68
	기술·가정		51	17	68	34	34	34	34
	정보		17		17				
	체육	272	34		34	51	51	51	51
	음악	272		34	34	17	17	17	17
	미술					34	34	34	34
	영어	340	51		51	51	51	68	68
선택	한문/일본어	170				34	34	34	34
	진로와 직업			17	17				
	소계	3060	374	136	510	510	510	510	510
창의적 체험활동	자율활동	306	12		12	15	15	15	15
	동아리활동			17	17	17	17	17	17
	봉사활동		2		2	2	2	2	2
	진로활동		3		3	17	17	17	17
	소계	306	17	17	34	51	51	51	51
	학교스포츠	136	17	17	34	17	17	17	17
자유학기 활동	진로탐색 활동	34							
	주제선택 활동	68							
	예술·체육활동	51							
	동아리 활동	17							
	소계	170							
학기별 계			578	170	578	578	578	578	578
학년별 총계		3366	1156			1156		1156	
학기별 이수과목 수			8		8	8	8	8	8

출처: 대전광역시 00중학교(2023).

[그림 8-3] 고등학교 교육과정편제 예시

선택구분	교과영역	교과(군)	과목	과목구분	기준단위(학점)	운영단위(학점)	1학년 1학기	1학년 2학기	2학년 1학기	2학년 2학기	3학년 1학기	3학년 2학기
학교지정공통	기초	국어	국어	공통	8	8	4	4				
			독서	일반	5	4				4	4	
			문학	일반	5	4			4			
			언어와 매체	일반	5	4						
		수학	수학	공통	8	8	4	4				
			수학 I	일반	5	4			4			
			수학 II	일반	5	4				4		
			확률과 통계	일반	5	4			2	2		
		영어	영어	공통	8	8	4	4				
			영어 I	일반	5	5			5			
			영어 II	일반	5	5				5		
			영어 독해와 작문	일반	5	4					4	
		한국사	한국사	공통	6	6	3	3				
	탐구	사회	통합사회	공통	8	6	3	3				
		과학	통합과학	공통	8	8	4	4				
			과학탐구실험	공통	2	2	1	1				
	체육·예술	체육	체육	일반	5	4	2	2				
			운동과 건강	일반	5	4			2	2		
			스포츠생활	진로	5	4					2	2
		예술	음악	일반	5	4	2		2			
			미술	일반	5	4		2		2		
	생활·교양	기술·가정	기술·가정	일반	5	3	3					
		한문	한문 I	일반	5	3		3				
학생선택	기초	국어	실용국어/심화국어/고전읽기	진로	5	4						4(택1)
		수학	경제수학	진로	5	4			4(택1)			
			미적분	일반	5	4			4(택1)			
			실용수학/심화수학 I	진로	5	4						4(택1)
		영어	심화영어 I/심화영어독해 I	진로	5	4						4(택1)
		국어·수학	화법과 작문	일반	5	6					3(택1)	3(택1)
			기하/수학과제탐구	진로	5	6					3(택1)	3(택1)
	탐구	사회	한국지리/세계지리/세계사/경제/정치와 법/윤리와 사상	일반	5	6			9(택3)	9(택3)		
		사회	사회문제 탐구	진로	5	6			9(택3)	9(택3)		
		과학	물리학 I/화학 I/생명과학 I/지구과학 I	일반	5	6			9(택3)	9(택3)		
		사회	동아시아사/사회·문화/생활과 윤리	일반	5	6					6(택2)	6(택2)
		과학	물리학 II/화학 II/생명과학 II/지구과학 II	진로	5	6					6(택2)	6(택2)
		사회	여행지리/고전과 윤리	진로	5	4					2(택1)	2(택1)
		과학	과학사/생활과 과학/융합과학	진로	5	4					2(택1)	2(택1)
		과학	물리학실험(공동교육과정)	진로	5	4			(2)	(2)		
	체육·예술	예술	문학개론/고전문학 감상/현대문학 감상	진로	5	2					1(택1)	1(택1)
	생활·교양	제2외국어	중국어 I/일본어 I	일반	5	4			2(택1)	2(택1)		
			중국어 II/일본어 II	진로	5	4					2(택1)	2(택1)
		교양	교육학/보건/실용경제/심리학/철학/환경	일반	5	4					2(택1)	2(택1)
			과학 교양/과학 융합	진로	5							
이수단위(학점)소계					180		30	30	30(32)	30(32)	30	30
창의적 체험활동			자율활동		22	6	1	1	1	1	1	1
			동아리활동			6	1	1	1	1	1	1
			봉사활동			4	0	0	1	1	1	1
			진로활동			6	1	1	1	1	1	1
총 이수 단위(학점)					학기별		33	33	34(36)	34(36)	34	34
					학년별		66		68(72)		68	

출처: 대전광역시 00고등학교(2023).

4 학사업무

1) 학교규칙과 학사 업무의 관계

학사업무는 학교에서 이루어지는 교육 및 경영 등에 관하여 계획을 마련하고 그 일을 하는 것으로, 학생들이 입학한 후 졸업할 때까지 거치는 과정에서 생겨나는 거의 모든 업무를 포함한다. 학교에서 이루어지는 주요 학사업무 영역은 학적관리, 수업관리, 학생기록관리 등으로 구분할 수 있다. 학교의 학사업무에 관련된 기준과 처리 절차 등은 「초·중등교육법」 제8조와 같은법 시행령 제9조 제1항(<표 8-5> 참조)에 명시된 학교규칙을 따르며, 학교 규칙에 명시되지 않은 업무는 시·도교육청의 학사업무 관련 지침 또는 연간 계획을 따른다. 학교규칙은 학교알리미(http://schoolinfo.go.kr)에 공시되고, [교육활동]-[학교규칙 및 학교운영계획에 관한 규정]에서 확인할 수 있다.

〈표 8-5〉「초·중등교육법 시행령」 제9조 제1항 관련 학교규칙에 기재할 사항

1. 수업연한·학년·학기 및 휴업일
2. 학급편제 및 학생정원
3. 교과·수업일수 및 고사와 과정수료의 인정
4. 입학·재입학·편입학·전학·휴학·퇴학·수료 및 졸업
5. 조기진급, 조기졸업 및 상급학교 조기입학 자격 부여
6. 수업료·입학금 기타의 비용징수
7. 학생 포상, 징계, 교육목적상 필요한 지도 방법, 학업 중단 예방 및 학교 내 교육·연구 활동 보호에 관한 사항 등 학생의 학교생활에 관한 사항
8. 학생자치활동의 조직 및 운영
9. 학칙개정절차
10. 그 밖에 법령에서 정하는 사항

2) 학적관리

(1) 입학 처리

중학교와 고등학교의 입학 처리는 각각 <표 8-6>, <표 8-7>과 같은 단계로 이루어진다. 고등학교는 평준화 일반고등학교를 대상으로 시·도교육감이 입학전

형을 실시하는 경우(교육감 전형)와 특성화고등학교나 특수목적고등학교의 경우와 같이 학교장이 입학전형을 실시하는 경우(학교장 전형)로 구분되고, 각 경우에 따른 처리절차가 다르다.

〈표 8-6〉 중학교 입학처리

입학단계	처리 사항
배정원서 제출	▪ 초등학교장 입학예정자의 배정원서를 작성 거주지 관할 교육지원청 제출
배정통지서 교부	▪ 교육지원청 교육장은 초등학교장에게 중학교 배정통지서를 교부
입학등록일 결정	▪ 중학교장이 등록일을 결정하여 교육장에게 통보
입학생 등록	▪ 중학교장은 등록일 출석학생 확인 후 출석 현황 교육장에게 보고
학적 생성	▪ 배정된 학생(배정포기 학생 제외) 모두를 입학생으로 학적 생성

〈표 8-7〉 고등학교 입학 처리

전형 구분	처리 순서
교육감 전형	① 입학전형 실시 → ② 입학생 선발(교육감) → ③ 학교 배정(교육감) → ③ 배정 받은 학교에 입학 등록(입학생) → ④ 학적 생성(학교)
학교장 전형	① 입학전형 실시 → ② 입학생 선발 → ③ 입학생 등록 → ④ 학적 생성

학교에 배정(교육감 전형) 또는 선발(학교장 전형)된 입학생은 나이스를 통해 학적을 생성해야 한다. 중학교 및 고등학교의 교육감 전형의 경우 학교의 입학업무 담당자는 교육청의 입학담당자가 나이스를 통해 일괄 배정한 입학생 대상자를 나이스의 [입학 – 입학관리 – 입학대상자관리] 메뉴에서 확인 후 '전송요청' 기능을 사용하여 입학생의 출신학교로부터 배정자료(기본정보, 진로정보, 건강기록부 등)를 전송 받아 학적을 생성한다. 고등학교의 학교장전형의 경우는 학교에서 입학대상자 명단 파일을 별도로 작성하여 나이스의 [입학 – 입학관리 – 입학대상자관리] 메뉴의 '일괄추가' 기능을 사용하여 일괄 등록 후 학적을 생성한다.

(2) 전입학, 전출처리

전입학은 다른 학교 재학생이 학교의 재학생으로 입학하는 것이고, 전출은 학교의 재학생이 다른 학교로 전입학하기 위하여 해당 학교로 학적을 옮기는 것이다. 중학교의 전입학과 전출은 재학생의 거주지 이전, 체육특기자의 결원 충원, 학생의 교육상 교육환경을 바꿀 필요가 있다고 교육장이 인정될 때 할 수 있으며(「초중등교육법 시행령」 제73조), 고등학교의 경우 교육과정 이수에 지장이 없는 범위에서 학교장이 허가하는 경우, 학생의 교육상 교육환경을 바꿀 필요가 있다고 교육감이 인정하는 경우 가능하다(「초중등교육법 시행령」 제89조).

전입학의 절차는 우선 교육청이 전입학생의 학교를 배정하며, 학교를 배정받은 전입학생은 배정 학교에 전학 배정원서와 구비서류를 접수하고, 전입학교는 전입학생을 전입처리 한다. 전입학교에서 전입학생의 전입 처리는 나이스의 [학적 − 전입관리 − 전입관리 − 전편재입/복학생 등록] 메뉴에서 전입학생의 정보를 등록한 후 [학적 − 전입관리 − 전입관리 − 자료요청 및 취소] 메뉴를 통해 전입학생의 원적학교로 학적자료를 요청후 전송 받아 학적을 생성한다. 전입처리 시 유의할 점은 전출일과 전입일 사이의 공백이 없도록 행정서류와 나이스의 학적자료를 처리해야 하며, 전입학생이 새로운 학교에 빨리 적응할 수 있도록 학교 교육과정 편성·운영, 교과서 구입, 학교생활규정, 교복 구입 등에 대한 자료와 정보를 제공해야 한다.

전출학교에서 전출학생의 전출처리는 나이스의 [학적 − 전출관리 − 전출관리 − 전출자료요청접수] 메뉴에서 전입학교에서 등록한 전출학생의 자료를 확인한 후 [학적 − 전출관리 − 전출관리 − 학교생활기록부생성] 메뉴에서 전입학교로 전송할 전출학생의 학교생활기록부를 생성한 뒤 [학적 − 전출관리 − 전출관리 − 전출자료전송] 메뉴를 통해 전송한다.

(3) 진급 및 졸업 처리

진급은 해당 학년의 교육을 수료하여 상급 학년으로 올라가는 것이고, 졸업은 전 학년 교육과정을 수료하여 해당 학교의 학업을 마치는 것이다. 학생의 수료 또는 졸업 인정에 대한 사항은 「초·중등교육법시행령」 제50조에 명시되어 있어 그 인정의 조건은 수업일수의 3분의 2 이상 출석과 해당 학년의 전 교육과정 이수이다.

학교에서는 학년말 학생의 진급 또는 졸업 처리를 위해서는 사정회를 통해 학생의 출석일수 및 교육과정 이수 여부를 확인하여 진급 및 졸업 여부를 심의하고, 사정회에서 심의된 결과를 학교장이 결재하여 나이스 교무·학사의 진급처리 및 졸업처리 메뉴를 통해 진급 또는 졸업 처리한다. 나이스의 졸업과 진급처리 방법은 <표 8−8>과 같다.

〈표 8-8〉 나이스 진급 및 졸업 처리 처리

구분	처리 방법 및 업무
진급처리	− [학적] → [진급관리] / [입학] → [취학관리] → [학적일괄생성] − 선행작업: 신학년도 학년/반정보 등록, 교원등록, 담임편성 − 조기진급 대상자 등록 및 진급대상자 생성 − 재학생 반편성 및 학생 반번호 부여 − 입학생 및 재학생 진급 학적 반영
졸업처리	− [학적] → [졸업처리] / [졸업대장관리] − 조기졸업 대상자 등록 및 졸업대상자 생성, 조회 − 졸업대장 번호부여 및 졸업장 출력, 졸업대장 출력 − 졸업대상자 학교생활기록부 출력 및 졸업생 학적 반영

(4) 학업중단(면제, 유예, 휴학, 제적, 자퇴, 퇴학) 처리

중등학교에서의 재학생에 대한 학업중단은 「초·중등교육법」 제14조에 의거 취학 및 교육 의무를 면제하는 '면제', 재학중 교육감이 정하는 질병이나 그 밖의 부득이 한 사유가 있는 경우 의무교육대상자의 교육받을 의무를 다음 학년도까지 보류하는 '유예', 질병 등 사유에 의해 학교장이 허가하는 일정 기간 동안 교육과정이수를 중 단하는 '휴학', 고등학교에서 개인 또는 가정사정으로 학생의 바람에 의해 재학생의 신분을 포기하는 '자퇴', 고등학교에서 징계 등 학칙에 의해 재학생의 신분(학적)을 박탈하는 '퇴학', 고등학교에서 사망 등 학칙에 따라 재학생 자격이 소멸되어 학적에 서 제외하는 '제적'이 있다.

중학교 재학생에 대한 학업중단 처리는 나이스 [학적 − 면제/유예 및 장기결석에 따른 정원외관리 − 면제/유예 및 장기결석에 따른 정원외관리] 메뉴에서 처리하고, 고등학교 재학생에 대한 학업중단 처리는 [학적 − 학업중단관리 − 휴학/자퇴/퇴학/제 적관리] 메뉴에서 처리한다.

3) 수업관리

(1) 수업의 이해

학교의 수업과 관련된 학년도, 주간·전일제 수업 운영에 관한 사항은 「초·중등 교육법」 제24조에 명시하고 있고 학기, 수업일수, 학급편성, 휴업일에 관한 사항은

「초·중등교육법시행령」각 제44조, 제45조, 제46조, 제47조에 명시되어 있다. 「초
·중등교육법」제24조에 명시된 학교의 학년도는 3월 1일부터 시작하여 다음해 2월
말일까지이며 수업의 원칙은 주간·전일제 수업으로 운영되어야 한다.

　「초·중등교육법시행령」각 제44조, 제45조, 제46조, 제47조에 명시된 학기, 수업
일수, 학급편성, 휴업일에 대한 세부 사항은 <표 8-9>와 같다.

〈표 8-9〉「초·중등교육법시행령」제44조~제47조의 주요 내용

구분	주요 내용
학기 (제44조 제1항)	▪ 매 학년도를 2학기로 나눔 ▪ 제1학기는 3월 1일부터 학교장이 정한 날까지임 ▪ 제2학기는 제1학기 종료일 다음 날부터 다음 해 2월 말까지임
수업일수 (제45조)	▪ 수업일수는 매 학년 190일 이상 기준에 따라 학교장이 정함 ▪ 천재지변, 연구학교 운영, 자율학교 운영 등 교육과정의 운영상 필요한 경우 10분의 1의 범위에서 줄일 수 있음
학급편성 (제46조)	▪ 학급편성은 같은 학년, 같은 학과로 함 ▪ 교육과정 운영상 필요한 경우 2개 학년 이상을 1학급을 편성할 수 있음
휴업일 (제47조)	▪ 휴업일은 학교장이 매 학년도가 시작되기 전에 학교운영위원회 심의를 거쳐 정함 ▪ 휴업일에 토요일, 관공서의 공휴일 및 여름·겨울 휴가를 포함해야 함 ▪ 비상재해나 그 밖의 급박한 사정이 발생한 때 임시휴업을 할 수 있음
수업시각 (제49조)	▪ 수업이 시작되는 시각과 끝나는 시간은 학교장이 정함

　학교가 매 학년도의 수업을 운영하기 위해서는 학년도가 시작되기 전에 학기의
기간, 수업일수, 휴업일 등을 정하여 매 학년도의 [그림 8-4]의 예시와 같이 월별
주요행사일정, 평가일정 등을 포함하여 학사일정 세부계획을 수립하고, 3절에서 기
술한 학교교육과정 편성·운영 기본계획을 수립해야 한다.

[그림 8-4] 고등학교의 학사일정표 예시

2023학년도 학사일정

고등학교(23.9.15.)

월	주	월	화	수	목	금	주요 행사 내용	수업1년	수업2년	수업3년	시수1년	시수2년	시수3년	창체1년	창체2년	창체3년	비고
3월	1	27	28	1	2	3	2:개학(1,2,3), 입학식(1), 부임인사	2	2	2	6	10	10	4	3	3	1:3.1절, 2:개학
	2	6	7	8	9	10		5	5	5	30	30	30	4	4	4	
	3	13	14	15	16	17	16:학교교육활동설명회(1,2), 17:학교교육활동설명회(3)	5	5	5	30	30	30	4	4	4	
	4	20	21	22	23	24	23:전국연합학력평가(1,2,3)	5	5	5	30	30	30	2	4	4	
	5	27	28	29	30	31	27~31:학부모상담주간(1,2,3)	5	5	5	30	30	30	4	4	4	
4월	6	3	4	5	6	7		5	5	5	30	30	30	4	4	4	
	7	10	11	12	13	14		5	5	5	30	30	30	4	4	4	
	8	17	18	19	20	21		5	5	5	30	30	30	4	4	4	
	9	24	25	26	27	28	25~28:1학기중간고사(1,2,3)	5	5	5	23	23	23	0	0	0	
5월	10	1	2	3	4	5	10:진학설명회(2), 11:진학설명회(1), 12:체육대회(1,2,3)	3	3	3	19	19	19	2	2	2	1:재량휴업(개교기념), 5:어린이날
	11	8	9	10	11	12		5	5	5	26	26	26	8	8	8	
	12	15	16	17	18	19	19:진로캠프(1,2),현장체험학습(3)	5	5	5	30	30	26	4	4	4	
	13	22	23	24	25	26	24:학부모 대상 진학설명회(1,2), 25: 학부모 수업 공개	5	5	5	30	30	30	4	4	4	
	14	29	30	31	1	2	1: 전국연합학력평가(1,2),대수능모평(3)	4	4	4	23	23	23	4	4	4	29: 부처님오신날 대체공휴일
6월	15	5	6	7	8	9		4	4	4	24	24	24	3	3	3	6:현충일
	16	12	13	14	15	16	13: 학생회 선거 후보 소견 발표, 16: 학생회 선거	5	5	5	30	30	30	4	4	4	
	17	19	20	21	22	23		5	5	5	30	30	30	4	4	4	
	18	26	27	28	29	30	27~30:1학기기말고사(1,2,3)	5	5	5	23	23	23	0	0	0	
7월	19	3	4	5	6	7	7:교과데이	5	5	5	30	30	30	4	4	4	
	20	10	11	12	13	14	7~13:학교자율적교육활동, 11:전국연합학력평가(3), 13:리더십캠프, 14: 여름방학식	5	5	5	29	29	29	3	3	3	14:여름방학식
	21	17	18	19	20	21	여름방학(7.17.~8.4.)	0	0	0	0	0	0	0	0	0	
요일별 수업일수		19	18	19	20	19	1학기 실수업일수 및 시수	93	93	93	537	537	533	62	71	75	17차시(1,2,3) 기준
							최소 수업일수 및 시수(학기별)				510	510	510	51	68	68	
8월	1	7	8	9	10	11	7: 개학(1,2,3)	4	4	4	23	23	23	4	4	4	7:개학, 10:휴업
	2	14	15	16	17	18		4	4	4	24	24	24	1	3	3	15:광복절
	3	21	22	23	24	25		5	5	5	30	30	30	4	4	4	
	4	28	29	30	31	1	29~1:2학기중간고사(3), 학부모상담주간(3)	5	5	5	30	30	23	2	4	4	
9월	5	4	5	6	7	8	6:전국연합학력평가(1,2), 대수능모평(3)	5	5	5	30	30	30	4	4	4	
	6	11	12	13	14	15	11~15:수시원서접수(3), 학부모상담주간(1,2)	5	5	5	30	30	30	4	4	4	
	7	18	19	20	21	22	22:2학기중간고사(1,2),2학기기말고사(3)	5	5	5	30	30	30	2	2	2	
	8	25	26	27	28	29	25~27:2학기중간고사(1,2),2학기기말고사(3)	3	3	3	12	12	12	0	0	0	28, 29:추석연휴
10월	9	2	3	4	5	6		3	3	3	17	17	17	3	3	3	2: 임시공휴일, 3:개천절
	10	9	10	11	12	13	11~13:수학여행(1), 12:전국연합학력평가(3)	4	4	4	6	23	23	21	4	4	9:한글날
	11	16	17	18	19	20	19~21:수학여행(2), 21:수업일(2)	5	5	5	30	19	30	2	22	4	21:수업일(2)
	12	23	24	25	26	27	23:대체 휴무(2)	5	5	5	30	23	30	4	4	4	23:대체휴무(2)
11월	13	30	31	1	2	3		5	5	5	33	33	30	2	2	4	
	14	6	7	8	9	10		5	5	5	30	30	30	2	4	4	
	15	13	14	15	16	17	16:대학수학능력시험	4	4	4	19	19	19	3	3	3	
	16	20	21	22	23	24		5	5	5	30	30	30	4	4	4	
	17	27	28	29	30	1	29: 중3 학부모 초청 입시설명회	5	5	5	30	30	30	4	4	4	
12월	18	4	5	6	7	8	4~7: 2학기기말고사(1,2), 8:대수능 성적통지일	5	5	5	20	20	20	2	2	2	
	19	11	12	13	14	15	11~15:학교자율적교육활동, 14: 2024학년도 대입 설명회(2), 15:졸업 진급사정회	5	5	5	30	30	30	4	4	4	
	20	18	19	20	21	22	19:전국연합학력평가(1,2), 20:축제(1,2,3), 22:겨울방학식, 겨울방학(12.26.~2.29.)	5	5	5	27	27	27	5	5	5	22:겨울방학식
	22	1	2	3	4	5	3~6: 정시원서접수(3)	0	0	0	0	0	0	0	0	0	
1월	23	22	23	24	25	26	22~25:등교일(1,2,3), 학생부 확인 26:졸업식(3)	4	4	4	16	16	16	0	0	4	19:신입생 학교 배정 발표 23:신입생 소집, 오후 24~29:신입생 등록, 신입생 교과서 배부
2월	24	12	13	14	15	16	16:등교일(1,2), 학생부 확인, 진급반 발표, 교과서 배부, 이임인사	1	1	0	4	4	0	0	0	0	19~21:신학년 집중 준비 기간(교직원)
요일별 수업일수		17	19	21	19	19	2학기 실수업일수 및 시수	97	97	97	531	530	534	75	86	70	17차시(1,2,3) 기준
							최소 수업일수 및 시수(학기별)				510	510	510	51	68	68	
학년말계		36	37	40	39	38	년간 총수업일수/총수업시수/창체시수	190	190	190	1064	1067	1067	137	157	145	
							기준	190	190	190	1020	1020	1020	102	136	136	
							차이	0	0	0	44	47	47	35	21	9	

출처: 대전광역시 00고등학교(2023).

(2) 수업 시간표 작성·관리

학교가 수업을 운영하기 위해 학교교육과정 편성·운영 기본계획에 따라서 각 학년의 교육과정 편제와 배당된 시간을 반영하여 학년도의 각 학기 시작 전에 수업 시간표를 작성한다. 수업 시간표를 작성할 때 업무담당 교사가 유의할 사항은 교육과정 편제에 따른 교과목의 배당시수, 교과목별 수업운영 방식(블록수업, 연강 수업, 이동 수업 등), 교사별 요구사항(피해야 할 요일·시간 등)을 사전에 조사하여 학급 간, 교사 간, 교과목 간 충돌을 최소화하는 것이 중요하다

수업 시간표는 나이스 교무업무의 [교육과정 – 시간표관리 – 기초시간표관리] 메뉴에서 시간표작성에 필요한 정보를 입력하여 기초시간표를 직접 작성할 수도 있고, 상용화된 프로그램을 활용하여 작성할 수도 있다. 기초시간표는 학기 동안 주마다 반복하여 적용할 수 있는 주단위로 구성된 수업 시간표이며, 학년별로 최소 학급단위로 작성된다. 나이스 교무업무의 [교육과정 – 시간표관리 – 기초시간표관리]에서 작성된 기초시간표는 [교육과정 – 시간표관리 – 전체시간표관리]를 통해 수업 시간표를 관리한다. 관리할 수 있는 기능은 '수업추가', '수업교체', '수업변경', '행사처리', '결보강' 등이 있다.

(3) 결강보강 계획 및 보결 수업 관리

학교는 주 단위의 시간표에 따라서 주 단위로 교과 수업이 운영된다. 교사의 출장, 휴가, 공가, 결근, 병가, 조퇴 등으로 수업을 할 수 없는 경우 학생의 수업 결손을 최소화하여 정상적인 교육과정이 이루어지도록 하기 위해 결강과 보강 수업 계획을 수립하여 운영한다.

수업 결강에 따라 수업을 교환(교체)할 경우는 사전에 예견된 결강과 그러하지 않은 경우가 있다. 예견된 결강의 경우는 ① 결보강계획서 작성 → ② 관리자 결재 → ③ 업무담당자 제출 → ④ 해당 학급 통지 → ⑤ 교환(교체)수업 → ⑥ 보강 실시의 순서를 따른다. 그러나 갑작스런 결강이 발생한 경우는 ① 학교통지 → ② 보강 순위에 따라 교환(교체) 수업 계획 수립 → ③ 보강 교사에게 통지 → ④ 관리자 결재 → ⑤ 해당 학급 통지 → ⑥ 교환(교체)수업 → ⑦ 보강 실시의 순서를 따른다. 수업의 결·보강 처리는 나이스 교무업무시스템의 [교육과정 – 시간표관리 – 기초시간표관리] 또는 [교육과정 – 시간표관리 – 교사별결보강처리] 메뉴에서 한다.

교사의 수업 결강에 따라서 결강 시간을 대신하여 보강 수업을 한 교사에게는 학교장이 보강 교사에 대한 수당 지급계획을 수립하여 예산을 편성한 경우 편성된 예산의 범위에서 수당을 지급할 수 있다.

(4) 학생 출결상황 관리

학교장은 「초·중등교육법」 제24조에 따라서 수업을 할 수 있고 「초·중등교육법 시행령」 제45조에 따라서 수업일수를 정한다. 수업일수는 학년별로 학생이 연간 총 출석해야 하는 일수이며, 해당학년의 수료에 필요한 출석일 수는 수업일수의 2/3 이상이어야 한다. 담임과 교과담당 교사는 학교가 지정한 등교 시간부터 하교 시간까지 매시간 이루어지는 교과 및 학교 활동에 학생의 출결상황을 확인하고 그 결과를 출석부에 기록한다. 학생의 출결상황은 출석, 결석, 지각, 조퇴, 결과 등으로 구분하여 관리되며 각 출결상황에 대한 정의는 <표 8-10>과 같다.

〈표 8-10〉 학생 출결상황별 용어 정의

출결상황		용어 정의
출석		학생이 교과 및 교육활동에 참석함
결석	출석 인정	▪ 지진, 폭우, 폭설, 폭풍, 해일 등의 천재지변 또는 법정감염병 등(학교 내 확산 방지를 위해 학교장이 필요하다고 인정하는 비법정감염병을 포함)으로 출석하지 못한 경우 ▪ 병역관계 등 공적의무 또는 공권력의 행사로 인하여 출석하지 못한 경우 ▪ 학교장의 허가를 받은 "학교·시도(교육청)·국가를 대표한 대회 및 훈련 참가, 산업체 실습과정(현장실습, 현장실습과 연계한 취업), 교환학습, 교외체험학습, 「학교보건법」 제8조에 따른 등교중지" 등으로 출석하지 못한 경우 ▪ 「초·중등교육법 시행령」 제31조(학생의 징계 등)제1항의 규정에 의한 학교 내의 봉사, 사회봉사, 특별교육이수 기간 ▪ 「초·중등교육법」 제28조 제6항에 따른 상담, 진로 프로그램 등 숙려제 참여 인정 기간 ▪ 다음 경조사로 인하여 출석하지 못한 경우

구분	대상	일수
결혼	○ 형제, 자매, 부, 모	1
입양	○ 학생 본인	20
사망	○ 부모, 조부모, 외조부모	5
	○ 증조부모, 외증조부모 ○ 형제·자매 및 그의 배우자	3
	○ 부모의 형제·자매 및 그의 배우자	1

		▪ 기타 부득이한 사유로 학교장의 허가를 받아 결석하는 경우 ▪ 「학교폭력예방 및 대책에 관한 법률」 제12조에 따른 학교폭력대책심의위원회의 개최 및 동 위원회의 학교폭력 피해학생에 대한 보호조치 요청 이전에, 학교폭력 피해자가 학교폭력으로 인한 피해로 출석하지 못하였음을 동법 제14조 제3항에 따른 학교폭력 전담기구의 조사 및 확인을 거쳐 학교의 장이 인정한 경우 ▪ 경찰청 「소년업무규칙」 제31조부터 제33조에 따른 경찰관서의 선도 프로그램에 참여하는 경우
	질병	▪ 결석한 날부터 5일 이내에 의사의 진단서 또는 의견서(의사 소견서, 진료확인서 등으로 병명, 진료기간 등이 기록된 증빙서류)를 첨부한 결석계를 제출하여 학교장의 승인을 받은 경우 ▪ 다만, 상습적이지 않은 2일 이내의 결석은 질병으로 인한 결석임을 증명할 수 있는 자료(학부모 의견서, 처방전, 담임교사 확인서 등)가 첨부된 결석계를 5일 이내에 제출하여 학교장의 승인을 받은 경우 ▪ 병원학교 및 원격수업 등 정보통신매체를 이용하여 수업 받는 건강장애 학생이 결석한 경우 ▪ 의사의 진단서 또는 의견서를 통해 기저질환(천식, 알레르기, 호흡기질환, 심혈관 질환 등)을 가진 민감군으로 확인된 학생이 미세먼지와의 관련이 드러나는 소견 또는 향후 치료의견 등이 명시된 의사의 진단서(소견서)를 첨부한 결석계를 결석한 날로부터 5일 이내에 제출하여 학교장의 승인을 받은 경우 ▪ 의사의 진단서 또는 의견서를 통해 만성질환을 가진 것으로 확인된 학생이 의사의 진단서(소견서)를 첨부한 결석계를 결석한 날로부터 5일 이내에 제출하여 학교장의 승인을 받은 경우 ▪ 환경부로부터 가습기 살균제 건강피해 인정 증명서를 발급받은 학생이 의사의 진단서(소견서)를 첨부한 결석계를 결석한 날로부터 5일 이내에 제출하여 학교장의 승인을 받은 경우
	기타	▪ 부모·가족 봉양, 가사 조력, 간병 등 부득이한 개인사정에 의한 결석으로 학교장이 인정하는 경우 ▪ 공납금 미납을 사유로 결석한 경우 ▪ 기타 합당한 사유에 의한 결석임을 학교장이 인정하는 경우
	미인정	▪ 「학교폭력예방 및 대책에 관한 법률」 제17조 제1항 제6호에 따른 출석정지 ▪ 「초·중등교육법 시행령」 제31조 제1항 제4호에 따른 출석정지 ▪ 「초·중등교육법 시행령」 제31조 제6항의 가정학습 기간 ▪ 범법행위로 인한 책임 있는 사유로 결석한 경우(관련 기관 출석, 체포, 도피, 구속(구인, 구금, 구류 포함), 교도소 수감 등) ▪ 태만, 가출, 출석 거부 등 고의로 결석한 경우 ▪ 기타 합당하지 않은 사유로 결석한 경우
지각		▪ 학교장이 정한 등교시각까지 출석하지 않은 경우
조퇴		▪ 학교장이 정한 하교시각 이전에 하교한 경우
결과		▪ 수업시간의 일부 또는 전부에 불참하거나 교육활동을 고의적으로 방해한 경우

학생의 출결사항은 일별 단위로 출석부에 기록하고 그 기록을 나이스 교무업무시스템의 [학적－출결관리] 메뉴에 입력하여 관리한다. 출결사항의 기록은 담임교사와 교과교사가 담당하며, 교과교사는 해당 교과 시간의 학생 출결상황을 기록하고 담임교사는 교과 시간의 출결기록을 확인하여 학생의 최종 출결상황을 결정하여 일별로 기록한다. 일별로 기록된 출결사항은 월 단위로 마감 처리하여 관리하는데 마감처리는 나이스 교무업무시스템의 [학적－출결관리－출결관리－반별월출결마감관리] 메뉴에서 한다.

4) 학교생활생기록 관리

「초·중등교육법」 제25조는 학교장이 학생의 학업성취도와 인성 등을 종합적으로 관찰·평가하여 상급학교의 학생 선발에 활용할 수 있는 인적사항, 학적사항, 출결상황, 자격증 및 인증 취득상황, 교과학습 발달상황, 행동특성 및 종합의견 등을 작성·관리하도록 명시되어 있다. 학교생활기록에 관한 세부적인 사항은 「초·중등교육법 시행규칙」 제21조에서 명시하고 있고 <표 8－11>과 같다.

〈표 8-11〉 학교생활기록에 관한 사항

기재사항	세부사항
인적사항	학생의 성명·주민등록번호 및 주소 등
학적사항	학생이 해당 학교에 입학하기 전에 졸업한 학교의 이름, 졸업 연월일 및 재학 중 학적 변동이 있는 경우 그 날짜·내용 등. 이 경우 학적 변동이 「학교폭력 예방 및 대책에 관한 법률」 제17조 제1항 제8호 및 제9호의 조치사항에 따른 것인 경우에는 그 내용도 적어야 한다.
출결상황	학생의 학년별 출결상황 등. 이 경우 출결상황이 「학교폭력예방 및 대책에 관한 법률」 제17조 제1항 제4호부터 제6호까지의 조치사항에 따른 것인 경우에는 그 내용도 적어야 한다.
자격증 및 인증 취득상황	학생이 취득한 자격증의 명칭, 번호, 취득 연월일 및 발급기관과 인증의 종류, 내용, 취득 연월일 및 인증기관 등
교과학습발달 상황	학생의 재학 중 이수 교과, 과목명, 평가 결과 및 학습활동의 발전 여부 등
행동특성 및 종합의견	학교교육 이수 중 학생의 행동특성과 학생의 학교교육 이수 상황을 종합적으로 이해할 수 있는 의견 등

학생의 학교생활을 기록한 문서인 '학교생활기록부'를 작성하고 관리하기 위해서는 교육부의 훈령인 「학교생활기록부 작성 및 관리지침」과 교육부에서 매 학년도마다 안내하는 학교급별 '학교생활기록부 기재요령'을 따라야 한다. 학교생활기록의 자료 입력 업무는 당해 학년도에 업무를 담당한 사용자가 나이스 교무업무시스템의 [학생부－학교생활기록부] 메뉴에서 처리하며 자료의 입력은 직접 관찰·평가한 내용을 근거로 해야 하며 문자는 한글로, 숫자는 아라비아 숫자로 입력해야 한다.

학교생활기록을 작성하는 단위는 3월 1일부터 다음해 2월말까지이며 매 학년이 종료된 2월말 이후에는 학교생활기록의 작성을 마치고 마감처리한 후 입력된 자료를 정정할 수 없다. 그러나 객관적인 증빙자료가 있는 경우 학업성적관리위원회의 심의를 거쳐 학교생활기록부를 정정할 수 있다. 또한 학교생활기록부는 「공공기록물 관리에 관한 법률」 및 같은 법 시행령에 따라서 준영구 보존해야 한다.

생각하고 토의하기

01 2022 개정 교육과정은 일반고와 특수목적고의 총 이수학점 190학점 중 90학점을 학교의 장이 학생의 적성과 진로를 고려하여 자율적으로 편성하도록 하고 있다. 90학점 범위에서 보통교과와 전문교과 및 교과군의 적정한 배당 비율과 학점 배당은 어떻게 해야 할까?

02 학교교육과정위원회의 역할은 학교의 교육과정 편성·운영의 방향성을 설정하고 그 방안을 모색하여 학교의 교육과정 편성·운영 계획을 수립하고 수립된 계획에 따라서 안정적인 학교 교육과정이 운영되도록 지원하는 활동을 하는 것이다. 학교 교육과정 편성·운영 절차의 각 단계(<표 8-3>)에서 학교교육과정위원회가 해야 할 역할은 무엇일까?

03 교사는 학생의 생활을 직접 관찰하고 평가한 내용에 근거하여 학교생활기록부를 작성하여야 한다. 학교생활기록부의 행동특성 및 종합의견을 작성할 때 객관적이고 타당하게 작성하는 방안은 무엇일까?

04 학교 교육과정의 편성과 운영에서 학생과 학부모의 역할은 무엇일까? 학교의 교육력 및 만족도 제고를 위한 건설적인 방안을 제시해 보자.

제
9
장

학교조직과 업무분장

예비교사와 신임교사에게 필요한
교사론과 교직실무

제9장

학교조직과 업무분장

권희청

학교조직의 특징은 무엇일까?

학교 내 조직에는 어떤 의사결정기구들이 있을까?

학교는 교육을 의도적·조직적으로 하는 곳이다. 교육을 효과적으로 하기 위해 학교조직에 대한 이해가 선결되어야 하고, 필요한 업무가 무엇인지 확인하고 이를 적정하게 분담하여야 한다. 원활한 학교 운영을 위해 교사가 수행하는 업무에는 무엇이 있으며, 학교 내 의사결정기구들의 특징은 무엇인지 알아보자.

◎ 반드시 알아야 할 것
- 학교조직의 이해
- 학교조직의 관리(업무분장)
- 학교운영위원회 및 각종 위원회

◎ 목차
1. 학교조직의 이해
2. 학교조직 관리
3. 학교운영위원회 운영
4. 학교의 위원회 및 협의회

1 학교조직의 이해

조직이란 '둘 이상의 사람들이 일정한 목표를 추구하기 위해 의식적으로 구성한 사회체제로서, 목표 달성을 위해 특정한 과업, 역할, 권한, 의사소통, 지원구조 등을 갖는 체계'를 뜻한다(윤정일 외, 2021). 학교는 여러 가지 점에서 여타 조직과 다른 독특한 측면이 있으며, 이로 인해 학교조직의 특성이 나타난다. 학교조직의 독특한 측면은 학자마다 조금씩 다르게 기술하고 있으나 교육의 전통, 교직의 전문적 특성, 다양한 관리 이론의 발전, 학교에 대한 일반 대중의 큰 기대심리 등에 영향을 받아 나타나고 있다.

학교조직의 특성을 살펴보면, 첫째, 전문적 성격과 관료적 성격이 동시에 표출되는 조직이다. 이를 '전문적 관료제'라고 표현하기도 한다. 학교조직은 구성원인 교사가 고도의 교육을 받은 전문가라는 점과 독립적인 교실에서 상당한 자유재량권을 행사하며 학생들을 가르친다는 점에서 여타의 관료제 조직과는 다른 특징을 나타낸다. 둘째, 학교조직은 무질서 속의 질서가 공존하는 조직이다. 이를 '조직화된 무질서 조직'이라고 표현하기도 하는데, 이는 불분명한 목표, 불확실한 기술 그리고 유동적인 참여로 인해 드러나는 특징이다. 특히 우리나라 대부분의 교사는 일정 기간이 지나면 다른 학교로 전보를 가는 순환전보제도하에서 근무하고 있으며, 이는 유동성이라는 측면에서 학교조직의 특징에 영향을 주고 있다. 셋째, 학교조직은 이완조직이다. 이를 '느슨한 결합조직'이라고 표현하기도 한다. 이는 각자의 정체성을 보존하면서 독립성을 보유하고 있음을 뜻한다. 각각의 교실에서 자유재량권과 자기결정권을 제공받으며 수업하는 교사에게 학교조직은 수평적인 성격과 자율성을 제공한다. 넷째, 학교조직은 이중조직이다. 앞서 설명한 수업 등과 관련한 이완조직의 성격이 있는 반면, 교사는 국가공무원으로서 공공성과 책무성을 갖고 있음을 뜻한다. 학교의 본질적인 업무인 교육적 측면의 전문적인 성격과 이를 지원하는 행정적 측면의 관료적인 두 가지 성격이 공존하는 이중조직이 바로 학교조직이다.

또한 학교조직은 교육부-교육청-교육지원청-학교로 이어지는 수직적 구조와 학교 내 다양한 직종들의 수평적 구조가 함께 공존하고 있는 집단이다. 기존의 교육행정은 교육부에서 교육정책을 구상하고 시·도교육청에서 구체화하여 단위학교에 적용하는 일련의 하향식 접근(상명하달식 접근) 방식이 주를 이루었다. 그러나 시간의 흐름에 따라 시대적 요구, 교육환경의 변화 및 인식의 변화 등 다양한 요인으로 인하여 교육공동체가 함께 참여하는 상향식 접근(현장출발형 접근)의 교육행정 모습도 보이고 있다. 단위학교 안에서도 지방교육 및 학교자치 등 다양한 교육 이슈에 따라 두 접근이 공존하며 나타난다. 즉, 어느 하나의 접근이 아니라 상황에 따라 적절하게 상호 조화를 이루어 갈 수 있도록 소통하는 학교문화가 조성되어야 한다. 우리나라 학교조직의 전체적인 상황을 살펴보면 <표 9-1>과 같다.

〈표 9-1〉학교 주요 통계(2023년 기준)

구분		학교 수	인가학급 수	학생 수	교원 수
		전체	전체(일반+특수)	전체	전체
유치원		8,441	32,472	521,794	55,637
초등학교		6,175	125,803	2,603,929	195,087
중학교		3,265	53,915	1,326,831	114,800
고등학교	소계	2,379	55,817	1,278,269	130,610
	일반고	1,666	41,177	993,933	94,316
	특수목적고	162	2,908	60,480	8,124
	특성화고	487	9,915	175,327	24,044
	자율고	64	1,817	48,529	4,126
특수학교		194	5,442	28,889	11,038
고등공민학교		3	5	51	6
고등기술학교		6	33	365	64
각종학교		76	679	9,469	1,608
소계		20,539	274,166	5,769,597	508,850

출처: 교육통계서비스(KESS)(2023).

2 학교조직 관리

학교는 하나의 거대한 조직체이므로 조직 운영을 위해 여러 가지 다양한 업무가 필요하다. 학교의 행정실에서 맡은 시설, 회계 등에 관한 업무를 제외하고 대부분의 업무를 교사들이 서로 나누어 처리해야 한다. 이러한 업무들을 적절하게 처리하기 위해서는 업무분장 조직을 잘해야 한다. 업무는 사회생활상의 지위에 기하여 계속 또는 반복하여 행하는 사무로, 학교에서는 업무분장과 사무분장을 혼용하여 사용한다.

업무분장은 학교의 인사자문위원회의 협의회를 거쳐 학교장이 최종 승인을 한다. 교사에게 업무분장은 1년의 학교생활을 좌우할 만큼 지대한 영향이 있으므로 가장 중요한 관심사이다. 업무분장 조직을 하는 데 있어서 지켜야 할 원칙으로 백현기(1964: 248)는 적재적소의 원칙, 변화성의 원칙, 공정성의 원칙을 제시하였다. 60여 년이 지난 지금, 시대의 변화에 따라 현재 업무분장을 할 때 고려할 원칙을 제시한다면 다음과 같다.

1. 공정성: 업무를 공평하게 나눈다. 담당 학년 및 교과, 그리고 업무 곤란도를 고려하여 업무분장을 조직하되, 모든 구성원이 불평등이나 차별을 받지 않도록 노력해야 한다.
2. 효율성: 주어진 업무를 잘 수행하도록 지원한다. 업무에 따른 특성을 고려하여 노력에 대한 성과가 잘 도출되도록 적임자를 배정해야 한다.
3. 민주성: 구성원의 의견을 고려한다. 절차에 따라 인사자문위원회를 거쳐 학교장에게 제청하며, 학교의 인사 관리 규정을 준수해야 한다.

학교별 부서의 수는 학교별 보직교사 수에 따라 결정되므로 업무분장 조직은 학교급별로 다르고, 학교 규모에 따라 차이가 있다. 1971년 주임교사제도(현재의 보직교사제도)가 실시된 이후, 보직교사 명칭을 고려하여 적절한 부서를 구성하고 있다. 보직교사 명칭은 시·도교육청에서 정하고 보직교사의 종류 및 그 업무분장은 교장이 정한다. 보직교사의 배치 기준은 교육청별 「교원 정원 배치 기준」에 따른다.

〈표 9-2〉 보직교사 배치 기준

초등학교		중학교		고등학교	
학급수	보직교사 수	학급수	보직교사 수	학급수	보직교사 수
6학급 이상 11학급 이하	2명	3학급 이상 5학급 이하	2명	3학급 이상 5학급 이하	2명
12학급 이상 17학급 이하	4명 이내	6학급 이상 8학급 이하	3명	6학급 이상 8학급 이하	3명
18학급 이상 23학급 이하	6명 이내	9학급 이상 11학급 이하	5명 이내	9학급 이상 17학급 이하	8명 이내
24학급 이상 29학급 이하	8명 이내	12학급 이상 17학급 이하	8인 이내	18학급 이상	11인 이내
30학급 이상 35학급 이하	10명 이내	18학급 이상	11인 이내	—	—
36학급 이상	12명 이내	—	—	—	—

출처: 대전광역시교육청(2022).

업무분장 조직은 행정조직, 학년조직, 교과조직, 과별조직이 복합된 형태로 나타난다. 대부분의 중등학교는 행정조직 위주형의 업무분장 조직을 가지고 있었으나, 최근 교과조직과 학년조직을 혼합하는 학교가 늘어나고 있으며, 특성화고등학교에서는 행정조직과 과별조직(기계과, 건축과, 전자과 등)을 병행하는 학교가 증가하고 있다. 대다수 초등학교의 경우는 행정조직과 학년조직의 혼합형을 선택하고 있다. 이러한 조직의 특성은 중등의 경우는 교과를 중심으로, 초등의 경우는 학년을 중심으로 업무가 전달되어 해결되는 구조이기 때문에 나타난다. 원활한 학교 운영을 위해서는 부서 조직이 잘 구성되고, 부장의 인간관계 능력 및 부원의 사무처리 능력이 요구되며 각 부서 간 협업 등이 필요하다.

다음 〈표 9-3〉은 중등학교의 업무분장 사례다. 학교의 규모와 특성에 따라 업무분장 조직과 담당 업무는 차이가 있다.

〈표 9-3〉 중등학교 업무분장(예시)

부서	담당업무	세부업무분장
교무부	부장	교무기획 및 총괄, 교원소요, 교육과정, 학사일정, 인사자문위원회, 성과급, 다면평가(정량), 부서별 업무조정, 교직원회의, 학교규정집
	기획, 인사	교원인사(휴·복직, 휴가, 교원포상, 기간제교사, 나이스인사기록추기), 교권보호위원회, 인사자문위원회 협의록, 성과급, 다면평가(정량), 학교업무정상화, 문서이관 업무
	교육과정	교육과정(편성·운영, 교원소요, 학사일정, 학기초나이스업무(편제관련)), 학교정보공시자료 탑재 및 정리, 교육과정위원회, 의무교육위원회 협의록
	행사	행사(입학식, 졸업식), 청렴, 사정회(진급, 졸업), 교과서업무, 학부모총회, 신입생 입학관련 업무총괄, 반편성 작업, 학교장허가교외체험학습
	성적처리	성적관리 총괄, 학업성적관리규정, 학업성적관리위원회 회의 개최 및 협의록 관리, NEIS성적처리, 전입생 성적처리, 성적일람표 지필, 수행 취합, 성적정정대장 관리,
	생활기록부	학교생활기록부 업무총괄(관리 및 연수, 정정대장 관리, 점검계획 결재), 수상 업무
교육연구부	부장	교육연구부 기획 및 총괄, 학교교육과정운영계획 수립 및 운영
	평가	교원능력개발평가, 학교자체평가, 자율장학, 학생평가관리
	기초학력	기초학력보장프로그램, 기초학력진단보정시스템 관리, 두드림 학교, 학기초 진단평가
생활안전부	부장	학생 인권부 업무 기획 및 위원회(학교폭력전담위원회, 위기관리위원회, 학생생활교육위원회, 규정개정관리위원회 등) 총괄, 학교폭력예방가산점 관련 업무 총괄, CCTV열람
	학교폭력	학교폭력전담위원회, 학교폭력 사안처리 및 관련 학생 지도 및 부모 상담
	생활교육	학업중단예방 및 숙려제 운영, 배움터 지킴이 관리 및 운영, 교내·외 생활지도
	안전	안전교육(교통안전, 재난안전 등), 재난안전대응(민방공훈련), 환경정화구역, 급식지도
교육정보부	부장	교육정보부 기획 및 총괄, 학내망관리, 나이스총괄업무, 원격수업 운영 기기 지원
	기자재관리/정보화	기자재관리, 정보공시, 소프트웨어 업무, 정보보호 및 보안, 정보통신 윤리교육, 학교홈페이지, 교육정보화지원 관리, 행정정보공동이용망관리(권한), 개인정보 관리
창의과학부	부장	방송 및 영상기기 총괄(입학식, 졸업식 홍보영상, 행사 촬

		영, 교내외 대회 및 행사)
	행사/교구관리	에너지절약, 교재교구 및 기자재, 실험실습 및 소모품, 과학실 관리, 발명, 영재교육, 과학의 날 행사
인성교육부	부장	인문사회봉사부 기획 및 총괄, 학교달력 제작
	인성/민주시민	양성평등교육, 다문화교육, 인성교육(밥상머리교육 등), 계기 교육, 독서 논술, 국제교류, 호국보훈대회, 독도수호교육, 통일교육
	환경/봉사	교내외 청소구역 배분, 청소비품 구입 및 관리, 환경봉사단 운영, 분리수거장 관리
진로진학상담부	부장	진로진학상담부 기획 및 총괄, 학부모 상담주간 실시, 진로 연수(학부모, 교사)
	진로	진로표준화검사, 학생 진로 사이버 연수 안내, 꿈길사이트 진로 탐색, 진로특강(학생)
	상담	위클래스 기획 및 총괄, 대안교실 계획 및 프로그램 운영, 학업 중단 숙려제 학생 상담지원, 학생·학부모 상담, 학교폭력 가해자 학생·학부모 특별교육 지원
문화예술체육부	부장	문화예술체육부 기획 및 총괄, 학교스포츠클럽 운영
	체육관련	각종 행사, 교구비품 및 체육기자재, 체력인증, 체육 분야 특기생 발굴 및 지도, PAPS 측정, 각종 체육대회 출전, 체육대회, 급식관련 업무
	동아리/예능관련	미술 관련 업무(각종 대회), 교하갤러리 관리, 동아리 운영, 버스킹, 악기 관련 업무, 예능경연대회, 보건업무지원(부), 축제 및 행사 지원
학년부	1학년	학년업무 기획 및 총괄, 학급관리 총괄, CCTV열람, 선배 동행 지원, 학년생활지도, 생활교육위원회 및 관련학생지도, 인성지도, 교원콘퍼런스 지원, 선도위원회 결과 처리
	2학년	학년업무 기획 및 총괄, 학급관리 총괄, 체험학습 총괄(체험활동활성화위원회), 학년생활지도, 현장체험학습, 공감교실운영, 사정회, 생활기록부관리 지원, 2학년 전학공, 근태(출석부, 결석계)
	3학년	학년업무 기획 및 총괄, 학급관리 총괄, CCTV열람, 학년 생활지도, 근태(출석부, 결석계), 전학공 지원, 졸업앨범, 학생실태조사서, 생활기록부관리 지원, 연계자유학기 계획 및 운영 총괄

출처: 중학교 및 고등학교 사례 재구성.

3 학교운영위원회 운영

학교에 설치·운영되어야 하는 중요한 법정기구로 학교운영위원회가 있다. 학교운영위원회는 1995년 '5·31 교육개혁안'에서 제안된 의사결정기구로 단위학교의 교육자치 활성화 및 지역의 실정과 학교 특성에 맞는 교육활동 실현을 위하여 도입되었다. 1996년 시 지역 학교를 시작으로 1998년 읍·면 지역 학교로 확대되어 갔으며, 현재 모든 단위학교에 설치되어 있다. 학교운영위원회의 법적 근거는 다음과 같다.

〈법적 근거〉

○「초·중등교육법」제31조~제34조의2, 「사립학교법」제29조 및 제31조
○「초·중등교육법 시행령」제58조~제64조
○「학교운영위원회 구성과 운영에 관한 조례」(※조례는 시·도별로 제정됨)

학교운영위원회는 의결기구가 아닌 심의 및 자문기구이기 때문에 최종 결정은 학교장이 판단하게 되어 있다. 그러나 국·공립학교의 경우에는 「초·중등교육법 시행령」제60조 제1항에 따라 학교장이 심의 결과에 따르지 않을 때에는 관할청에 서면으로 보고하게 되어 있다. 사립학교의 경우 「초·중등교육법」, 「사립학교법」개정 시행(2022. 3. 1.) 이후, 학교운영위원회가 자문기구의 성격에서 심의(자문)기구의 성격으로 바뀌게 되었다. 참고로 기구의 권한을 순서대로 배열하면 의결기구, 심의기구, 자문기구의 순이다.

학교운영위원회는 법정 위원회이자 학교장(집행기관)과는 독립된 위원회이며, 심의·자문기구이다. 이러한 법적 성격을 갖는 학교운영위원회는 교원위원, 학부모위원, 지역위원으로 구성된다. 교원위원은 교직원 전체 회의에서 무기명 투표로, 학부모위원은 학부모 전체 회의에서 직접 선출을, 지역위원은 학부모위원이나 교원위원의 추천으로 무기명 투표를 통해 선출하게 되어 있다. 학교운영위원회의 위원 수는 5명 이상 15명 이하의 범위에서 학교의 규모 등을 고려하여 대통령령으로 정한다. 임기 시작일은 4월 1일을 기준으로 하여 학교 규정으로 정한다.

국공립학교의 학교운영위원회는 학교목표 설정, 교육과정, 교원인사, 학교재정, 기

타 영역에 대한 심의 권한을 가진다. 다만, 학교발전기금 조성·운영에 관한 사항은 심의·의결 기능을 가진다. 사립학교의 경우에는 공모 교장과 초빙교원의 추천에 관한 사항은 제외되고, 학교헌장 및 학칙의 제정 또는 개정에 관한 사항은 자문하며 나머지는 동일하게 심의한다. 학교운영위원회의 심의 영역은 「초·중등교육법」 제32조에 명시되어 있다.

제32조(기능) ① 학교에 두는 학교운영위원회는 다음 각 호의 사항을 심의한다. 다만, 사립학교에 두는 학교운영위원회의 경우 제7호 및 제8호의 사항은 제외하고, 제1호의 사항에 대하여는 자문한다. <개정 2021. 9. 24.>
1. 학교헌장과 학칙의 제정 또는 개정
2. 학교의 예산안과 결산
3. 학교교육과정의 운영방법
4. 교과용 도서와 교육 자료의 선정
5. 교복·체육복·졸업앨범 등 학부모 경비 부담 사항
6. 정규학습시간 종료 후 또는 방학기간 중의 교육활동 및 수련활동
7. 「교육공무원법」 제29조의3 제8항에 따른 공모 교장의 공모 방법, 임용, 평가 등
8. 「교육공무원법」 제31조 제2항에 따른 초빙교사의 추천
9. 학교운영지원비의 조성·운용 및 사용
10. 학교급식
11. 대학입학 특별전형 중 학교장 추천
12. 학교운동부의 구성·운영
13. 학교운영에 대한 제안 및 건의 사항
14. 그 밖에 대통령령이나 시·도의 조례로 정하는 사항
② 삭제 <2021. 9. 24.>
③ 학교운영위원회는 제33조에 따른 학교발전기금의 조성·운용 및 사용에 관한 사항을 심의·의결한다. [전문개정 2012. 3. 21.]

이상의 심의(자문)사항을 중심으로 학교운영위원회 연간 활동계획서의 예를 제시하면 <표 9-4>와 같다.

〈표 9-4〉 학교운영위원회 연간 활동계획서(예시)

월별	활동계획
1월	▪ 학교운영위원회 연간 운영계획안 수립 ▪ 학교급식 운영계획안 심의 ▪ 학교생활기록부 기록사항 협의 ▪ 기타 각종 규정 정비(포상 등)
2월	▪ 운영위원회 규정 정비(학생 수 변동에 따른 위원정수, 학부모위원 선출 방법 등) ▪ 학교운영위원회 구성계획 수립 ▪ 교육과정 운영계획안 심의 ▪ 학교(안전)계획 심의 ▪ 학교회계 예산안 심의 ▪ 학교운영지원비 조성·운용 및 사용에 관한 사항 심의 ▪ 학교급식 운영 계획안 심의 ▪ 수학여행, 학생수련계획에 대한 사전계획 수립
3월	▪ 학교헌장 및 학칙 제·개정안 심의(사립: 법인 요청 시) ▪ 1학기 주요 교육사업 협의 ▪ 학교운동부 구성·운영 계획안 심의 ▪ 학교회계 결산안 심의(학교 실정에 따라 4월에 심의 가능)
4월	▪ 학교발전기금 조성 계획 수립 ▪ 수학여행 계획안 심의 ▪ 교복 및 체육복 선정안 심의(하복) ▪ 앨범 제작안 심의 ▪ 추가경정예산안 심의 ※ 운영위원 연수 실시 – 학교운영위원회 전반 사항
5월	▪ 학교발전기금 결산 및 집행결과 보고 ▪ 대입 특별전형 중 학교장 추천에 관한 사항 심의 ▪ 학교운영에 대한 제안 및 건의 사항 심의 ▪ 2학기 교과용 도서 및 교육자료의 선정안 심의 ※ 운영위원 연수 실시 – 교육과정 운영에 관한 사항
6월	▪ 학교 현안 사업 협의 ▪ 학교운영에 대한 제안 및 건의 사항 심의 ▪ 하계방학 중 교육과정 운영계획안 심의
7월	▪ 교장 초빙에 관한 사항 심의 ▪ 추가경정예산안 심의
8월	▪ 가을 체육대회 운영 계획안 심의 ▪ 학교예술제 계획안 심의 ▪ 2학기 주요 교육사업 협의
9월	▪ 각종 교육자료 선정안 심의 ▪ 2학기 주요 교육사업 협의
10월	▪ 교복 및 체육복 선정안 심의(익년도)

	▪ 학교운영에 대한 제안 및 건의 사항 심의
11월	▪ 추가경정예산안 심의 ▪ 대입 특별전형 중 학교장 추천에 관한 사항 심의
12월	▪ 동계방학 중 교육과정 운영 계획안 심의 ▪ 교원 초빙에 관한 사항 심의 ▪ 익년도 교과용 도서 및 교육자료의 선정안 심의 ▪ 방과후학교 연간 운영계획 심의 ※ 운영위원 연수 실시-예산의 편성 및 심의에 관한 사항

출처: 대전광역시교육청(2021) 및 부산광역시교육청(2021) 재구성.

학교운영위원회 위원의 권한을 살펴보면 학교운영 참여권, 중요사항 심의·자문권, 보고 요구권이 있다. 학교운영 참여권은 자신이 대표하는 학부모, 교직원, 지역사회의 다양한 요구를 수렴하여 학교운영위원회에 제안하고 건의할 수 있는 권한이다. 그리고 운영위원들은 학교운영에 관한 중요사항을 심의·자문할 권한이 있다. 끝으로 학교장이 운영위원회의 심의·의결 결과와 다르게 시행하거나 운영위원회의 심의·자문 사항임에도 불구하고 심의·자문을 거치지 않고 운영하는 경우에 운영위원회는 관련 사항과 그 사유를 지체 없이 학교운영위원회에 보고하도록 요구할 수 있다.

학교운영위원은 권한과 더불어 회의 참여 의무, 지위 남용 금지의 의무 등을 가진다. 학교운영위원회가 소집되었을 때 회의에 출석하여 성실히 참여해야 하는 기본적 의무가 있다. 또한 위원들은 그 지위를 이용하여 당해 학교와 영리를 목적으로 하는 거래를 하거나 재산상의 권리, 이익의 취득 또는 알선을 해서는 안 된다.

4 학교의 위원회 및 협의회

학교운영위원회 외에도 학교에는 다양한 위원회와 협의회가 있다. 「교육기본법」 제5조 제2항에는 '교직원·학생·학부모 및 지역주민 등은 법령이 정하는 바에 따라 학교운영에 참여할 수 있다'라고 명시하고 있다. 참여대상에 따라 크게 분류해 보면, 학부모를 대표하는 기구인 학부모회, 학생들을 대표하는 학생회(어린이회), 교원과 직원이 함께 회의하는 교직원회 등으로 나눌 수 있다. 다만 지역주민은 학교운영위원회의 지역위원뿐만 아니라 학생과 학부모가 모두 지역주민의 범주에 있으므로 따로 회의기구를 두고 있지 않다. 하지만 마을교육, 마을교육공동체 등 마을과 연계한 학교운영을 통해 마을과 연대하고 협력하는 학교들이 늘고 있다.

학부모회는 「초·중등교육법 시행령」 제59조 제2항에 따라 학교운영위원회의 '학부모위원은 민주적 대의절차에 따라 학부모 전체 회의를 통하여 학부모 중에서 투표로 선출한다'라고 규정하여 학부모 전체 회의가 필요함을 명시하고 있다. 이에 대부분의 교육청에서는 학부모회 관련 조례를 제정하여 학부모회 운영의 근거를 마련하고 있다. 학생회는 「초·중등교육법 시행령」 제9조에는 학교장이 '학생 포상, 징계, 교육 목적상 필요한 지도 방법 및 학교 내 교육·연구활동 보호에 관한 사항 등 학생의 학교생활에 관한 사항에 관하여 학칙을 제정하거나 개정할 때는 학칙으로 정하는 바에 따라 미리 학생, 학부모, 교원의 의견을 듣고, 그 의견을 반영하도록 노력하여야 한다'라고 기술하고 있다. 이에 단위학교에서는 학생회를 조직하여 정기적으로 회의를 진행하고 의견을 반영하기 위하여 노력하고 있다. 또한 단위학교에서는 교원으로 구성된 교무회의나 행정실의 직원들까지 포함한 교직원회를 통하여 소통과 참여를 독려하고 있다.

대상에 따른 위원회 외에도 학교에는 다양한 자문기구들이 있다. 학교는 학교장 중심의 학교운영 체제에서 벗어나 자율적이고 민주적인 학교운영 체제를 지향하면서 다양한 학교 구성원이 의사결정에 참여할 수 있는 각종 위원회 및 협의회를 설치·운영하고 있다. 학교의 자율성을 기반으로 교육 참여를 확대하기 위한 각종 위원회 및 협의회의 예는 다음 <표 9-5>와 같다.

〈표 9-5〉 중학교의 각종 위원회 및 협의회(예시)

명칭	조직	기능	비고
교직원협의회	전 직원(교원, 직원)	▪ 학교경영협의, 교직원 간담회 ▪ 학교운영 주요 사업 협의 ▪ 현직연수 및 동호회 활동	월 (교무부)
부장협의회	교장, 교감, 행정실장, 부장교사	▪ 학교운영 주요 업무 협의 ▪ 주요 시책 및 의사결정 ▪ 각 부서별 주요 업무 협의	금 (교무부)
인사자문위원회	교감, 교무부장 등	▪ 교내 인사행정 협의 ▪ 부장교사 임용 추천, 담임	수시 (교무부)

교무복지운영위원회	교감, 교무부장 등 (단, 교육기자재 선정 등 예산 집행과 관련된 사항 협의 시는 행정실장 표함)	▪ 자율장학에 관한 사항 ▪ 방과후학교 운영에 관한 사항 ▪ 신입생 선발에 관한 사항 ▪ 학교정보화 추진에 관한 사항 등	수시 (교무부)
학교교원능력개발 평가관리위원회	교원, 학부모	▪ 학교평가에 관한 사항 ▪ 교원능력개발평가에 관한 사항	수시 (교무부)
의무교육학생관리 위원회	학교장(당연직), 교감, 교무부장, 학폭담당교사, 학교전담경찰관, 학부모위원	▪ 의무교육학생 관리에 관한 사항	수시 (교무부)
교권보호위원회	교원, 학부모, 외부인사	▪ 교육활동 침해 기준 및 예방 대책 ▪ 교육활동과 관련된 분쟁 조정	수시 (교무부)
도서관운영위원회	교감, 교무부장 등	▪ 도서실 운영 기본 계획 ▪ 도서 및 교과서 선정	수시 (연구부)
학생생활교육위원회	교감, 생활안전부장 등	▪ 학교폭력과 관련한 사항을 제외한 학생의 모든 생활지도 전반에 대한 사항 협의	수시 (생활 안전부)
학업성적관리위원회	교장, 교감, 교무부장 등	▪ 학업성적 관리 및 협의 ▪ 평가의 다양화와 투명성 확보	수시 (연구부)
학교급식소위원회	교감, 교사, 학부모	▪ 학교급식운영 전반에 관한 사항	수시 (문화예술 체육부)
교과협의회	각 교과부장, 교과담당교사	▪ 교과에 대한 전문성 신장 ▪ 교수학습 방법 연구 ▪ 교재, 교구 선정 협의 ▪ 교과별 시간 배정	수시 (교과)

생각하고 토의하기

01 각급 학교에서는 학년말에 각자의 교사에게 희망 과목과 학년, 업무를 적어서 제출하도록 하고 있다. 이때 학교조직 관리 측면에서 가장 중요한 기준을 세운다면 무엇이 있을까?

02 교육의 본질은 수업이기 때문에 수업과 직접적인 관련이 적은 일들을 교사가 해야 하는가에 대한 논란이 있다. 학교의 교무 업무에 대한 관점, 교무 업무의 범위 등을 어떻게 정립해야 할까?

03 학교자치와 학교민주주의가 강조되는 상황 속에서 각종 위원회가 제 기능을 하는 것뿐만 아니라 교사들이 학교 의사결정 과정에 적극적으로 참여할 수 있는 문화와 환경이 조성되어야 한다. 학교에서 각종 위원회와 협의회를 활성화시키고 학교자치와 학교민주주의 실현에 기여할 수 있는 방법은 무엇일까?

제
10
장

교육법규와 업무처리

예비교사와 신임교사에게 필요한
교사론과 교직실무

제10장

교육법규와 업무처리

권희청

학교 생활에서 법은 어느 정도 영향을 미칠까? 교육과 관련된 법령에는 어떤 것이 있을까? 법은 사회를 유지하기 위해 반드시 지켜져야 할 최소한의 규칙이다. 학교 생활을 유지하기 위해서도, 교사의 삶을 영위하기 위해서도 다양한 법이 필요하다. 교사의 삶을 영위하는 가장 밑바탕에 교육법규가 있고, 법의 테두리 안에서 교육활동을 하는 것이다.

교사가 알아야 할 교육법규의 기초와 함께, 교직에서 수행하는 업무처리를 위해 공문서와 주요 업무관리시스템의 개요를 이해하도록 한다.

◎ 반드시 알아야 할 것
- 교육법규의 이해 및 원리
- 주요 법령
- 공문서 및 업무관리시스템(나이스, K-에듀파인)

◎ 목차
1. 교육법규의 이해
2. 교육법규의 원리
3. 주요 교육법규
4. 공문서
5. 나이스
6. K-에듀파인

1 교육법규의 이해

교육법은 넓은 의미에서 볼 때 교육에 관한 조직 및 작용을 규정한 법령이다. 법률로서 「교육법」은 1949년 12월 제정·공포되었으나, 1997년 12월 「교육기본법」, 「초·중등교육법」, 「고등교육법」으로 분리되면서 폐지되었다. 그 이후 '교육법'은 법률의 고유한 명칭이 아닌 '교육 또는 교육정책이나 교육제도 및 그 운영에 관한 사항을 규정한 법규'로 통칭하여 사용되고 있다. 1991년 3월 「교육법」 중 지방교육의 발전에 이바지할 수 있는 조항을 이관하여 제정한 「지방교육자치에 관한 법률」이 있고, 2004년 1월 유아교육에 관한 사항을 정함을 목적으로 「유아교육법」이 제정·공포되었다.

교육법규는 '교육에 관한 법규범(法規範)' 또는 '교육행정에 관한 법규'로서 하나의 공법(公法)이며, 교육에 대한 특별법의 성질을 내포하고 있다. 이에 교육법규는 다른 법규와는 달리 조장적·윤리적 성격으로, 특별법이면서도 일반법적이고 특수법적인 성격을 지니고 있다. 조장(助長)이란 잘 성장할 수 있도록 도움을 준다는 뜻으로 공권력을 행사하기보다는 지도와 육성을 강조한다. 이러한 조장적 성격은 윤리적 성격과 연결되는데, 교육기관은 국가와 민족에 대한 의무와 책임을 다하여야 한다. 또한 교육법규는 다른 일반법에 대하여 특별법의 지위를 가지며, 동시에 상위의 교육법규는 하위의 다른 교육관계 법률에 대하여 일반법의 성격을 갖는다. 끝으로 교육법규는 공법과 사법의 구별이 명확하지 않은 특수법의 성격을 보인다. 시대 변화에 따른 국민교육의 사회보장적 경향과 교육개방, 그리고 평생교육 등의 내용은 단순한 공권력의 개념으로 설명하기 어렵다.

우리나라 교육법규는 성문주의(成文主義)를 채택하고, 성문법이 불비된 한도 내에서 불문법도 법원(法源)이 되고 있다. 이에 헌법, 법률, 국제조약 중 국제법규, 명령, 행정규칙, 자치법규, 관습법, 판례법, 조리 등 모두 교육법규 법원(法源)이 된다. 따라서 교육법규의 존재 형식은 크게 성문법과 불문법으로 나눌 수 있으며 이를 정리하면 [그림 10-1]이다.

[그림 10-1] 교육법규의 법원(法源)

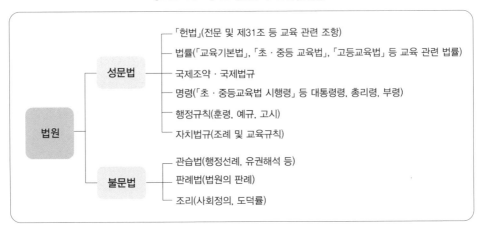

2 교육법규의 원리

교육법규의 기본원칙은 「헌법」 제31조에 그 뿌리를 두고 있다. 「헌법」은 국가의 조직과 통치 작용에 관한 기본법으로 교육과 관련된 조항으로는 제31조 제1~6항 및 기타 교육과 간접적으로 관련된 조항이 있다. 다음은 「헌법」 제31조 제1~6항이다.

「헌법」 제31조
① 모든 국민은 능력에 따라 균등하게 교육을 받을 권리를 가진다.
② 모든 국민은 그 보호하는 자녀에게 적어도 초등교육과 법률이 정하는 교육을 받게 할 의무를 진다.
③ 의무교육은 무상으로 한다.
④ 교육의 자주성·전문성·정치적 중립성 및 대학의 자율성은 법률이 정하는 바에 의하여 보장된다.
⑤ 국가는 평생교육을 진흥하여야 한다.
⑥ 학교교육 및 평생교육을 포함한 교육제도와 그 운영, 교육재정 및 교원의 지위에 관한 기본적인 사항은 법률로 정한다.

「헌법」의 기본 취지와 정신 및 여러 학자의 교육법규에 대한 기본원리를 종합하여 윤정일 외(2021)에서 여섯 가지로 요약하여 제시하였다. 첫째, 교육제도의 법정주의로 「헌법」 제31조 제6항은 교육에 관한 중요 사항은 반드시 법률로 정하도록 하고 있다. 둘째, 교육 자주성의 원리다. 이는 민주교육의 원리이며 지방교육자치의 원리이다. 이를 위해 교육감을 주민 직선으로 선출하고 있다. 셋째, 교육권 보장의 원리이다. 교육을 받을 수 있는 것은 권리이자 의무로 무상교육은 교육권 보장을 강화하는 데 영향을 주고 있다. 넷째, 교육 전문성의 원리이다. 교원의 자격 기준, 교육감 후보자의 자격 기준 등을 통해 전문성을 규정하고 있다. 다섯째, 교육 기회균등의 원리이다. 이는 「헌법」 제31조 제1항 모든 국민은 능력에 따라 균등하게 교육을 받을 권리를 가진다고 제시하고 있다. 여섯째, 교육 중립성의 원리이다. 교육의 중립성은 종교적 중립성과 정치적 중립성을 포함한 개념으로, 교육의 기회균등의 원리가 외적 조건의 보장이라면 교육의 중립성은 내적 조건의 보장을 본질로 하고 있다.

특별히 우리나라는 교육권 보장을 강화하기 위해 노력하였다. 1946년 1월 조선교육심의회는 초등교육에 관한 사항을 심의하여 '초등교육의 의무교육 실시안'을 가결·채택하였고 1950년 6월 「교육법」을 제정·공포한 다음 전국적으로 6년제 의무교육을 시행하였다. 그 뒤, 1984년 「교육법」에 '모든 국민은 6년의 초등교육과 3년의 중등교육을 받을 권리가 있다'고 규정하고 1985년부터 도서·벽지 중학교 및 특수학교를 시작으로 중학교 의무교육이 시작되었다. 다만 특수교육대상자의 의무교육 시기는 유치원·초등학교·중학교 및 고등학교 과정으로 규정되어 있다. 의무교육 기간인 초등학교와 중학교는 학생 스스로 학교를 그만두는 '자퇴'가 성립되지 않으며, 보호하는 자녀의 취학 의무를 이행하지 않은 자에 대해 100만 원 이하의 과태료를 부과하도록 하고 있다.

3 주요 교육법규

1) 「교육기본법」

「교육기본법」은 1997년 12월 31일, '교육에 관한 국민의 권리·의무 및 국가·지방자치단체의 책임을 정하고 교육제도와 그 운영에 관한 기본적 사항을 규정함'(제1조)을 목적으로 제정되었다. 「교육기본법」은 크게 제1장 총칙, 제2장 교육당사자, 제3장 교육의 진흥으로 구성되어 있으며 모든 교육관계 법령의 기본이 되는 법률이다. 특별히 제1장 총칙에서는 교육이념, 학습권, 교육의 기회균등 등, 교육의 자주성 등, 교육의 중립성, 교육재정, 의무교육, 학교 교육, 평생교육, 학교 등의 설립과 관련된 내용이 담겨 있다. 이는 앞서 설명한 교육법규의 기본원리와 일맥상통함을 알 수 있다. 「교육기본법」은 반드시 읽어보도록 하고, 관련되는 학교급에 대한 법률도 읽어볼 것을 권한다.

2) 「초·중등교육법」

「초·중등교육법」은 '초·중등교육에 관한 사항을 정함을 목적'(제1조)으로 제정되었다. 「초·중등교육법」은 크게 제1장 총칙, 제2장 의무교육, 제3장 학생과 교직원, 제4장 학교, 제5장 보칙 및 벌칙으로 구성되어 있다. 제2장 의무교육에서는 초등학교 6년, 중학교 3년이라는 연한이 제시되어 있다.

3) 「고등교육법」

「고등교육법」은 '고등교육에 관한 사항을 정함을 목적'(제1조)으로 제정되었다. 「고등교육법」은 크게 제1장 총칙, 제2장 학생과 교직원, 제3장 학교, 제4장 보칙과 벌칙으로 구성되어 있다. 제2장 학생과 교직원에서는 학생의 징계, 교직원의 구분 등을 규정하고 있다.

4)「유아교육법」

「유아교육법」은 2004년 1월 29일, '유아교육에 관한 사항을 정함을 목적'(제1조)으로 제정되었다.「유아교육법」은 크게 제1장 총칙, 제2장 유치원의 설립, 제3장 교직원, 제4장 비용, 제5장 보칙 및 벌칙으로 구성되어 있다. 제3장 교직원에서는 교직원의 구분과 임무, 교원의 자격 등을 규정하고 있다.

5)「지방교육자치에 관한 법률」

「지방교육자치에 관한 법률」은 1991년 3월 8일, '교육의 자주성 및 전문성과 지방교육의 특수성을 살리기 위하여 지방자치단체의 교육·과학·기술·체육, 그 밖의 학예에 관한 사무를 관장하는 기관의 설치와 그 조직 및 운영 등에 관한 사항을 규정함으로써 지방교육의 발전에 이바지함을 목적'(제1조)으로 제정되었다. 1949년에 제정된「교육법」에서 관련 조항(제2장 교육위원회 및 교육장, 제3장 지방교육재정)을 이관하여 1991년「지방교육자치에 관한 법률」을 제정하게 되었으나 개정 과정을 통해 교육위원회 관련 장이 삭제되었다.「지방교육자치에 관한 법률」은 크게 제1장 총칙, 제3장 교육감, 제4장 교육재정, 제5장 지방교육에 관한 협의, 제6장 교육감 선거, 제8장 벌칙으로 구성되어 있다.

6) 기타 교육 관련 법령

앞서 제시한 교육법규 외에 중요한 교육 관련 법률로는「사립학교법」과「평생교육법」이 있다.「사립학교법」은 1963년 6월, '사립학교의 특수성에 비추어 그 자주성을 확보하고 공공성을 앙양함으로써 사립학교의 건전한 발달을 도모함을 목적'(제1조)으로 제정되었다. 또한,「평생교육법」은 1999년 8월,「사회교육법」의 법명을 변경하여 새롭게 제정된 법이다.

이 밖에도 법률의 구체적인 사항을 규정하는 시행령이 대통령령으로 제정된다. 지방에서는 조례(시도의회)와 규칙(시도청, 시도교육청)을 제정하여 지역의 특수한 상황을 반영한다.

4 공문서

공문서(公文書)란 행정기관 및 공공기관에서 '공무(公務)상의 이유'로 작성하거나 접수받은 문서를 공문서라고 한다. 공문서는 다른 일반 서식과 달리 '공공 단체, 국가, 공식적'과 같은 성격을 지니게 된다. 공문서의 작성 및 관리, 각종 보고사무, 자료관리, 사무자동화 등에 관한 사항은 2023년 9월, 「행정업무의 운영 및 혁신에 관한 규정」(약칭: 행정업무규정) 및 2023년 6월, 「행정업무의 운영 및 혁신에 관한 규정 시행규칙」(약칭: 행정업무규정 시행규칙)에 규정되어 있다.

공문서는 그 성질에 따라 법규문서, 지시문서, 공고문서, 비치문서, 민원문서, 일반문서 등으로 구분한다. 법규문서는 주로 법규사항을 규정하는 문서로서 헌법·법률·대통령령·국무총리령·부령·조례 및 규칙 등이 이에 해당된다. 지시문서는 행정기관이 그 하급기관 또는 소속 공무원에 대하여 일정한 사항을 지시하는 문서로서 훈령·지시·예규 및 일일명령 등이 있다. 고시나 공고 등의 공고문서는 행정기관이 일정한 사항을 일반에게 알리기 위한 목적으로 생산되며, 비치대장이나 비치카드 등의 비치문서는 행정기관이 일정한 사항을 기록하여 행정기관 내부에 비치하면서 업무에 활용하기 위해 생산한다. 개인이 작성하였으나 행정기관에 허가, 인가, 그 밖에 일반적으로 처리되는 문서를 일반문서라고 하는데, 각급학교나 교육행정기관에서 흔히 공문서라고 할 때는 일반문서를 지칭하는 것이다. 공문서의 기본 양식은 [그림 10−2]와 같다.

공문서는 「국어기본법」 제3조 제3호에 따른 어문규범에 맞게 한글로 작성하게 되어 있다. 뜻을 정확하게 전달하기 위하여, 필요한 경우에는 괄호 안에 한자나 그 밖의 외국어를 함께 적을 수 있으며, 특별한 사유가 없으면 가로로 쓴다. 공문서를 쓸 때, 숫자는 특별한 사유가 없으면 아라비아 숫자를 쓴다. 날짜는 숫자로 표기하되, 연·월·일의 글자는 생략하고 그 자리에 온점(.)을 찍어 표시하며(예: 2023. 3. 2.), 시·분의 표기는 24시각제에 따라 숫자로 표기하되, 시·분의 글자는 생략하고 그 사이에 쌍점(:)을 찍어 구분한다(예: 15:30). 금액은 변조의 위험을 막기 위해 숫자 다음에 괄호를 하고 한글로 기재한다[예: 금113,560원(금일십일만삼천오백육십원)].

공문서는 일반적으로 기안·검토·협조·결재·등록·시행·분류·편철·보관·이

[그림 10-2] 공문서 기본 양식

행정기관명

수신 ○○○○○(○○○○)
(경유)
제목 □□□□□□□□□□□□□□□□□

1. ....

가. ....

1) ....

2) ....

나. ....

2. ....

붙임 1. ○○○○ 1부
2. ○○○○ 1부. 끝.

발신명의

기안자 직위(직급) 서명 검토자 직위(직급) 서명 결재권자 직위(직급) 서명

협조자 직위(직급) 서명

시행 처리과명-연도별 일련번호 (시행일) 접수 처리과명-연도별 일련번호 (접수일)

우 ○○○○○ 주소 /홈페이지 주소

전화 ( ) ○○○-○○○○ 팩스번호 ( ) ○○○-○○○○/ 공무원의 전자우편주소 /공개 구분

관·접수·배부·공람·검색·활용 등 처리 절차를 거치며, 문서의 처리 절차는 전자문서시스템 또는 업무관리시스템에서 전자적으로 처리되어야 한다. 문서의 기안은 전자문서가 원칙이며, 다만 업무의 성질상 전자문서로 기안하기 곤란하거나 그 밖의 특별한 사정이 있으면 그러하지 아니할 수 있다. 공문서 처리 절차와 관련된 주요 용어는 다음 <표 10-1>과 같다.

〈표 10-1〉 주요 용어 정리

용어	의미
기안	기관의 의사결정을 위해 문안을 작성함
검토	최종결재를 제외한 중간결재를 총칭함
협조	기안문의 내용이 행정기관 내의 다른 보조기관 또는 보좌기관의 업무와 관련이 있을 때 상호협력하여 해결함
결재	결정 권한을 가진 자가 그 의사를 결정하는 행위. 최종 결재행위
시행	내부적으로 성립한 행정기관의 의사를 외부에 표시하는 단계
분류	결재·접수일자 순에 따라 각 처리과별로 기록물대장에 전산등록 후 관리함
편철	문서처리가 끝난 문서를 기능·보존기간에 따라 분류하여 기록물철을 생성함
보관	물건을 맡아서 간직하고 관리함
보존	잘 보호하고 간수하여 남김
이관	관할을 옮김
공람	완결된 결재문서에 대하여 공람이 지정된 자가 보게 함

　　기안자는 작성된 기안문을 최종 확인 후 검토 및 협조를 받고 결재권자의 결재를 받도록 한다. 일반적으로 단위학교에서 검토 및 협조자는 교무부장, 협조부서의 부장, 행정실장, 교감 등이 된다. 결재는 행정기관의 의사를 결정할 권한을 가진 자(기관의 장)가 직접 그 의사를 결정하는 행위이며, 기관의 장으로부터 사전에 결재권을 위임받은 자가 행하는 전결, 긴급문서에 대해 결재권자가 휴가·출장·기타 사유로 인해 부득이 결재할 수 없을 때 그 직무를 대리하는 자가 대리로 행하는 대결 등도 결재권자가 행한 문서와 동일한 효력을 지닌다.

　　공문서의 종류는 유통대상 여부와 문서의 성질에 따라 구분할 수 있다. 유통대상 여부에 따라 내부결재 문서와 유통대상 문서로 구분된다. 내부결재 문서는 행정기관이 내부적으로 계획 수립, 처리방침 결정, 업무보고, 소관사항 검토 등을 하기 위하여 결재를 받는 문서이다. 유통대상 문서는 대내문서, 대외문서, 발신자와 수신자의 명의가 같은 문서로 구분된다. 대내문서는 해당 기관 내부에서 보조·보좌기관 상호 간 협조를 하거나 보고 또는 통지를 위하여 수신·발신하는 문서이다. 대외문서는 해당 기관 이외에 다른 행정기관(소속기관 포함)이나 국민, 단체 등에 수신·발신하는 문서이다. 발신자와 수신자의 명의가 같은 문서는 행정기관의 장 또는 합의제 행정

기관이 자신의 명의로 발신하고 자신의 명의로 수신하는 문서를 의미한다. 다음 [그림 10-3]은 내부결재 문서와 대외공문 문서의 예시이다.

[그림 10-3] 내부결재 문서와 대외공문 문서(예시)

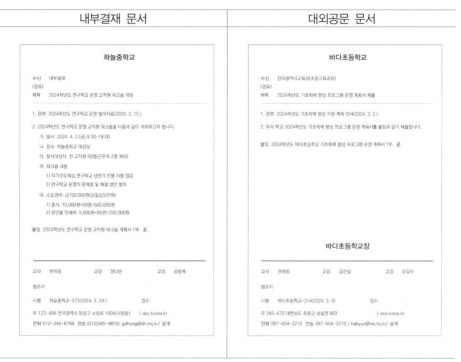

나이스(NEIS: National Education Information System)란 교육과 관련된 각종 정보를 전자적으로 연계하여 행정정보를 이용하는 종합정보시스템이다. 우리나라의 초·중·고·특수학교, 교육지원청, 교육청, 교육부가 모든 교육 행정정보를 연계 처리하며, 국민 편의 증진을 위해 행정자치부, 대법원 등 유관기관의 행정정보를 이용하는 종합 교육행정정보시스템이다.

나이스를 통해 교사는 학적관리, 교육과정관리, 평가관리, 출결 및 학생생활관리,

학교생활기록부 관리 등의 교무업무를 수행한다. 또한 인사기록을 확인하거나 복무 관련 결재를 신청할 수도 있고 급여나 승급 등을 확인할 수도 있다. 나이스를 활용한 주요 행정업무는 다음과 같다.

① **경영지원**: 학급경영지원 메뉴로 담당 학습 학생들의 봉사활동현황, 수상현황, 자격증현황, 출결사항현황, 학적변동현황 등 업무에 필요한 기본 정보를 파악할 수 있다.

② **교육과정**: 교육과정 메뉴에서는 편제 및 시간배당관리, 편제 및 시간배당표, 교과목편제/과목/이수단위 일괄수정, 선택과목군관리, 담임편성관리, 과목개설관리, 학사일정관리, 시간표관리 등의 기본업무를 수행할 수 있다.

③ **학적**: 학적 메뉴에서는 기본학적관리, 출결관리, 출결현황 및 통계, 위탁/현장실습 학생관리, 타교 수강생관리, 졸업생 자료관리, 미인정 결석학생관리 등과 관련된 업무를 수행할 수 있다.

④ **학생생활**: 창의적 체험활동(자율활동, 동아리활동, 봉사활동, 진로활동), 수상경력, 자격증 및 인증취득상황, 진로희망사항, 독서활동상황, 행동특성 및 종합의견, 국가학업성취도, 특별활동상황, 교외체험활동상황 등의 업무를 수행할 수 있다.

⑤ **성적**: 지필/수행평가 조회 및 통계, 관찰내용 관리, 성적처리 및 조회, 학기말 성적 통계, 성적자료 분석 조회, 학업성취도, 기본교육과정 평가 등의 학생평가 관련 업무를 수행할 수 있다.

⑥ **학생부**: 학교생활기록부에 대한 자료반영 여부, 자료 검증, 개인별 조회와 출력, 학생부 검증결과 조회, 수상경력에 대한 상급학교 제공 관리, 정정대장 관리 등의 업무 메뉴로 구성되어 있어 학교생활기록부 관리업무를 수행할 수 있다.

⑦ **복무관리**: 기본메뉴의 개인근무 상황 신청을 통해 개인근무상황(연가, 병가, 조퇴, 근무지내 출장 등)을 신청하거나 개인초과근무 신청, 개인출장 관리 등 개인근무상황의 기안과 처리, 개인 복무 사항을 관리할 수 있다.

다음 [그림 10-4]는 업무포털과 나이스 시스템의 첫 화면이다.

[그림 10-4] 업무포털과 나이스 시스템의 화면

업무포털 메인 화면

나이스 시스템 화면

6 K-에듀파인

K-에듀파인(K-Edufine)은 에듀파인과 업무관리시스템을 통합하여 단일 브라우저 내에서 재정과 업무관리에 대한 다중업무처리를 가능하게 하며, 사용자와 조직정

보에 대해 통합적으로 관리하는 시스템이다. 즉 K-에듀파인은 시·도교육청과 유·초·중등학교에 재직하는 교직원의 행정업무와 재정업무를 전자적으로 처리·지원하는 차세대 지방교육행·재정통합시스템이다. 업무관리 메뉴는 문서관리, 메모관리, 과제관리, 업무인계인수, 업무 지원, 내부메일, 기능분류, 자료집계 등으로, 학교회계 메뉴는 사업관리, 예산관리, 보조금관리, 수입관리, 지출관리, 계약관리 등으로 각각 구성되어 있다.

1) 업무관리

① **문서관리**: 문서 작성, 처리, 시행, 보관 및 보존 관리가 가능하다. 문서기안, 결재, 공람, 발송 및 접수함, 내문서함, 문서함 등의 하위 메뉴로 구성되어 있다.

② **메모관리**: 관리자에게 구두 혹은 수기로 보고했던 사항을 처리하고 정보공유를 통한 현업과 보고 내용에 대한 기록물 관리가 가능하다. 메모작성, 메모관리, 메모현황 등의 하위 메뉴로 구성되어 있다.

③ **과제관리**: 과제카드를 통해 과제를 기준으로 한 업무담당자들의 상시업무와 단위업무 처리를 전자적으로 기록/관리함으로써 관련 실적이나 유관정보를 관리할 수 있다. 담당과제, 학교과제, 과제카드관리, 과제추진현황 등의 하위 메뉴로 구성되어 있다.

④ **업무인수인계**: 조직개편, 인사발령, 업무분장 등의 사유로 업무를 인계/인수할 수 있으며, 부서 내 업무인계인수 현황을 관리할 수 있다.

⑤ **업무 지원**: 알림판, 홍보관리, 공유설비예약, 공고관리, 일정관리 등의 하위 메뉴로 구성되어 있다.

2) 학교회계

① **사업관리**: 학교에서 필요한 부서 정보를 등록하고, 사용자별 소속정보를 등록/관리한다. 학교의 세입예산편성업무를 위한 세부항목을 등록하여 품의권한을 관리한다. 사업관리카드를 통해 담당사업 및 전체 사업에 대한 예산과 집행실적을 조회할 수 있으며, 학교에서 사용하는 지급 및 납입 계좌를 등록/관리한다.

② **예산관리**: 예산편성을 위한 업무지침 등 기준정보를 관리하고, 본예산 및 추가
경정예산을 위한 세입/세출 예산요구내역을 작성한다. 예산안을 확정하고 학교
운영위원회의 심의결과를 반영하여 예산을 확정하며, 예산 변경내역을 작성하
거나 승인하고, 국고보조금 내역사업 관리 및 교부결정 내역을 관리하거나 신
청한다. 또한 학교에서 발생하는 징수결의서를 작성/관리하고, 교육비 납입 여
부를 증명/관리하며, 전체 출납을 관리한다.

③ **수입관리**: 학교회계 수입관리업무를 지원하기 위한 각종 기준 정보(학생 및 학교
기준 정보)와 공통 코드를 등록하고, 수납자(학생, 학부모, 교사 등)에 대한 기본
정보 등록을 관리하며, 학생 학적정보와 계좌정보를 등록/관리한다.

④ **지출관리**: 단위학교의 실제 예산집행활동인 지출은 예산의 사용결정에서부터
현금을 지급할 때까지의 일체의 행위로써 세출을 현실화하는 일련의 회계처리
절차를 의미한다. 지출관리 업무의 범위에는 지출처리, 지출지원, 지출장부, 기
타관리, 보조금관리 등이 포함된다. 다음은 업무관리 메뉴와 학교회계 메뉴의
화면이다.

[그림 10-5]. 업무관리와 학교회계 메뉴의 화면

업무관리 메뉴

학교회계 메뉴

생각하고 토의하기

01 법제처의 국가법령정보센터 누리집(http://law.go.kr)을 방문하여 교직생활과 연결되는 법령을 찾아보자. 중요하다고 생각되는 법령 세 가지를 선택하고 왜 중요한지 설명해 보자.

02 다음의 내용에 대하여 공문서를 기안해 보자.

- 제목: 2024학년도 자율교육계획서 제작
- 내용: 2024학년도 자율시간을 위한 자율교육계획서 자료 인쇄
  - 소요예산: 금1,500,000원(금일백오십만원)
- 첨부물: 2024학년도 자율교육계획서 원고 1부
- 학교명: ○○중학교
- 기안 · 검토 · 협조 · 결재자
  - 기안: 교사 ○○○, 검토: 교무부장 ○○○, 협조: 행정실장 ○○○, 결재: 교장 ○○○

03 4월에 중학교 2학년 학생들을 인솔하여 2박 3일 일정으로 수학여행을 떠날 계획이다. 수학여행 계획서를 작성하고 필요한 예산 요구서를 작성해 보자.

제
11
장

교원 인사

예비교사와 신임교사에게 필요한
교사론과 교직실무

제11장

교원 인사

최진경

많은 예비교사들은 임용시험을 통해 교육공무원이 되고자 한다. 교육공무원은 여러 공무원의 갈래 중 어디에 포함될까? 교사 자격은 어떻게 취득하고 어떤 과정을 거쳐 교사로 임용될까? 임용 후 교사의 진로에는 어떤 것이 있을까?

교사는 국가공무원으로서 국가와 국민에게 봉사하는 직이다. 따라서 엄격한 자격을 갖춘 사람을 대상으로 공정하고 객관적으로 선발·임용하여 특별한 사정이 없는 한 평생 그 신분을 보장하고 있다. 교사의 신분과 기본적인 인사제도를 이해함으로써 교직에 대한 이해를 높이고 교직 생애를 구상하는 데 도움이 될 것이다.

◎ 반드시 알아야 할 것
- 교육공무원의 개념과 교사 자격
- 임용시험의 내용과 과정
- 교원의 승진과 전보·전직

◎ 목차
1. 교육공무원의 이해
2. 교원의 자격
3. 교원의 임용과 선발
4. 전보와 전직
5. 교원의 승진
6. 교원에 대한 평가

1 교육공무원의 이해

공무원은 국가공무원과 지방공무원으로 구분하고, 국·공립학교에 근무하는 교원 (교장, 교감, 교사)은 국가공무원이다. 국가공무원은 일반적으로 국가에 의하여 임명 되어 국가의 사무를 집행하는 공무원으로 「국가공무원법」을 적용받고, 지방공무원 은 지방자치단체에 의하여 임명되어 지방자치단체의 사무를 집행하는 공무원으로 「지방공무원법」을 적용받는다. 교원은 국가공무원이면서 교육공무원이고, 교육행정 직원은 대부분 지방공무원이다. 한편 사립학교 교원은 국가공무원은 아니나 「국가공 무원법」 및 「교육공무원법」의 적용을 받는다.

학교에는 학생들의 교육을 위해서 다양한 교직원이 함께 근무하고 있다. 교육활동 을 직접 담당하고 학생들을 가르치는 교원, 교육행정을 담당하는 행정직원, 교육활 동을 지원하는 교육공무직원, 그 밖의 일용직이나 계약직 등이 있으며, 교원과 직원 을 총칭하여 교직원이라고 한다. 교장(원장), 교감(원감)은 교사와 같은 교원이나 관 리자로서 교사의 교육활동을 지원하고 학교운영 전반을 관리하는 역할을 한다.

교원은 국가공무원으로 교육공무원이며 경력직공무원 중 특정직공무원에 속한다. 경력직공무원이라 함은 실적과 자격에 따라 임용되고 그 신분이 보장되며 평생 동안 (근무기간을 정하여 임용하는 공무원의 경우에는 그 기간 동안을 말한다) 공무원으로 근무 할 것이 예정되는 공무원을 말한다. 「국가공무원법」 제2조에 따른 공무원의 구분을 정리하면 <표 11-1>과 같다.

〈표 11-1〉 공무원과 교육공무원

구분		정의
경력직 공무원	일반직공무원	▪ 기술·연구 또는 행정 일반에 대한 업무를 담당하는 공무원
	특정직공무원	▪ 법관, 검사, 외무공무원, 소방공무원, **교육공무원**, 군인, 군무원, 헌법재판소 헌법 연구관, 국가정보원의 직원, 경호공무원과 특수 분야의 업무를 담당하는 공무원으로서 다른 법률에서 특정직공무원으로 지정하는 공무원
특수경력직	정무직공무원	▪ 선거로 취임하거나 임명할 때 국회의 동의가 필요한 공무원

공무원		▪ 고도의 정책 결정 업무를 담당하거나 이러한 업무를 보조하는 공무원으로서 법률이나 대통령령(대통령비서실 및 국가안보실의 조직에 관한 대통령령만 해당한다)에서 정무직으로 지정하는 공무원
	별정직공무원	▪ 비서관·비서 등 보좌업무 등을 수행하거나 특정한 업무 수행을 위하여 법령에서 별정직으로 지정하는 공무원

출처: 「국가공무원법」 제2조 재구성.

교육공무원은 다시 교원과 교육전문직원으로 구분할 수 있는데, 이는 소속기관에 따라 <표 11-2>와 같이 구분하며, 「교육공무원법」 제2조에 근거하고 있다.

〈표 11-2〉 교육공무원의 구분

구분	정의	기관
교원	▪ 교육기관에서 학생들을 가르치는 사람 ▪ 대학의 교수 및 조교 ▪ 각급학교의 교장·교감	▪ 교육기관: 유아교육법에 따른 유치원, 초·중등교육법 및 고등교육법에 따른 각급학교 ▪ 법에 따른 연수기관, 교육 관련 법령 및 조례에 따른 학생수련기관 등의 교육연수기관
교육전문직원	▪ 교육행정기관에 근무하는 장학관, 장학사 ▪ 교육기관, 교육행정기관, 교육연구기관에 근무하는 교육연구관, 교육연구사	▪ 교육행정기관: 국가교육위원회, 교육부 및 그 소속기관과 특별시/광역시/특별자치시·도 또는 특별자치도의 교육관서 (예) 시·도교육청 ▪ 교육연구기관: 교육에 관하여 전문적으로 조사·연구를 위하여 설립된 국·공립 기관 (예) 시·도 교육연수원

출처: 「교육공무원법」 제2조 재구성.

2 교원의 자격

교육전문가로서 교원은 그 직무를 수행하는데 필요한 자질과 자격을 갖추어야 한다. 우리나라에서는 교원의 법정 자격제도를 채택하고 있으며 한 번 교사 자격을 취득하면 효력은 종신토록 지속된다. 교원자격제도는 교사들의 능력과 자질을 사회적으로 공인하는 제도로 교원의 전문성을 대표하는 조건이다.

교원 자격 취득과 관련해서는 「교원자격검정령」과 「교원자격검정령시행규칙」에 명시하고 있는데 검정(檢定)방법은 무시험검정과 시험검정으로 구분된다. 무시험검정은 시험을 치르지 않고 법이 정한 자격 기준에 부합하는지에 대한 서류 심사를 통해 교원 자격증을 수여하는 방법이다. 시험검정은 1980년대 이후 실시하지 않고 있으며, 현재는 무시험검정으로 자격증이 발급되고 있다.

무시험검정 합격 기준은 이수학점 기준, 성적 기준, 교직 적성 및 인성 검사 기준, 응급처치 및 심폐소생술 실습 기준이 있다. 무시험검정으로 취득하는 최초 교사 자격은 2급 정교사 자격이다. 2급 정교사가 1급 정교사 자격증을 취득하기 위해서는 일정 기간 교육경력을 쌓은 후 소정의 재교육을 받아야 한다. 예를 들어 중등학교 정교사 2급 자격증을 가진 사람으로서 3년 이상의 교육경력을 가지고 일정한 재교육을 받은 사람은 정교사 1급 자격을 취득할 수 있다. 이 과정에서 종전에는 소정의 연수 과정을 수료한 후 시험을 치르고 상대평가 점수가 주어졌다. 시험점수는 추후 승진점수에 반영되었는데 성적이 낮은 교원의 승진 포기 및 내적 동기 저하, 과도한 경쟁과 부담을 완화하고자 2020년부터 시험을 폐지하고 연수생의 취득점수가 일정 기준(60점)을 상회하면 자격이 주어지는 P/F의 절대평가 방식으로 전환하여 시행하고 있다(박정우, 박수정, 2021).

또한 2020년 12월에 개정된 「초·중등교육법」에 따라 교사 자격 취득 결격사유 조항이 신설되었는데, 개정 이유로 '텔레그램 N번 방 사건과 같은 디지털 성범죄가 계속 발생하고 있는데 가해자 중에 미성년자도 포함되어 있는바, 재발 방지를 위하여 성장기에 올바른 교육이 이루어지도록 학생을 가르치는 교사의 자격 취득을 엄격히 하려는 것'이라고 밝히고 있다. 아울러 교사 자격 취득 시 마약·대마·향정신의 약품 중독자가 아님을 증명하도록 하고 있으며 성폭력 범죄 등의 행위로 인해 형 또는 치료감호가 확정된 사람은 교사의 자격을 취득할 수 없도록 하고 있다.

법률에서 정한 교사의 자격 기준은 유치원 교사는「유아교육법」제22조에서, 초·중등·특수학교 교사는「초·중등교육법」제21조에서 명시하고 있다. 교원 양성기관에서 일정한 교육을 마치면 취득하게 되는 유치원·초등·중등·특수학교 정교사 (1급·2급), 보건·영양·전문상담·사서교사(1급·2급)의 상세한 자격 기준은「초·중등교육법」[별표 2]에서 확인할 수 있다.

관리직으로서 교장과 교감은 그에 상응하는 교장(감)자격을 취득해야 한다. 교장은「초·중등교육법」제20조에 '교무를 총괄하고, 민원처리를 책임지며, 소속 교직원을 지도·감독하고, 학생을 교육한다'고 명시하고 있어 학교를 관리·운영하는 최고 책임자이다. 교장으로의 임용 경로는 다양하나 가장 먼저 전제되어야 하는 것은 교장 자격을 취득하는 것이다. 임기는 4년 및 중임 4년을 더하여 최대 8년이다. 교감은 교장을 보좌하여 교무를 관리하고 학생을 교육하는 사람으로 교감 자격을 취득한 사람이 임명된다. 교장(감)의 자세한 자격 기준은「초·중등교육법」[별표 1]에 제시하고 있으며 자격 취득 방법은 뒤에서 논의될 교원의 승진 부분에서 확인할 수 있다.

교사의 자격증에는 표시 과목이 있는데, 유치원 교사와 초등교사 자격증에는 담당 표시 과목이 없으나 중등교사 자격증에는 담당 과목이 표시된다. 자세한 자격 표시 방법과 과목을 살펴보면 <표 11-3>과 같다. 준교사는 법령상 남아있을 뿐 거의 취득 불가능한 자격이다.

〈표 11-3〉 교사 자격증 표기 예시

학교급별	자격별	예시
중등학교*	정교사 (1급 및 2급)· 준교사	중등학교 정교사(2급) 영어
특수학교	정교사 (1급 및 2급)· 준교사	특수학교(중등) 정교사(2급) 국어 특수학교(초등) 정교사(2급)
유치원, 초등학교	정교사 (1급 및 2급)	유치원 정교사(2급) 초등학교 정교사(2급)
보건·영양·사서· 전문상담교사	정교사 (1급 및 2급)	보건교사(2급)　　　영양교사(2급) 사서교사(2급)　　　전문상담교사(2급)

* 중등교사 표시과목: 국어, 수학, 통합과학, 물리, 화학, 생물, 지구과학, 통합사회, 일반사회, 역사, 지리, 도덕·윤리, 상담, 진로진학상담, 교육학, 종교, 철학, 심리학, 환경, 체육, 교련, 음악, 미술, 한문, 영어, 독일어, 프랑스어, 중국어, 스페인어, 일본어, 러시아어, 아랍어, 베트남어, 기술, 가정, 기술·가정, 무용, 식물자원·조경, 동물자원, 농공, 농산물유통, 식품가공, 사진, 디자인, 공예, 정보·컴퓨터, 전기, 전자, 통신, 기계, 재료, 화공, 섬유, 자원, 환경공업, 건설, 세라믹, 인쇄, 상업, 수산·해양, 항해, 기관, 냉동, 의상, 관광, 조리, 미용, 연극영화.

3 교원의 임용과 선발

1) 교원의 임용

임용(任用)이란 공무원의 신분을 부여하여 근무하게 하는 모든 인사활동을 의미하는 것으로 신규 채용, 승진, 승급, 전직(轉職), 전보(轉補), 겸임, 파견, 강임(降任), 휴직, 직위해제, 정직, 복직, 면직, 해임 및 파견을 말한다.

임용의 종류에는 신분이 발생하는 신규채용과 특별채용이 있고, 신분의 변경이 이루어지는 승진, 승급, 전직, 겸임, 파견, 강임, 휴직, 직위해제, 정직, 복직이 있으며, 퇴직과 면직, 해임, 파면은 신분의 소멸이 이루어진다.

「교육공무원법」의 교원 임용 원칙은 자격, 재교육성적, 근무성적, 그 밖에 실제 증명되는 능력에 의하며, 교원으로서의 자격을 갖추고 임용을 원하는 모든 사람에게 능력에 따른 균등한 임용의 기회가 보장되어야 한다고 정하고 있다.

2) 교원의 선발

교원의 임용 중에서 교사의 신규채용(선발)은 '교육공무원 임용후보자 선정 경쟁시험'(법정 약칭 '임용시험')이라는 공개전형을 통해서 이루어진다. 국가가 교원 수급 계획을 수립하고 시·도교육청에 임용시험을 위탁하면 그에 따라 시·도교육청별로 필요한 인원을 배정·공고·모집하여 선발·임용하게 된다. 신규 임용은 시·도교육청별로 실시하게 되어 있으나 시·도교육청이 법적 근거 없이 한국교육과정평가원에 재위탁함으로써 문제가 발생하기도 하였다. 이에 2020년 「교육공무원임용령」 개정으로 법적 근거를 마련하고 현재는 안정적으로 한국교육과정평가원이 위탁받아 출제, 채점업무 등을 실시하고 있다. 국립학교의 장은 해당 학교가 소재하는 교육감에 게 위탁하여 실시하고, 2023년 임용시험부터는 사립학교도 1차 필기시험을 위탁하 게 되었다.

시·도교육청에서는 임용시험에 의하여 임용후보자 순위명부를 작성하고 신규 임 용은 임용후보자 명부에 등재된 고순위자 순으로 임용한다. 명부의 유효기간은 작성 일로부터 1년으로 하고 있으나 2년의 범위 안에서 연장 가능하다.

임용시험은 「교육공무원 임용후보자 선정경쟁시험규칙」에 근거하여 진행되며 유· 초·중등교사 임용시험 모두 제1차와 제2차 시험으로 진행되고, 제1차 시험에 합격 해야만 제2차 시험에 응시할 수 있다. 응시자격은 채용 예정직 교사 자격증 소지자 및 교사 자격증을 취득할 졸업예정자 또는 수료예정자이며, 한국사능력검정시험 3급 이상의 자격이 필수이다. 중등 임용시험의 경우 2회 이상의 심폐소생술 교육도 필수 조건으로 하고 있다.

임용시험은 필기시험, 심층면접과 수업능력(수업실연, 실기·실험) 세 가지 영역으 로 이루어지는데, 제1차 필기시험은 한국교육과정평가원에서 출제하여 전국 공통이 다. 유·초등 임용시험은 1차 시험에서 교직논술(20점)과 교육과정(80점)을 보고, 2차 시험은 시·도 교육청마다 시험과목 및 배점, 출제기관이 다르나 대체로 교직심층면 접, 수업과정안작성, 수업실연, 영어수업실연(초등), 영어면접(초등)의 다섯 과목으로 이루어진다. 중등 임용시험의 경우 1차 필기시험은 교육학과 전공에 대한 이해와 교 직 수행 능력을 평가하고, 교직적성 심층면접은 교사로서의 적성, 교직관, 인격 및 소양을 평가하며 수업능력 평가는 교사로서의 의사소통 능력과 학습지도 능력을 평 가한다. 중등교사 임용시험 개요는 <표 11-4>와 같다.

〈표 11-4〉 중등교사 임용시험 개요

- 1차 시험

구분	1교시	2교시		3교시	
출제분야	교육학	교과교육학(25~35%) 교과내용학(75~65%)			
시험시간	60분 (09:00~10:00)	90분 (10:40~12:10)		90분 (12:50~14:20)	
문항유형	논술형	기입형	서술형	기입형	서술형
문항수	1문항	4문항	8문항	2문항	9문항
문항당 배점	20점	2번	4점	2번	4점
교시별 배점	20점	40점		40점	

- 2차 시험

시험과목	시험 시간	비고
교직적성 심층면접 교수학습 지도안 작성 수업능력 평가(수업실연, 실기·실험)	시·도교육청 결정	2차 시험은 시도별, 과목별로 다를 수 있음

출처: 한국교육과정평가원 홈페이지.

4 전보와 전직

전보(轉補)란 교육공무원을 같은 직위 및 자격에서 근무기관이나 부서를 달리하여 임용하는 것으로, 일반적으로 교원이 근무하는 학교를 옮기는 것을 말한다. 전보의 목적은 장기근무로 인한 침체를 방지하고 능률적인 직무수행 및 능력을 갖춘 교원을 적재적소에 배치하기 위한 것으로 순환전보제를 운영하고 있다.

전보 규정은 시·도교육청별로 교육여건, 지역 상황 등을 고려하여 매년 전보 계획을 수립한다. 교원의 생활근거지 또는 희망 근무지 배치를 최대한 보장하여 사기 진작 및 생활안정을 도모하고 전보 임용의 공정성을 확보하기 위해 전보 기준을 전보 발령 6개월 이전에 공개하도록 하고 있다. 전보 시기는 매년 3월과 9월이며 학기도중 전직, 전보는 부득이한 경우에 한하여 이루어진다. 전보는 정기 전보와 비정기 전보로 나눌 수 있으며 학교장에 의해 전보 유예도 가능하다. 정기 전보의 학교 간 전보는 임용권자가 정하는 일정 기간 동안 동일직위에 근속한 자를 대상으로 정기적으로 실시하는 것이고, 비정기 전보는 학교장의 전보 요청 등의 사유로 교육상 전보가 불가피하다고 인정할 때에는 동일직위 근속기간이 정기 전보 기간 이내라 하더라도 전보하는 것을 말한다. 직무수행능력이 현저히 부족하거나 근무성적이 저조한 교원, 징계처분을 받은 교원, 당해 학교에서 3회 이상 주의 또는 경고 처분을 받은 교원 등이 해당될 수 있다.

동일 교육청 내에서 이루어지는 전보와는 달리 시·도교육청 간 전보가 이루어지기도 한다. 이는 '시도 교류'라고 하며 교육공무원의 생활 안정과 부부별거로 인한 어려움의 해소 등을 목적으로 한다. 시도 교류는 해당 학교급 및 해당 교과 간 일대일 매칭을 원칙으로 하고 전출과 교환(파견)의 두 가지 방법이 있다.

전직(轉職)이란 교육공무원의 종류와 자격을 달리하여 임용하는 것을 말하는데, 예를 들어 교사, 교감(원감), 교장(원장)이 교육전문직원으로 신분이 변경되는 경우가 해당된다.

장학사·교육연구사로의 최초 전직 임용은 교육기관 또는 교육행정기관의 추천을 받아 공개경쟁시험을 거쳐 임용하는데 기본 소양 평가, 역량평가를 포함하며 기본 소양 평가는 필기평가 이외의 방법을 실시하도록 하고 있다. 교육전문직원으로 전직을 위한 임용요건은 임용권자가 정할 수 있도록 하고 있어 각 시·도교육청에서는 지역의 교육정책을 실현할 적임자를 선발하기 위해 다양한 전형을 개발·시행하고 있다. 또한 교육부와 그 소속기관에 근무하는 교육연구사의 전직 임용은 정규교원으로서 실제 근무한 경력이 5년 이상인 자를 대상으로 공개경쟁시험에 의함을 원칙으로 하고 있다.

교육전문직원이 다시 교원으로 전직할 때에는 교원에서 교육전문직원으로 전직할 당시의 직위로 전직하여야 하며, 다만 교사에서 교육전문직원으로 전직한 경우 대개 5년 이상, 교감에서 교육전문직원으로 전직한 경우 2년 이상 근속한 자는 임용권자가 정하는 기준에 따라 교감 또는 교장으로 전직할 수 있다.

전직과는 달리 신분의 변동은 없으나 일정 기간 근무 장소(교육행정기관, 교육연구기관 등)를 달리하여 교육정책 개발, 교육행정 및 교육연구 등의 특정한 업무를 수행하는 교사 파견제도 있다. 파견교사는 대체로 1년~2년의 파견 기간이 종료되면 교사로 학교에 복귀하여야 하는데 해당 기관의 필요에 의해 한시적으로 활용하는 제도로 지나친 파견교사의 활용은 학교의 정상적인 교육활동에 부담을 준다는 의견도 있다. 또한 교직경력 10년 이상인 교원을 대상으로 선발하는 교원 특별연수(학습연구년)라는 제도가 있는데, 여기에 선발된 교사는 학교를 떠나 1년간 자유롭게 연수 및 연구활동을 할 수 있다. 이 제도의 목적은 교원의 전문성을 심화시키고 재충전을 통한 교육력을 회복하며, 교육관련 연구활동을 진행하고 그 성과를 학교 현장에 공유함으로써 학교교육을 개선하는 데 있다. 따라서 교원 특별연수를 마친 교원은 연구활동 결과를 적극적으로 학교현장에 적용하고 다른 교원들과 교류·소통하면서 교육활동에 기여하고자 노력하여야 한다.

5 교원의 승진

승진(昇進)은 같은 종류의 직무에 종사하는 바로 아래 직급의 사람 중에서 대통령령이 정하는 바에 따라 경력평정, 재교육성적, 근무성적, 그 밖에 실제 증명되는 능력에 의하여 행하는 임용행위이다. 예를 들어 교사에서 교감(원감)으로, 교감(원감)에서 교장(원장)으로 승진하거나 장학사에서 장학관, 교육연구사에서 교육연구관으로 승진하는 경우이다.

교사에서 교감(원감)으로 승진하기 위해서는 먼저 교감자격연수대상자로 지명을 받고 교감연수를 통해 교감자격을 취득한 후 교감승진후보자명부에 등재되어야 한다. 교감자격연수대상자 지명은 승진평정점을 기초로 순위를 결정하고, 면접을 통과한 교사 중 최종 대상자를 선정한다.

승진평정점의 구성은 총경력제에 의한 최대 20년의 경력평정, 최근 5년 이내 유리한 3년을 반영하는 근무성적평정, 교육성적과 연구실적을 합산한 연수성적 평정과 공통가산점(교육부지정 연구학교 근무 등)과 선택가산점(명부작성권자가 인정하는 실적 등)으로 이루어진다. 교장·교감승진후보자명부는 매년 3월 31일을 기준으로 작성하며 자격별, 승진될 직위별로 나누어 작성하고 명부에 등재된 교육공무원의 요구가 있을 때에는 본인의 명부순위를 알려주어야 한다.

교감(원감)에서 교장(원장)으로 승진하기 위해서는 교감으로 일정 기간 근무한 이후 교장자격연수대상자로 지명을 받고 교장연수를 통해 교장자격을 취득해야 한다. 그 후 교장(원장) 승진평정을 통해 교장임용후보자명부 순위가 높은 사람부터 차례로 결원된 인원의 3배수의 범위에서 승진 임용 또는 승진 임용을 제청하고 대통령의 재가에 의해 임용된다.

교장(감)과 같이 초·중등학교에서 관리직이 아닌 교사로서 취득할 수 있는 최고의 전문적 자격을 소유한 직위에 해당하는 수석교사가 있다. 수석교사는 2012년부터 공식적으로 도입되었는데 15년 이상의 교육경력 및 1급 정교사 자격을 갖춘 사람에 한해 임명되며 임기는 4년이다. 재임용되기 위해서는 4년의 근무경력에 대한 업적평가 및 역량평가를 통과하여야 하고 교과 및 수업 전문성이 탁월하고 자신의 전문성을 다른 교사와 공유할 수 있는 의지와 역량을 갖춘 교사 가운데 선발된다. 이들은 수업을 담당하면서 동시에 교내에서의 장학활동, 우수 수업기법과 학습자료 개발·보급, 초임교사 지도와 교·내외 연수 주도, 교직 상담 등의 역할을 수행한다.

6 교원에 대한 평가

우리나라 교사가 공식적으로 받는 평가에는 「교육공무원승진규정」에 있는 근무성적평정과 성과상여금평가, 교원능력개발평가가 있다. 교사 평가의 가장 핵심은 근무성적평정으로 관리자 평가(60%)와 다면평가(40%) 결과를 합산하여 상대평가로 산출하는데, 이 점수는 승진 및 전보에 중요하게 활용된다. 근무성적평정은 매 학년도 말에 산출하며 관리자 평가의 비중이 높게 책정되어 있다. 다면평가는 정성평가(32%)와 정량평가(8%)로 구성되며 정성평가는 동료(교사)가 평가하는 것이고 정량평가는 매년 학교 구성원들이 민주적으로 결정한 정량평가 기준에 따라 1년간의 본인의 교육활동 결과를 수량화하여 반영한다.

성과상여금은 「공무원보수규정」에 근거하여 전년도 실적에 대하여 공무원에게 지급되는 상여금으로 등급에 따라 차등 지급하도록 하고 있다. 교사의 성과상여금지급

평가는 근무성적평정 시에 실시한 다면평가 결과를 활용하여 정성평가(0~20%)와 정량평가(100%~80%)를 환산·적용함으로써 교사들의 평가에 대한 부담을 최소화하고 있다. 등급은 세 단계(S, A, B)로 나뉘고 학교가 자율적으로 정한 차등지급률(대체로 50%)에 따라 상여금이 결정된다(세종시교육청, 2023). 그러나 교직의 특성상 교육성과를 객관적으로 수량화·등급화하는 것에 한계가 있어 일부 교원들은 지속적으로 성과상여금제도의 폐지를 요구하고 있기도 하다.

교원능력개발평가는 학교에 근무하는 교원의 능력을 진단하기 위한 평가 제도로 약칭 '교원평가'로 불린다. 「교원 등의 연수에 관한 규정」에 근거하여 시범운영을 거쳐 2010년부터 전국 공립 유치원 및 초·중·고등학교에서 시행되고 있다. 교원의 전문성을 진단하고 그 결과에 근거한 교원의 능력개발을 지원하여 학교 교육의 질을 제고하고 공교육의 신뢰도를 높인다는 목적이다. 교원평가는 교원 상호간의 평가 및 학생·학부모의 만족도 조사 등의 방법으로 구성되고, 연 1회 이상, 9월~11월에 대부분 이루어진다. 1점에서 5점까지 체크리스트로 실시하는 설문평가와 서술형 평가가 있는데 서술형 평가는 평가결과가 해당 교사에게 직접 전달된다. 평가 주체는 학생, 학부모, 동료교사이나 2023년부터 동료교사 상호평가는 미실시하고 있으며, 2개월 이상 재직한 교장, 교감 및 모든 교사를 평가대상으로 한다.

그러나 교원평가에 대하여 찬반 및 존폐 문제가 교원단체 등을 통해 계속 제기되고 있고 평가의 객관성과 공정성에 대한 논란이 많다. 최근 서술형 문항에서 제도 시행 취지에 어긋나는 부적절한 답변(인신공격, 모욕, 성희롱 등)으로 인해 교육활동침해 사안이 발생하고 있어 교육부에서는 경고(안내) 문구 게시, 금칙어 목록 추가 및 필터링을 할 수 있도록 시스템을 개선하고 있다.

01 교사는 전문가이고 이를 대변하는 첫 번째 조건이 교사 자격이다. 현재 우리나라는 일정 기준을 이수하면 시험을 거치지 않고 자격이 주어지고, 그 자격이 평생 유지된다. 교사의 전문성이 입직 초기에 취득한 자격으로 평생 유지되는 것은 타당한가? 교직 생애 중 자격에 걸맞은 전문성을 가지려면 어떤 노력을 해야 하는가?

02 교사로 임용되기 위해서는 교육공무원 임용후보자 선정 경쟁시험(임용시험)을 통과해야 한다. 현재의 임용시험제도는 전문성과 능력을 갖춘 우수한 교사를 선발하고 있는가? 개선할 점이 있다면 무엇인가?

03 오늘날 각종 평가는 다양한 영역에서 일상적으로 이루어진다. 교사도 매년 '교원능력개발평가'를 받고 있는데, 교직 특성상 교사의 교육활동 결과를 단기간에 평가하기에는 한계가 있다. 교원평가를 합리적이고 발전적으로 개선할 수 있는 방안은 무엇일까?

04 교사가 전직하여 교육전문직원(장학사, 교육연구사)이 되면 교육부, 시·도교육청이나 교육지원청에 근무하게 된다. 만약 교육전문직원이 된다면 학교와 학생, 선생님들을 위해 어떤 정책들을 만들고 싶은가?

제
12
장

교원 복무

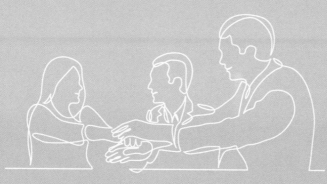

예비교사와 신임교사에게 필요한
교사론과 교직실무

제12장
교원 복무

최진경

국가공무원인 교사에게는 다양한 의무와 함께 준수해야 할 여러 가지 규칙이 있다. 법령에 따라 교사에게 요구되는 의무에는 어떤 것이 있을까? 교사로 근무하면서 준수해야 할 복무 사항은 무엇일까? 교사에게 주어지는 휴가와 휴직에는 어떤 것이 있을까?

교사는 안정적인 신분보장과 동시에 성장하는 학생을 교육한다는 측면에서 타 직종보다 높은 도덕성과 원칙을 요구하고 있다. 교사가 꼭 지켜야 할 의무와 누릴 수 있는 권한을 이해함으로써 보다 행복한 교직을 수행하는 데 도움이 될 것이다.

◎ 반드시 알아야 할 것
- 공무원으로서 지켜야 하는 의무와 기본적인 복무
- 휴가와 휴직의 종류
- 교사의 호봉과 보수 산정

◎ 목차
1. 교원의 의무
2. 교원의 일반적인 복무
3. 교원의 휴가와 휴직
4. 교원의 보수
5. 상훈 및 징계

1 교원의 의무

「헌법」 제7조 제1항은 '공무원은 국민 전체에 대한 봉사자이며, 국민에 대하여 책임을 진다'라고 규정하고 있고, 이에 근거하여 「국가공무원법」은 공무원이 국민의 봉사자로서 직무를 민주적이고 능률적으로 수행할 것을 규정하고 있어 교육공무원 복무의 기본원칙 또한 이에 준거하고 있다. 교육공무원의 의무 중 가장 중요하고 적극적인 의무는 학생 교육과 연구활동이라 할 수 있다. 이러한 교육 목적을 효율적으로 달성하기 위하여 교육공무원이 준수하여야 할 다양한 행동규범이 요구되며, 성실의 의무를 비롯하여 직무상 및 신분상 여러 의무를 지고 있는바, 이것은 국민 전체에 대한 봉사자라는 지위에서 나오는 윤리적 성격에 바탕을 두고 있다.

1) 직무상 의무(적극적 의무)

의무	내용	근거 「국가공무원법」
성실의 의무	모든 공무원은 법령을 준수하여 성실히 직무를 수행하여야 함	제56조
복종의 의무	공무원은 직무를 수행할 때 소속 상관의 직무상 명령에 복종하여야 함	제57조
친절·공정의 의무	공무원은 국민 전체의 봉사자로서 친절하고 공정하게 직무를 수행하여야 함	제59조
종교 중립의 의무	① 공무원은 종교에 따른 차별 없이 직무를 수행하여야 함 ② 공무원은 소속 상관이 제1항(「국가공무원법」 제59조의2제1항)의 내용에 위배되는 직무상 명령을 한 경우에는 이에 따르지 아니할 수 있음	제59조의2
비밀 엄수의 의무	공무원은 재직 중은 물론 퇴직 후에도 직무상 알게 된 비밀을 엄수하여야 함	제60조
청렴의 의무	① 공무원은 직무와 관련하여 직접적이든 간접적이든 사례증여 또는 향응을 주거나 받을 수 없음 ② 공무원은 직무상의 관계가 있든 없든 그 소속 상관에게 증여하거나 소속 공무원으로부터 증여를 받아서는 아니 됨	제61조
품위 유지의 의무	공무원은 직무의 내·외를 불문하고 그 품위가 손상되는 행위를 하여서는 아니 됨	제63조

2) 신분상 의무(소극적 의무)

의무	내용	근거 「국가공무원법」
직장 이탈 금지	공무원은 소속 상관의 허가 또는 정당한 사유가 없으면 직장을 이탈하지 못함(이하 생략)	제58조
영리 업무 및 겸직 금지	공무원은 공무 외에 영리를 목적으로 하는 업무에 종사하지 못하며 소속 기관장의 허가 없이 다른 직무를 겸할 수 없음	제64조
정치 운동의 금지	공무원은 정당이나 그 밖의 정치 단체의 결성에 관여하거나 이에 가입할 수 없음(이하 생략)	제65조
집단 행위의 금지	공무원은 노동운동이나 그 밖의 공무 외의 일을 위한 집단 행위를 하여서는 아니 됨. 다만, 사실상 노무에 종사하는 공무원은 예외로 함(이하 생략)	제66조

3) 영리 업무 및 겸직 금지

「국가공무원법」제64조에서 공무원은 영리 업무에 종사하지 못하며 소속 기관장의 허가 없이 다른 직무를 겸직할 수 없도록 규정하고 있고, '국가공무원 복무규정'에서는 영리 업무(제25조)와 겸직 허가(제26조)에 대한 한계를 명시하고 있다.

영리(營利) 업무란 계속적으로 재산상의 이득을 취하는 행위를 말하는데 공무원은 겸하려는 행위가 누가 보더라도 명백하게 계속성이 없는 행위라고 볼 수 있는 경우가 아니라면, 반드시 소속 기관의 장에게 겸직 허가를 신청하여야 한다.

겸직(兼職) 허가의 대상은 영리 업무와 비영리 업무로 나눌 수 있다. 영리 업무는 공무원이 직무상 능률 저해, 공무에 대한 부당한 영향, 국가의 이익과 상반되는 이익의 취득 또는 정부에 불명예스러운 영향을 끼칠 우려가 있는 경우에 해당하지 않는 업무이며 비영리 업무는 영리를 목적으로 하지 않는 계속성이 있는 업무로 규정하고 있다. 겸직 허가권자는 소속기관의 장으로 업무의 내용과 성격, 겸직 허가제도의 취지 등을 종합적으로 고려하여 개별적·구체적으로 판단하여 허가 여부를 결정하도록 하고 있다. 교사는 학교의 장의 허가를 받아야 한다.

최근 많은 교원들이 관심을 가지는 개인 인터넷 미디어 활동과 관련하여 겸직 허가를 요청하는 사례가 많다. 아래의 복무지침(교육부, 2019)을 참고하고, 겸직 허가

대상 여부 조건 등을 면밀히 살펴 사전에 겸직 허가를 받아 추후 신분상의 어려움이 발생하지 않도록 해야 한다.

유튜브 활동 겸직신고 및 허가

  대상: 유튜브 광고수익 발생 최소 요건 도달 시부터
▶ 구글이 현재 광고 계약 파트너로 인정하는 최소요건으로 유튜브 채널 구독자 1,000명 이상, 영상 연간 총 재생시간 4,000시간 이상
  유의사항
▶ 겸직 허가권자는 유튜브 활동의 내용과 성격 등을 구체적으로 심사하여 허가기준에 부합하고 직무수행에 지장이 없는 경우 겸직 허가
▶ 광고수익 발생 요건에 도달하지 않더라도 교원으로서 품위를 손상시키거나 본연의 직무에 지장을 초래하는 등 금지요건에 해당하는 경우는 겸직 허가와 별개로 활동 금지

---

2 교원의 일반적인 복무

'복무(服務)'라 함은 '어떤 직무나 임무에 힘씀'이라는 사전적인 의미를 지니고 있다. 따라서 교원의 복무는 공무원 본인에게 발생할 수 있는 모든 근무상태를 말하며 공직자로서 직무를 수행할 때 가장 기본적으로 지켜야 하는 근무시간 및 근무사항 관리이다. 「국가공무원 복무규정」에서 공무원의 근무시간은 1주간 점심시간을 제외하고 40시간으로 하며, 1일 근무시간은 오전 9시부터 오후 6시까지로 하고 점심시간은 낮 12시부터 오후 1시까지로 규정하고 있다. 그러나 초·중등 교원의 근무시간은 직무의 특수성을 감안하여 1일 근무시간 총량(평일 8시간)을 확보하여 교육과정 운영에 지장이 없는 범위 내에서 점심시간을 포함하여 출·퇴근 시간(대개 08:30~16:30)을 학교별로 자율적으로 정할 수 있도록 하고 있다. 교원의 근무시간에 점심시간을 포함하는 이유는 학생의 급식지도 및 생활지도가 이루어지기 때문이다.

교원의 근무사항 관리는 근무상황부를 활용하여 개인별로 관리하도록 하고 있는데, 현재는 나이스(NEIS)에 의한 전자적 개별관리가 이루어지고 있다. 나이스에 의한

근무상황부를 운용하지 않을 시는 학교의 장은 별도로 근무상황부를 비치·관리한다. 교원은 개인이 희망하는 복무가 발생하기 전에 승인을 받아야 하며, 허가 없이 학교(근무지)를 벗어나게 되면 직장 이탈 금지 조항을 어기게 된다. 복무 기준 준수는 공무원으로서 기본적인 조건이며 이를 어길 시 징계의 대상이 되므로 유의하여야 한다.

복무 및 근무와 관련한 용어를 정리하면 다음과 같다.

- **출근**: 정해진 근무시작 시간까지 근무장소(사무실 또는 현장)에 도착하는 것
- **지각**: 정해진 근무장소에 정해진 근무시작 시간 이후에 출근하는 것
- **조퇴**: 정해진 근무종료 시간 이전에 퇴근하는 것
- **외출**: 근무시간 중 개인용무를 위하여 근무장소 외로 나간 후, 근무종료 시간 이전에 돌아오는 것
- **퇴근**: 그 날의 업무를 종료하고 근무종료 시간 이후에 근무장소를 떠나는 것
- **결근**: 출장, 휴가 등의 정당한 사유없이 근무종료 시간까지 출근하지 아니하거나 국가공무원 복무규정에서 정한 휴가일수를 초과하여 휴가를 사용한 경우
- **출장**: 상사의 명에 의하여 정규 근무지 이외의 장소에서 공무를 수행하는 것 (공무와 관련 없는 일에 대하여 출장 처리를 해서는 아니 됨)

출처: 인사혁신처(2023).

1) 교원의 휴가

'휴가(休暇)'라 함은 학교의 장이 일정한 사유가 있는 교원의 신청 등에 의하여 일정 기간 출근의 의무를 면제해 주는 것으로, 연가·병가·공가·특별휴가를 총칭한다.

연가(年暇)는 정신적·신체적 휴식을 취함으로써 근무능률을 유지하고 개인 생활의 편의를 위하여 사용하는 휴가이며, 병가는 질병 또는 부상으로 직무를 수행할 수 없는 경우 또는 감염병에 걸려 다른 교직원, 학생 등의 건강에 영향을 미칠 우려가 있을 때 부여받는 휴가이다. 공가(公暇)는 교원이 일반 국민의 자격으로 국가기관의 업무 수행에 협조하거나 법령상 의무의 이행이 필요한 경우에 부여받는 휴가이며, 특별휴가는 사회통념 및 관례상 특별한 사유(경조사 등)가 있는 경우 부여받는 휴가

이다.

학교의 장은 휴가를 승인함에 있어 소속 교원이 원하는 시기에 법정 휴가일 수를 사용하도록 하되, 연가는 수업 및 교육활동 등을 고려하여 특별한 사유가 없는 한 수업일을 제외하여 실시하도록 하고 휴가로 인한 수업 결손 등이 발생하지 않도록 조치를 취하여야 한다. 연가·병가·공가·특별휴가는 별개의 요건에 따라 운영되므로 휴가일수의 계산은 휴가 종류별로 따로 계산한다. 법정 휴가일 수를 초과한 휴가는 결근으로 처리됨에 유의해야 한다.

연가는 특별한 사유가 없는 한 수업일을 제외하여 실시하도록 하고 있으나 본인 또는 배우자 직계존속의 생일·기일, 가족 등의 간호나 위로가 필요한 경우, 병가를 모두 사용한 후에도 계속 요양이 필요한 경우, 한국방송통신대학교 출석 수업 및 일반대학원 시험에 참석하는 경우 등 특별한 경우에 신청이 가능하나 연가 실시 전에 반드시 학교의 장의 승인을 받아야 한다. 연가 일수는 재직 기간에 따라 달리 산정되며, 매년 1월 1일부터 12월 31일까지 1년 단위로 계산된다. 연가기간에는 토요일, 공휴일을 제외하나 그 밖의 휴가 기간 산정 시에는 연속하여 30일 이상인 경우에는 토요일과 공휴일이 포함된다.

〈표 12-1〉「국가공무원 복무규정」 제15조의 재직기간별 연가일수

재직기간	연가일수	재직기간	연가일수
1개월 이상 1년 미만	11일	4년 이상 5년 미만	17일
1년 이상 2년 미만	12일	5년 이상 6년 미만	20일
2년 이상 3년 미만	14일	6년 이상	21일
3년 이상 4년 미만	15일		

연가일수가 없거나 당해 재직기간의 잔여 연가일수를 초과하는 휴가 사유가 발생한 경우 그 다음 재직기간의 연가일수를 당겨 미리 사용할 수 있다. 당겨쓸 수 있는 연가일수는 <표 12-2>와 같다. 다만, 다음 재직기간의 연가를 미리 사용하는 것은 실제로 다음 재직기간의 전 기간을 근무하는 것을 전제로 한다. 또한 초과근무 시간을 합산하여 연가 일수로 전환하여 사용할 수 있는 제도도 마련되어 있다.

〈표 12-2〉「교원 휴가에 관한 예규」제5조의 교원의 미리 사용할 수 있는 연가일수

재직기간	미리 사용하게 할 수 있는 최대 연가일수
6월 미만	3일
6월 이상 1년 미만	4일
1년 이상 2년 미만	6일
2년 이상 3년 미만	7일
3년 이상 4년 미만	8일
4년 이상	10일

일반적으로 공무원이 연가를 활용하지 않을 경우에는 예산의 범위에서 미사용 연가일수에 해당하는 연가보상비를 지급하고 있으나 방학이 있는 기관에 근무하는 교육공무원은 연가보상비 지급대상에서 제외된다.

병가는 일반 병가와 공무상 병가가 있다. 일반 병가는 질병 또는 부상으로 인하여 직무를 수행할 수 없는 경우 또는 감염병에 걸려 출근으로 인하여 다른 교직원, 학생 등의 건강에 영향을 미칠 우려가 있을 때 부여받는 휴가로 연 60일의 범위에서 사용할 수 있다. 공무상 병가는 공무상 질병 또는 부상으로 직무를 수행할 수 없거나 요양이 필요한 경우에 180일의 범위에서 병가를 승인할 수 있다. 병가는 매년 1월 1일부터 12월 31일까지 1년 단위로 계산하며 질병이나 부상으로 인한 병지각·병조퇴 및 병외출은 종별 구분 없이 누계 시간으로 계산하여 누계 8시간을 병가 1일로 계산하고 8시간 미만의 잔여 시간은 계산하지 않는다. 연간 누계 6일까지는 진단서의 제출 없이도 병가를 사용할 수 있으나, 7일 이상 연속되는 병가와 연간 누계 6일을 초과할 경우에는 의사의 진단서를 첨부하여야 하고 동일한 사유의 병가는 최초 제출한 진단서로 갈음할 수 있으나 진단서를 제출하지 못하는 경우에는 연가를 활용하여야 한다.

공가의 대상은 「국가공무원 복무규정」 제19조에 구체적으로 제시하고 있어 해당 여부를 판단하여 승인을 요청할 수 있다.

〈표 12-3〉「국가공무원 복무규정」 제19조의 공가 신청 사유

- 「병역법」이나 그 밖의 다른 법령에 따른 병역판정검사·소집·검열점호 등에 응하거나 동원 또는 훈련에 참가할 때
- 공무와 관련하여 국회·법원·검찰·경찰 또는 그 밖의 국가기관에 소환되었을 때
- 법률에 따른 투표에 참가할 때
- 승진시험·전직시험에 응시할 때
- 원격지 간의 전보 발령을 받고 부임할 때
- 「산업안전보건법」 제129조부터 제131조까지의 규정에 따른 건강진단 또는 「국민건강보험법」 제52조에 다른 건강검진을 받을 때 및 「결핵예방법」 제11조 제1항에 따른 결핵검진 등을 받을 때
- 「혈액관리법」에 따라 헌혈에 참가할 때
- 「교원 등의 연수에 관한 규정」 제13조에 따른 외국어 능력에 관한 시험에 응시할 때
- 올림픽, 전국체전 등 국가적인 행사에 참가할 때
- 천재지변, 교통 차단 또는 그 밖의 사유로 출근이 불가능할 때

(중략)

- 「감염병의 예방 및 관리에 관한 법률」에 따라 제1급감염병에 대하여 같은 법 제24조 또는 제25조에 따라 필수예방접종 또는 임시 예방접종을 받거나 같은 법 제42조 제2항 제3호에 따라 감염 여부 검사를 받을 때

특별휴가에는 경조사 휴가, 출산휴가, 난임 치료 시술 휴가, 여성 보건 휴가, 모성보호 시간, 육아시간, 수업 휴가, 재해구호 휴가, 포상 휴가, 가족 돌봄 휴가, 임신검진 휴가가 있으며 최근 '교육활동 보호를 위한 특별휴가'가 포함되었다.

경조사 휴가는 그 사유가 발생한 날을 포함하여 전후에 연속하여 실시하는 것이 원칙으로 토요일·공휴일로 인하여 분리되는 경우를 제외하고는 분할하여 사용할 수 없다. 다만, 본인 결혼 휴가는 사유가 발생한 날로부터 30일 이내 범위에서 사용 가능하며, 배우자 출산 휴가의 경우에는 그 사유가 발생한 날로부터 90일 이내 1회 한정하여 나누어 사용 가능하다.

〈표 12-4〉「국가공무원 복무규정」 [별표 2]의 경조사 휴가일수

구분	대상	일수
결혼	본인	5
	자녀	1
출산	배우자	10
사망	배우자, 본인 및 배우자의 부모	5
	본인 및 배우자의 조부모·외조부모	3
	자녀와 그 자녀의 배우자	3
	본인 및 배우자의 형제자매	1
입양	본인	20

그 밖의 특별휴가의 종류와 기간을 정리하면 〈표 12-5〉와 같다.

〈표 12-5〉「국가공무원 복무규정」 제20조의 특별휴가 종류별 사유와 기간

종류	사유	휴가 기간	비고
출산휴가	임신 또는 출산	출산 전후 90일 (둘 이상의 자녀는 120일)	출산 후 45일 이상 확보
유산휴가 (사산휴가)	임신 중 유산 또는 사산	10일, 30일, 60일, 90일	임신기간에 따름 (인공임신중절수술 제외)
배우자유산휴가 (사산휴가)	배우자가 유산하거나 사산한 경우	3일	배우자 유산휴가 기간 내에 사용, 1회 분할 사용 가능
난임치료 시술휴가	인공수정 및 체외수정 등 난임치료시술	2일, 3일, 4일	여성(시술일 당일 반드시 포함) 남성: 정자채취일 당일
여성보건휴가	여성교원 생리기간 중	월1회 1일(무급)	분리사용 불가
모성보호시간	임신 중인 여성 교원	1일 2시간	증빙서류(진단서, 임신 확인서 등) 제출, 육아시간과 중복사용 불가
육아시간	만5세 이하(생후 72개월이전까지의 자녀를 둔 교원	1일 최대 2시간	24개월 범위(수업 등 학생지도에 지장이 없는 범위 내)
수업휴가	한국방송통신대학교에 재학중인 교원	출석 수업 시간	법정연가를 먼저 사용 후 부족한 수업 기간에 한하여 인정

재해구호휴가	재난으로 피해를 입은 교원과 그 지역에 자원봉사를 하려는 교원	5일 이내 (대구모 재난 피해 교원은 10일 이내)	재난 피해정도, 수업지장 등을 고려하여 신중히 허가
포상휴가	탁월한 성과와 공로가 인정되는 경우	10일 이내	포상휴가 취지를 감안하여 신중히 허가
가족돌봄휴가	자녀, 배우자, 부모, 조부모, 외조부모, 손자녀의 돌봄	연간 10일 이내 (유급 2~3일)	(유급) 자녀에 대하여 최대 3일, 시간 단위 사용 가능 (무급)자녀 외의 돌봄 시, 유급 자녀돌봄휴가 소진시 일단위로 사용 가능
임신검진휴가	임신한 여성교원의 임신검진	임신기간 동안 10일 범위 내	최초 신청 시 임신확인서 등 제출
교육활동보호를 위한 특별휴가	교육활동침해 피해 교원의 회복 지원	5일의 범위 내	교원휴가에 관한 예규 제8조 제1항

2) 교원의 휴직

휴직(休職)은 교원이 재직 중 직무에 종사할 수 없는 사유가 발생한 경우 사안에 따라 일정 기간 동안 신분을 유지하면서 질병치료, 법률상 의무이행, 능력개발을 위한 연수 기회를 부여하는 등 공무원의 신분을 보장하기 위한 제도이다(교육부, 2016).

「교육공무원법」 제44조 제1항, 제45조 제1항에 근거하여 직권휴직과 청원휴직으로 나눌 수 있는데 직권휴직은 인사권자의 권한으로 휴직조치를 내리는 것을 말하며, 청원휴직은 공무원 본인의 원에 의하여 휴직을 하게 되는 것을 말한다. 이에 따라 질병휴직, 병역휴직, 행방불명휴직, 법정의무수행휴직, 노조전임자휴직은 직권휴직이다.

청원휴직에는 유학휴직, 고용휴직, 육아휴직, 입양휴직, 불임·난임휴직, (국내)연수휴직, 가족돌봄휴직, 동반휴직, 자율연수휴직이 있으며 각각의 종별에 따라 휴직기간, 경력인정 여부, 결원보충, 봉급, 수당 등의 조건이 다르다(세종시교육청, 2020).

육아휴직은 만 8세 이하의 자녀를 양육하기 위하여 필요한 남·여 교육공무원, 임신 또는 출산하게 된 여성 교육공무원, 취학 중인 경우에는 연령과 관계없이 2학년 이하인 경우 청원 가능하며 자녀 1명에 대하여 남·여 교육공무원 각각 3년 이내 분할하여 사용 가능하다. 첫째, 둘째 자녀의 최초 1년 이내의 기간은 호봉 승급을 인정하고, 셋째 자녀부터는 휴직기간 전부를 승급에 반영한다. 또한 휴직일 시작일부터 최초 1년 이내 육아휴직수당(50%~80%)이 지급된다.

연수휴직은 교육부장관 또는 교육감이 지정하는 연구기관이나 교육기관 등에서 연수하게 된 경우 청원할 수 있는 휴직으로 휴직 기간은 3년 이내이다. 휴직의 경력 인정은 50%이고, 학위취득 시 호봉 승급이 인정되며 봉급 및 수당은 지급되지 않는다.

자율연수휴직은 「공무원 연금법」 제25조에 따른 재직기간 10년 이상인 교원이 학습·연구 등이 필요하거나 신체적·정신적 회복이 필요할 때 사용 가능하다. 휴직기간은 1년 이내이며 재직기간 중 1회 사용할 수 있다. 경력과 승급은 인정되지 않으며 봉급과 수당도 지급되지 않는다.

휴직 중이라도 공무원의 신분은 보유하므로 신분상의 의무(겸직금지, 정치운동금지, 집단행위금지 등)를 위반하였을 때는 징계처분의 대상이 됨에 유의해야 하고, 휴직사유 소멸 시 30일 이내에 지체없이 복직조치를 해야 한다.

3 교원의 보수

교원의 보수는 단일호봉제로 직급이나 지위에 관계없이 하나의 호봉 체계만 적용하여 근무경력에 따라 봉급액을 지급하는 제도를 채택하고 있다. 승진을 하여도 호봉에 변동이 없고, 근무연수에 따라 정기적으로 호봉이 오르거나 학력 변경 등에 따라 변동되는 호봉체계이다.

교육공무원의 보수에 관한 사항은 예외는 있으나 대부분 「국가공무원법」과 「공무원보수에 관한 규정」을 따르고 있다. 공무원의 보수는 일반의 표준 생계비, 물가 수준, 그 밖의 사정을 고려하되, 민간부문의 임금수준과 적절한 균형을 유지하도록 노력하여야 한다고 밝히고 있다. 보수와 관련된 주요 용어를 정리하면 <표 12-6>과 같다.

〈표 12-6〉 보수와 관련된 용어

- **보수**: 봉급과 그 밖의 각종 수당을 합산한 금액. 다만, 연봉제 적용대상 공무원은 연봉과 그 밖의 각종 수당을 합산한 금액
- **봉급**: 직무의 곤란성과 책임의 정도에 따라 직책별로 지급되는 기본급여 또는 직무의 곤란성과 책임의 정도 및 재직기간 등에 따라 계급별(직무등급이나 직위를 포함한다. 이하 같다), 호봉별로 지급되는 기본급여
- **수당**: 직무여건 및 생활여건 등에 따라 지급되는 부가 급여
- **승급**: 일정한 재직기간의 경과나 그 밖에 법령의 규정에 따라 현재의 호봉보다 높은 호봉을 부여하는 것
- **보수의 일할 계산**: 그 달의 보수를 그 달의 일 수로 나누어 계산하는 것

출처: 서울특별시교육청(2023).

신규로 채용되는 교육공무원은 최초 신규 채용일부터 호봉을 산정하여 초임호봉을 획정하게 된다. 호봉은 경력과 기산호봉의 합산으로 이루어지는데, 경력은 환산경력연수, 학령 − 16, 가산연수의 합으로 이루어진다. 환산경력연수는 대상자의 임용 전 교원 경력을 30퍼센트에서 100퍼센트 경력환산율표에 의해 인정받는 연수(年數)이고, 학령이란 법정 수학연한을 통산한 연수를 말하는데 4년제 대학 졸업시 학령은 16년이다. 가산연수는 사범계학교(대학에 설치하는 교육계학과를 포함)를 2년 이상 수학한 경우 1년을 가산하고, 특수학교 교원 자격증을 가지고 특수학교(학급)을 담당하는 교원도 1년을 가산한다. 기산호봉은 공무원보수규정에서 교육대학교 및 사범대학교를 졸업하여 정교사(2급) 자격을 취득하면 8호봉을 기산하도록 하고 있다. 예를 들어, 기간제 및 다른 경력이 없는 사범대학 출신 신규임용자는 경력연수(0) + 가산연수(1) + 기산호봉(8)을 합산하여 9호봉이 획정된다.

호봉의 승급은 정기승급일이 되어야 하고 승급기간이 1년 이상이어야 한다. 매월 1일이 승급일이며 승급기간 1년에 대하여 1호봉씩 승급시키며 잔여 승급기간은 다음 승급기간에 산입한다.

4 상훈 및 징계

1) 상훈

상훈(賞勳)은 교육공무원으로서 장기간 뛰어난 공적을 세운 유공자에 대해 훈포장을 수여하는 경우와 단기간 공적을 세운 유공자에 대해 표창을 수여함으로써 교원으로서의 자긍심을 주고자 시행되는 것이다.

「상훈법」에서 국민이나 외국인으로서 대한민국에 공로가 뚜렷한 사람에 대한 서훈(훈장을 수여하는 것)에 관한 사항을 규정하고 있다. 서훈의 원칙은 '대한민국 훈장 및 포장은 대한민국 국민이나 우방국 국민으로서 대한민국에 뚜렷한 공적을 세운 사람에게 수여'하도록 하고 있다.

여러 가지 훈장과 포장 가운데 교육공무원이나 사립학교 교원에게 주로 수여되는 훈장이나 포장은 근정훈장이나 근정포장이 있다. 퇴직교원(정년퇴직 및 명예퇴직)에 대한 포상은 장기간의 재직 중 직무를 성실히 수행하여 국가발전에 기여하고 공·사 생활에 흠결이 없이 퇴직하는 교육공무원 및 사립학교 교원에게 2월말 또는 8월말에 수여된다. 이 밖에 스승의 날 포상(매년 5월 15일), 업무추진유공(우수·모범), 공무원 포상(매년 6월, 12월) 등이 있다.

2) 징계 및 행정처분

징계는 공무원의 의무위반에 대하여 공무원관계의 목적을 달성하기 위하여 국가(지방자치단체)가 그의 사용자로서의 지위에서 과하는 행정상 제재를 말한다. 이러한 법률관계에 의하여 과하는 제재를 징계벌이라고 하고, 징계벌을 과하는 행위를 징계처분이라고 한다. 징계가 동원하는 수단은 강제적, 소극적 방법이나 징계가 사후적 제재라 하더라도 예방적 기능도 있다.

징계벌과 형사벌은 그 권력의 기초, 목적, 내용, 대상 등을 각기 달리하기 때문에 동일 비위에 대하여 징계벌과 형사벌을 병과하더라도 일사부재리 원칙에 저촉되지 않는다. 징계 요구된 사건이 형사 입건되어 재판이 계속 중인 때와 수사기관에 의하여 수사가 진행 중인 경우 유죄여부 또는 기소여부가 판명될 때까지 기다려야 하는

'형사소추선행의원칙'을 인정하지 않고, 예외적으로 징계절차를 중지할 수 있도록 임의 조항을 두고 있다. 즉, 공무원에게 징계사유가 인정되는 이상 형사사건의 진행여부와 상관없이 징계처분을 하는 것이 원칙이다. 따라서 형사사건이 수사 중이거나 유죄로 인정되지 않더라도 징계처분을 할 수 있고, 무죄판결을 받았다 할지라도 징계처분을 할 수 있다.

징계사유란 공무원이 징계처분을 받지 않으면 안 될 의무위반행위를 말하며, ① 국가공무원법 및 동 법령 위반행위, ② 직무상 의무 위반 및 직무태만 행위, ③ 직무 내외를 불문한 체면 또는 위신 손상행위 등이다. 징계사유의 시효는 발생일로부터 3년이나 예외적으로 5년(재산상의 이득, 횡령, 배임 등)이나 10년(성관련 비위)의 기간을 두는 경우도 있다. 징계사유가 충분하면 행위자뿐만 아니라 감독자도 감독의 의무를 태만히 한 경우 징계책임를 면하기 어렵다. 또한 의무위반 행위는 재직 중의 행위임을 원칙으로 하나 임용 전의 행위라도 이로 인하여 현재 공무원의 체면 또는 위신이 손상하게 된 경우에는 징계사유가 될 수 있다는 판례도 있어 예비교사일 때부터 행동에 대한 세심한 주의가 필요하다.

직위해제는 형사사건으로 기소된 경우 등 직위를 계속 유지시킬 수 없는 일정한 사유가 있는 경우 특별한 사전절차를 거침이 없이 일시적으로 직위를 부여하지 아니하여 직무에 종사하지 못하도록 하는 '보직의 해제' 행위이다. 직위해제는 사유에 따라 능력회복 및 재판 등에 전념할 기회를 부여하고 직무수행의 공정성을 확보하기 위한 제도로 징벌적 제재인 징계와는 성질을 달리한다. 직위해제 처분을 받은 자는 직무에 종사하지 못할 뿐만 아니라 승급, 보수 등에서 불이익한 처분을 받게 되므로 인사상 불이익한 처분에 해당되며, 직위해제 사유 소멸 시에는 임용권자는 지체없이 직위를 부여하여야 한다.

국가공무원인 교원의 비위에 대한 징계 종류는 중징계(파면, 해임, 강등, 정직)와 경징계(감봉, 견책)가 있다. 징계에 관하여서는 「국가공무원법」, 「교육공무원임용령」, 「교육공무원징계령」, 「공무원연금법」 등에 근거하여 징계의 종류와 내용을 규정하고 있고 징계 기준은 '교육공무원 징계양정 등에 관한 규칙'에서 구체적으로 규정하고 있다.

〈표 12-7〉 징계의 종류와 효력

종류	기간		신분	보수, 퇴직 급여 등
중징계	파면	–	▪ 공무원 관계로부터 배제 ▪ 5년간 공무원에 임용될 수 없음	▪ 퇴직급여액의 1/2 감액 (5년 미만 근무자 퇴직급여액의 1/4 감액)
	해임	–	▪ 공무원 관계로부터 배제 ▪ 3년간 공무원에 임용될 수 없음	▪ 퇴직급여 전액 지급 단, 금품 및 향응수수, 공금 횡령, 유용으로 해임된 경우 – 5년 미만 근무자 1/8 감액 – 5년 이상 근무자 1/4 감액
	강등	–	▪ 동종의 직무 내에서 하위의 직위에 임명 ▪ 신분은 보유, 3개월 간 직무에 종사 못함 ▪ 18월＋처분기간(3월) 승진 제한 ▪ 처분기간 경력평정에서 제외 ▪ 징계말소 제한 기간 9년	▪ 18월＋처분기간(3월)간 승급 제한 ▪ 보수의 전액 삭감 ▪ 처분일수는 연가일수에서 제외 ▪ 모범공무원 수당 지급중지
	정직	1~3월	▪ 신분은 보유하나 직무에 종사하지 못함 ▪ 18월＋처분기간(1~3월) 승진 제한 ▪ 처분기간 경력평정에서 제외 ▪ 징계말소 제한 기간 7년	▪ 18월＋처분기간(1~3월)간 승급 제한 ▪ 보수의 전액 삭감 ▪ 처분일수는 연가일수에서 제외 ▪ 모범공무원 수당 지급중지
경징계	감봉	1~3월	▪ 12월＋처분기간(1~3월) 승진 제한 ▪ 징계말소 제한 기간 5년	▪ 12월＋처분기간(3월)간 승급 제한 ▪ 보수의 1/3 감액 ▪ 모범공무원 수당 지급중지
	견책	–	▪ 6월간 승진 제한 ▪ 징계말소 제한기간 3년	▪ 6월간 승급 제한 ▪ 모범공무원 수당 지급중지

출처: 서울특별시교육청(2023).

징계 이외에 불문과 행정상 불이익 처분인 주의, 경고 등이 있다. 불문은 징계위원회에서 견책의 징계양정을 감경하여 의결하는 징계에 준하는 처분이다. 불문은 사실상 불이익이 따르는 행정처분으로 불복 시 소청을 제기할 수 있으며, 인사기록카드의 비고란에 기록되고 말소 제한 기간은 1년이다. 다만, 징계는 아니기에 승진 및 호봉 승급 제한은 없으나 공무원 포상 및 퇴직공무원 포상이 제한된다.

임용권자는 징계를 할 정도가 아닌 가벼운 과실 등이 있을 경우 행정상 불이익 처분인 주의, 경고 등을 내릴 수 있으며 징계가 아니기에 인사기록카드에 기재하지는 않는다. 다만, 6개월~1년 이내에 근무성적평정과 성과상여금 지급 시에 일부 감점하는 정도의 영향을 미치기도 한다.

또한 「교육공무원 인사관리규정」 제31조 제4항의 4에는 교육공무원의 4대 비위에 대하여 명시하고 있다. 금품·향응수수, 상습폭행, 성폭행, 성적 조작인데 이러한 4대 비위의 경우 심한 경우 파면에 해당될 수 있고 감경기준에 해당하더라도 감경하지 않도록 하고 있어 평소 생활 시 유의해야 한다.

아울러 최근 음주운전 적발 사례가 급증하고 있어 공직 기강을 확립하고자 음주운전 징계기준이 강화되고 있다. 음주운전 3회 이상이면 해임 또는 파면이고, 이전에 통보되지 않았던 음주운전 경력을 조회한 후 합산하여 징계처분을 하게 되므로 음주운전을 각별히 더 조심해야 한다.

생각하고 토의하기

01 교육공무원은 많은 직무상 및 신분상 의무를 지닌다. 공무원에게 많은 의무가 부과되는 이유, 특히 영리 업무 및 겸직을 임의로 할 수 없게 하는 이유는 무엇일까?

02 공무원은 정해진 출·퇴근 시간을 엄격히 준수해야 한다. 특히 교사는 출근 시간이 다른 공무원에 비해 조금 더 빠른 편이라 바쁜 경우가 많다. 교사의 출·퇴근 기준 장소는 정확하게 어디를 기준으로 해야 하는가? 예를 들어 학교 운동장인지, 주차장인지, 교실인지 등을 고려해볼 수 있을 것이다.

03 공무원은 연간 일정 기간의 연가가 주어진다. 타 공무원과 달리 교사는 가급적 학기 중 연가 사용을 지양하고 교육과정 운영에 지장이 없는 범위에서 제한적으로 승인하도록 하고 있다. 교사가 학기 중 연가를 사용할 때 예상되는 문제는 무엇이고, 개인의 권리인 연가 사용과 학생 교육활동 보호라는 두 측면에서 균형잡힌 연가 사용 방법은 무엇일까?

제
13
장

교육활동 보호와
학교 응급상황 대응

예비교사와 신임교사에게 필요한
교사론과 교직실무

제13장

교육활동 보호와 학교 응급상황 대응

김수구

「교원의 지위 향상 및 교육활동 보호를 위한 특별법」에는 "국가, 지방자치단체, 그 밖의 공공단체는 교원이 사회적으로 존경받고 높은 긍지와 사명감을 가지고 교육활동을 할 수 있는 여건을 조성하도록 노력해야 한다"라고 명시되어 있다. 그러나 학교 현장에서 교원의 교육활동이 침해당하는 사례가 발생하고 있다. 교원의 교육활동 침해의 유형은 무엇이며, 교육활동 침해에 대응할 수 있는 방법은 무엇이 있을까?

일상에서 갑작스러운 사고를 당할 때 당황스러워 어떻게 대응하고 처리해야 할지 생각이 나지 않는 경우가 많다. 학교에서 교육활동 중에 학생이 긴급하게 응급실로 이송해야 하는 상황이 발생한다면 어떻게 신속하게 대처하고 처리할 수 있을까?

◎ 반드시 알아야 할 것
- 교육활동 침해의 개념과 의미
- 교육활동 침해 유형
- 학교 응급상황 대응 처리 절차 및 업무 등

◎ 목차
1. 교육활동 보호의 이해
2. 교육활동 침해행위 사안 처리
3. 학교 응급상황의 이해
4. 학교 응급상황의 대응

1 교육활동 보호의 이해

1) 교육활동 보호의 개념

우리나라 헌법은 국민의 교육받을 권리를 기본권으로 보장하고 「교원의 지위 향상 및 교육활동 보호를 위한 특별법」(이하 「교원지위법」이라 함)의 제1조는 교원에 대한 예우와 처우를 개선하고 신분보장과 교육활동에 대한 보호를 강화하여 교원의 지위를 향상시키고 교육발전을 도모하는 것을 목적으로 함을 명시하고 있다. 이는 교원의 교육활동 보호를 목적으로 하며 교사의 교육활동 수업권과 학생의 학습권을 보장하기 위한 것이다.

교권은 권익 주체인 교원에게는 능동적인 개념이지만, 학생과 학부모에게는 피동적인 개념으로 학생·학부모의 권익과 상충된다. 그러나 교육활동을 하는 교원에 대한 침해행위가 교원뿐만 아니라 교육 현장에 큰 피해를 주게 되고, 수업 등 교육활동을 하는 교원이 보호받지 못하면서 학생들의 교육활동 또한 보호받지 못하게 된다. 이러한 이유로 「교원지위법」은 '교권 침해·보호' 대신 '교육활동 보호·침해'라고 명명하고 있다. 그러므로 여기에서는 '교권보호·침해'를 '교육활동 보호·침해'의 개념으로 사용한다.

2) 교육활동 침해행위의 의미

「교원지위법」 제15조 제1항은 교육활동 침해행위란 '소속 학교의 학생 또는 그 보호자 등이 교육활동 중인 교원에 대하여 폭행, 모욕 등 교육활동을 침해하는 행위'라고 규정하고 있다. 이 규정에 대한 교육활동 침해행위의 주체, 교육활동 침해행위의 대상, 교육활동의 의미, 교육활동 침해행위의 유형에 대한 구체적인 사항은 다음과 같다.

(1) 교육활동 침해행위의 주체와 대상

「교원지위법」 제15조 제1항은 교육활동 침해행위란 '소속 학교의 학생 또는 그 보호자 등이 교육활동 중인 교원에 대하여 폭행, 모욕 등 교육활동을 침해하는 행위'로 규정하고 있어 교육활동 침해행위의 주체는 소속 학교의 재학생 또는 재학생의 보호자1)로 국한하며 그외 대상은 교원의 정당한 교육활동을 침해하는 사람이 아니다. 또한 교육활동 침해행위의 대상은 '교육활동 중인 교원'이다. 여기서 교원의 범위는 「유아교육법」에 따른 유치원 및 「초·중등교육법」에 따른 학교(국립, 공립, 사립 포함)에 근무하는 교원, 기간제교사이며 「초·중등교육법」상 산학겸임교사, 명예교사, 강사는 포함되지 않는다.

'교육활동 중'의 의미는 「교원지위법」상에 정의는 없으나 「학교안전사고 예방 및 보상에 관한 법률」과 같은 법 시행령에서 규정하고 있는 '교육활동'의 정의(<표 13-1>)와 「교원지위법」의 취지를 고려한다면 '교육활동'의 범위는 교실 내 수업 시간뿐만 아니라 생활교육, 학부모 상담 등 교육활동과 밀접한 관련이 있는 활동도 포함된다고 볼 수 있다. 다만, 교원의 교육활동과 직접적인 관계가 없는 근무조건, 인사관리, 동료 갈등, 업무분장 갈등, 갑질 피해 등의 고충은 교육활동 침해행위에 해당되지 않는다.

〈표 13-1〉 교육활동의 정의 관련 법령

법령	내용
「학교안전사고 예방 및 보상에 관한 법률」 제2조 제4호	4. "교육활동"이라 함은 다음 각 목의 어느 하나에 해당하는 활동을 말한다. 가. 학교의 교육과정 또는 학교의 장(이하 "학교장"이라 한다)이 정하는 교육계획 및 교육방침에 따라 학교의 안팎에서 학교장의 관리·감독하에 행하여지는 수업·특별활동·재량활동·과외활동·수련활동·수학여행 등 현장체험활동 또는 체육대회 등의 활동 나. 등·하교 및 학교장이 인정하는 각종 행사 또는 대회 등에 참가하여 행하는 활동 다. 그 밖에 대통령령으로 정하는 시간 중의 활동으로서 가목 및 나목과 관련된 활동
「학교안전사고 예방 및 보상에 관한 법률 시행령」 제2조	「학교안전사고 예방 및 보상에 관한 법률」(이하 "법"이라 한다) 제2조 제4호 다목에서 "대통령령이 정하는 시간"이란 다음 각 호의 어느 하나에 해당하는 시간을 말한다. 1. 통상적인 경로 및 방법에 의한 등·하교 시간 2. 휴식시간 및 교육활동 전후의 통상적인 학교체류시간 3. 학교의 장(이하 "학교장"이라 한다)의 지시에 의하여 학교에 있는 시간 4. 학교장이 인정하는 직업체험, 직장견학 및 현장실습 등의 시간 5. 기숙사에서 생활하는 시간 6. 학교 외의 장소에서 교육활동이 실시될 경우 집합 및 해산 장소와 집 또는 기숙사 간의 합리적 경로와 방법에 의한 왕복 시간

---

1) 학생의 학부모, 학생·학부모의 형제자매, 친인척, 지인 등이 포함될 수 있음.

(2) 교육활동 침해행위 유형

교육활동 침해행위의 유형은 ＜표 13-2＞와 같이 「교원지위법」 제15조 제1항 각 호 및 「교육활동 침해행위 및 조치 기준에 관한 고시」(교육부고시 제2023-12호) 제2조 각 호의 어느 하나에 해당하는 행위이다.

＜표 13-2＞ 교육활동 침해행위 유형 관련 법령

법령	내용
「교원 지위법」 제15조 제1항	1. 「형법」 제2편 제25장(상해와 폭행의 죄), 제30장(협박의 죄), 제33장(명예에 관한 죄) 또는 제42장(손괴의 죄)에 해당하는 범죄 행위 2. 「성폭력범죄의 처벌 등에 관한 특례법」 제2조 제1항에 따른 성폭력범죄 행위 3. 「정보통신망 이용촉진 및 정보보호 등에 관한 법률」 제44조의7 제1항에 따른 불법 정보 유통 행위 4. 그 밖에 교육부장관이 정하여 고시하는 행위로서 교육활동을 부당하게 간섭하거나 제한하는 행위
「교육부 고시」 제2조	1. 「형법」 제8장(공무방해에 관한 죄) 또는 제34장 제314조(업무방해)에 해당하는 범죄 행위로 교원의 정당한 교육활동을 방해하는 행위 2. 교육활동 중인 교원에게 성적 언동 등으로 성적 굴욕감 또는 혐오감을 느끼게 하는 행위 3. 교원의 정당한 교육활동에 대해 반복적으로 부당하게 간섭하는 행위 4. 교육활동 중인 교원의 영상·화상·음성 등을 촬영·녹화·녹음·합성하여 무단으로 배포하는 행위 5. 그 밖에 학교장이 「교육공무원법」 제43조 제1항에 위반한다고 판단하는 행위

법령에 근거한 세부적인 침해행위의 유형은 상해, 폭행, 협박, 명예훼손, 모욕, 손괴, 성폭력범죄, 불법정보유통행위, 공무방해, 업무방해, 성적언동, 반복적 부당간섭 행위, 촬영물 등 무단 배포 행위, 학교장 판단행위 등이 있다. 각 침해행위 유형에 대한 정의와 사례는 ＜표 13-3＞과 같다.

＜표 13-3＞ 교육활동 침해행위 유형에 대한 정의와 사례

유형	정의	사례
상해	사람의 신체에 대한 유형력(신체적 고통을 주는 물리력의 작용)의 행사로 신체적 기능에 장애를 일으키거나 정상적인 신체의 안전성을 해치는 행위	▪ 수업 중 교실 밖으로 나가려는 학생을 제지하는 교원을 밀어 침해자가 넘어뜨려 골절상을 입힌 경우 ▪ 침해자가 수업 중인 교원의 손목을 물어뜯어 인대가 늘어난 경우

폭행	일반적으로 사람의 신체에 대하여 유형력을 행사하는 행위	▪ 교원의 어깨를 손, 어깨, 몸 등으로 밀친 경우 ▪ 교원의 신체를 향해 휴대전화기를 집어 던진 경우
협박	사람으로 하여금 공포심을 일으킬 수 있는 정도의 구체적 해악(적어도 발생 가능한 것으로 생각될 수 있는 정도)을 고지하는 행위	▪ 교원의 가족 등 교원과 친밀한 관계에 있는 자를 해코지하겠다는 경우 ▪ 외부의 인맥을 이용해 징계를 받게 하겠다는 경우
명예훼손	공연(公然)히 특정 사람의 사회적 가치나 사회적 평가를 저하시킬 만한 구체적 사실 또는 허위의 사실을 적시하여 명예를 손상시키는 행위	▪ 어떤 학생이 학생, 학부모들에게 "담임교사가 특정 학생의 몸을 만졌다"고 허위 사실을 이야기하는 경우
모욕	불특정 또는 다수인에게 특정한 사람의 사회적 평가를 저하하는 경멸적 감정을 표현하는 행위	▪ 수업 중 학생이 특정 교사에게 '병신 같은 ○○놈', '○○년', '○○새끼'라고 욕설을 하는 경우 ▪ 학생들 간 단톡방에서 특정 교사의 외모 비하 등을 하는 경우
손괴	타인의 재물, 문서 또는 전자기록 등 특수매체기록을 손괴, 은닉, 기타의 방법으로 효용을 해치는 행위	▪ 학생이 수업 중 지도하는 교사에게 불응하면서 교실 유리창을 주먹으로 쳐서 깨는 경우 ▪ 교사가 작성한 컴퓨터 파일을 일부러 삭제하여 사용하지 못하게 하는 경우
성폭력범죄	강간, 강제추행, 공연음란, 음화제조·반포, 통신매체를 이용한 음란행위, 카메라 등을 이용한 촬영 등의 행위로 개인의 의사에 반하여 성적 자유권을 침해하거나 성적인 접촉으로 성적 불쾌감이나 혐오감을 유발하는 행위	▪ 교사의 의사에 반하여 교사의 신체를 접촉하여 (포옹이나 신체 부위를 만지는 등) 성적 불쾌감이나 혐오감을 유발하는 경우(강제추행) ▪ 계단을 올라가고 있는 교사의 신체 특정 부위를 휴대전화로 촬영하는 경우 및 촬영물을 소지·구입·저장·시청하는 경우(카메라 등을 이용한 촬영)
불법정보유통행위	<음란물 유포 등> 정보통신망을 통한 음란물 유포 등 전기통신설비나 컴퓨터의 이용 기술을 활용하여 음란한 부호·문언·음향·화상 또는 영상을 배포·판매·임대하거나 공공연하게 전시하는 행위	▪ 원격 수업 중 출석 확인을 위한 채팅창에 교원에 대한 음란한 문언, 사진 등을 게시한 경우
	<명예훼손> 사람을 비방할 목적으로 전기통신설비나 컴퓨터의 이용 기술을 활용하여 공연히(불특정 또는 다수인에게) 사실 또는 허위 사실을 적시함으로써 특정인의 사회적 가치 또는 평가를 침해하는 행위	▪ 카카오톡 메신저의 단체 채팅방에 허위의 사실을 게재한 경우 ▪ 아들이 다니는 초등학교 CCTV에 교사로부터 아들이 폭행을 당하는 장면이 찍힌 사실이 없음에도 불구하고 마치 이러한 장면들이 CCTV 화면에 나온 것처럼 게시글을 작성하여 인터넷 카페에 게시한 경우

	<공포심이나 불안감 유발 행위> 전기통신설비나 컴퓨터의 이용기술을 활용하여 공포심이나 불안감을 유발하는 부호·문언·음향·화상 또는 영상을 반복적으로 특정인에게 도달하게 하는 행위	▪ 전화, 이메일, 사회관계망(SNS) 등을 통해 교사에게 구체적 협박이 아닌 '가만두지 않겠다', '죽여버리겠다' 등의 문자메시지를 반복적으로 전송하는 경우 ▪ 전화, 이메일 또는 사회관계망(SNS)을 통해 공포심이나 불안감을 일으키는 소리나 문자 또는 동영상을 반복적으로 전송하는 경우
공무방해 (국·공립학교)	일반적으로 적법하게 직무를 집행하는 공무원에 대해 폭행, 협박 또는 위계를 함으로써 직무집행을 방해하는 행위	▪ 공립학교에 다니는 학생의 어머니가 수업 중인 자녀의 담임교사를 찾아가 학생들이 보는 앞에서 소리를 지르고 교사의 머리채를 낚아채서 넘어뜨리는 경우
업무방해 (사립학교)	허위 사실을 유포하거나 위계 또는 위력으로써 사람의 업무를 방해하는 행위	▪ 사립학교에 다니는 학생의 어머니가 교사의 지도에 불만을 품고 교사가 수업 중인 교실로 쳐들어와 '낙하산으로 들어온 너(교사)는 수업할 자격이 없다'라고 하는 허위 사실을 큰 소리로 말하며 교사를 밀친 경우
성적 언동	성적 언동(말과 행동) 등으로 성적 굴욕감 또는 혐오감을 주는 성희롱 행위	▪ 교원의 동의 없이 몸을 주무르거나, 쓰다듬거나, 만지거나 밀착시키는 등의 행위 ▪ 쉬는 시간 복도에서 지나가는 교사에게 큰소리로 "섹시한데!"라고 하면서 휘파람을 부는 행위
반복적 부당 간섭 행위	교원이 정당한 교육활동을 했음에도 불구하고 반복적으로 부당하게 간섭하는 행위	▪ 소속 학교의 학부모가 교사의 수업 및 평가, 학교생활기록부 작성, 생활지도 등에 정당한 사유 없이 지속적으로 부당한 요구를 하는 경우
촬영물 등 무단 배포 행위	교육활동 중인 교원의 영상·화상·음성 등을 촬영·녹화·녹음·합성하여 무단으로 배포하는 행위	▪ 집에서 자녀가 원격 수업 중일 때 학부모가 교원의 수업 장면을 촬영하여 단톡방에 무단 배포한 경우 ▪ 학생이 수업 중인 교원의 얼굴을 촬영 후 합성하여 희화화한 후 다른 학생들에게 무단 배포한 경우
학교장 판단 유형	앞서 설명한 교육활동 침해유형으로 규정되지 않은 유형일지라도 학교장이 교권의 존중과 교원의 신분보장에 위반한다고 판단하는 행위	▪ 보호자가 교원의 정당한 수업내용 및 평가, 학교생활기록부 작성 등에 반복해서 부당한 방법으로 변경, 수정 등을 요구하는 경우

출처: 경기도교육청(2023a).

2 교육활동 침해행위 사안 처리

학교에서 교육활동 침해행위 사안이 발생한 경우 사안 처리의 흐름도는 [그림 13-1]의 예시와 같이 우선 학교의 장은 피해교원 보호조치 후 교육활동 침해행위의 내용과 교원의 보호조치 결과를 지도·감독 기관(관할청)에 보고한 뒤 '학교교권 보호위원회'의 심의·중재 등을 통해 사안을 처리하여 종결하는 흐름으로 진행된다. 그러나 2024년 3월 24일부터는 「교원지위법」 개정에 따라 '학교교권보호위원회'에 서 처리하던 교권침해 사안을 '시·도교권보호위원회'에서 심의하고 처리하게 된다. 여기에서는 '학교교권보호위원회'의 사안처리를 중심으로 설명한다.

1) 관련 교원 보호 조치

교육활동 침해 사안 처리와 관련된 법령은 「교원지위법」 제15조에 근거하고 있으며, 학교의 장은 소속학교의 교육활동 침해행위가 발생한 경우 즉시 피해 교원의 치유와 교권 회복에 필요한 조치를 해야 한다. 관련 교원의 보호조치 사항은 「교원지위법」 제14조의3에 따라서 교육활동 침해 피해를 받은 교원에 대하여 회복을 지원하기 위하여 5일 범위에서 특별휴가 부여와, 「교원지위법」 제15조 제2항에 따라서 심리상담과 치료 및 치료를 위한 요양 등이 있다. 심리상담, 치료, 요양 등으로 발생한 비용은 「교원지위법」 제15조 제5항에 따라 교육활동 침해행위를 한 학생의 보호자 등이 부담한다.

[그림 13-1] 교육활동 침해 행위 단계별 대응요령

출처: 교육부(2022a).

2) 사안 처리

교육활동 침해 사안이 발생하면 학교장은 우선 초기 대응 단계에서 관련 교원 보호조치 및 교육현장 안정화 조치를 하며, 다음 단계에서는 교육활동 침해 사항을 조사하고 발생 상황을 관할청에 보고한다. 이후 조사된 사실에 대하여 '학교교권보호위원회'를 개최하여 교육활동 침해행위 여부, 침해행위자의 조치 등의 심의 및 필요 시 당사자 간의 분쟁 조정을 실시한 후 결정 사항에 대하여 당사자에게 통보하고 조치 사항을 이행한다. 단계별 사안 처리에 대한 예시는 <표 13-4>와 같다.

〈표 13-4〉 교육활동 침해 사안 처리 절차 및 내용(예시)

절차	주요 내용
사안발생	▪ 학교장: 범죄 상황인 경우 112 경찰 신고, 인지 즉시 개입, 교육활동 침해행위인 경우 즉시 피해교원보호조치 ▪ 피해교원: 교육활동 침해 신고서 작성 ▪ 교권보호업무담당자: 접수 취합 → 학교장 보고 ▪ 학교장은 학교교권보호위원회 소집 요청
조사 및 사실 확인	▪ 교권보호업무담당자: 신고서 접수 및 침해 학생에게 확인, 침해학생 진술(의견)서 취합, 목격자 진술 확인 및 자료·증거물 접수 및 취합
학교교권보호 위원회 조정 절차	▪ 신고서에 분쟁조정 절차 진행 여부 표시 ▪ 관련 당사자 모두 조정의사가 있는 경우에 분쟁조정 절차 진행 ▪ 조정 성립 시: 사안 완전히 종결 ▪ 조정 불성립 시: 학교교권보호위원회 심의 후 조치 ▪ 유의점: 조정 성립 시에는 침해학생에 대한 조치 및 피해교원 보호 조치하지 않고 사안 종결
학교교권보호 위원회 심의	▪ 학생에 대한 조치 및 피해교원 보호 조치하는 경우, 학교교권보호위원회 심의 절차로 진행함 ▪ 심의 의결: 피해교원 및 침해학생·학부모(보호자)의 진술 기회 부여(학교교원보호위원회 불참 시 서면으로 진술), 침해학생에 대해 조치 심의 및 결정, 피해교원에 대해 보호 조치 심의 및 권고 ▪ 의결 사항은 학교장에게 통보
학교장 조치 및 불복 절차 진행	▪ 학교장 조치→조치 통보 ▪ 불복 절차 － 전학 및 퇴학: 교육청 학생징계조정위원회 재심, 행정심판, 행정소송, 사립학교는 민사소송 － 그 외 조치: 행정심판, 행정소송, 사립학교는 민사소송
결과보고	▪ 학교교권보호위원회 조치 결과 5일 이내 보고 ▪ 사안발생 시 48시간 이내에 보고

출처: 경기도교육청(2023b).

3) 학교교권보호위원회 구성 운영

학교교권보호위원회는 「교원지위법 시행령」 제15조에 명시되어 있으며, 위원의 정수는 위원장 1명을 포함하여 5명 이상 10명 이하이며, 위원장은 위원 중에 선출한다. 위원의 자격은 교원, 전문가, 학부모, 변호사, 경찰공무원, 학교의 교육활동 관련 지식과 경험이 있는 사람이다. 위원의 임기는 2년이며 1회 연임이 가능하다.

학교교권보호위원회에서 심의하는 사항은 교육활동 침해 기준 및 예방 대책 수립, 교육활동 침해학생 및 보호자에 대한 조치, 분쟁조정, 기타 위원회의가 인정하는 심의사항 등(「교원지위법」 제18조 제2항)이다.

4) 교육활동 침해 학생의 조치

교육활동 침해 학생의 조치 여부와 조치 유형은 학교교권보호위원회의 심의를 통해 결정되며 조치 유형은 「교원지위법」 제25조 제2항에 8개 조치가 규정되어 있다. 각 조치에 대한 사항은 <표 13-5>와 같다.

〈표 13-5〉 교육활동 침해 학생 조치 유형

조치 유형	조치 내용
학교에서 봉사(1호) 사회봉사(2호)	▪ 사안의 경중 및 교육적 필요성을 고려하여 총 시간을 정하여 조치한다. ▪ 이와 관련된 결석은 학교의 장이 인정하는 때에는 이를 출석 일수에 산입할 수 있다.(「교원지위법」 제25조 제7항)
학내외 전문가에 의한 특별교육이수 또는 심리치료(3호)	▪ 특별교육 이수 또는 심리치료 조치는 단독으로 3호 조치만 결정할 수도 있고 1, 2, 4, 5호 조치에 부가할 수도 있다. ▪ 사안의 경중 및 교육적 필요성을 고려하여 총 시간을 정하여 조치한다. ▪ 학생에 대한 특별교육 이수 또는 심리치료 조치를 할 때 반드시 보호자 참여도 함께 결정해야 한다. ▪ 이와 관련된 결석은 학교의 장이 인정하는 때에는 이를 출석 일수에 산입할 수 있다.(「교원지위법」 제25조 제7항)
출석정지(4호)	▪ 사안의 경중 및 교육적 필요성을 고려하여 출석정지 일수를 정하여 조치한다. ▪ 출석정지 일수에 제한은 없으나 학생에 대한 선도 교육 목적상 적

	절한 기간으로 정하고 해당 학생의 출석 일수를 고려하여 유예되지 않도록 조치한다.
학급교체(5호)	▪ 교육 환경의 변화가 필요한 경우 사안의 경중 등을 고려하여 내릴 수 있다. ▪ 소규모 학교나 특성화고등학교, 마이스터고등학교와 같이 학생의 소속과가 제한적인 경우 등 학급교체가 사실상 불가능한 경우가 있을 수 있으므로 학교교권보호위원회에서 심의 시에 구체적인 사정을 종합적으로 고려해야 한다.
전학(6호)	▪ 전학 조치가 결정된 경우 그 이행(전학 배정 신청 등) 전에 특별교육 이수 또는 심리치료가 반드시 이루어져야 하고 '보호자 참여'도 함께 결정해야 한다.
퇴학처분(7호)	▪ 가장 강력한 조치로서 해당 학생이 학교 내에서는 더 이상 선도교육이 어렵고 학교 밖의 대안적 교육 등이 실효적이라고 판단되는 경우에 한하여 최후의 수단으로 조치한다. ▪ 고등학생에 한하여 조치할 수 있다. ▪ 특별교육 또는 심리치료를 부가할 수 없다.

출처: 경기도교육청(2023a).

3 학교 응급상황의 이해

학교 응급상황이란 일상적으로 대처할 수 없는 상황으로 인해 학교가 본연의 정상적인 기능을 수행하지 못하는 경우를 말한다. 이러한 응급상황의 대표적인 예는 학교 내외의 심각한 안전사고 등이 발생한 경우, 학교 구성원(학생, 교직원 등)의 자살·자해 사건, 자연재해로 인하여 학교 구성원이 사망한 경우 등을 들 수 있다. 여기에서는 학교의 교육활동과 관련 있는 학교안전사고와 구성원의 자살에 대한 상황에 관해 기술한다.

1) 학교안전사고 이해

학교안전사고는 「학교안전사고 예방 및 보상에 관한 법률」 제2조 제6호에 '교육활동 중에 발생한 사고로서 학생·교직원 또는 교육활동 참여자의 생명 또는 신체에 피해를 주는 모든 사고 및 학교급식 등 학교장의 관리·감독에 속하는 업무가 직접 원인이 되어 학생·교직원 또는 교육활동 참여자에게 발생하는 질병으로서 대통령령으로 정하는 것을 말한다'라고 명시되어 있다. 학교와 관련된 사고의 피해자는 학생, 교직원, 외부인이 모두를 포함하여 발생할 수 있는 사고이며, 현재 ① 학교급식이나 가스 등에 의한 중독, ② 일사병, ③ 이물질의 섭취 등에 의한 질병, ④ 이물질과의 접촉에 의한 피부염, ⑤ 외부 충격 및 부상이 직접적인 원인이 되어 발생한 질병으로 규정되어 있다.

학교안전공제중앙회(2023)의 학교안전사고 분석통계자료에 따르면 학교에서 발생하는 안전사고는 2022년 기준 149,339건이 발생하였고 사고 발생 시간은 체육수업 → 점심시간 → 수업시간 → 휴식 및 청소시간 → 학교행사 → 특별활동 → 등·하교 → 석식 및 기숙 → 기타 순으로 나타났다.

〈표 13-6〉 2022년 학교급별 사고 발생 시간

구분	체육수업	점심시간	수업시간	휴식/청소	학교행사	특별활동	등하교	석식/기숙	기타	계
유	951	646	4,368	526	321	4	494	5	1,700	9,015
초	17,077	11,761	7,606	8,282	1,628	953	4,086	3	1,355	52,751
중	26,621	9,986	4,089	7,358	3,043	3,159	1,660	38	1,214	57,168
고	11,957	4,905	2,500	2,461	3,330	1,312	1,153	979	766	29,363
특수	91	81	198	67	20	14	44	7	35	557
기타	144	62	67	81	53	28	29	18	3	485
계	56,841	27,441	18,828	18,775	8,395	5,470	7,466	1,050	5,073	149,339

출처: 교육부(2023).

학교는 발생할 수 있는 안전사고 관련 응급상황을 대비하여 교육청의 지침에 따라 학교에서 응급상황 발생 시 대처할 수 있는 계획을 수립하여 운영한다. 계획서에는 응급상황 처치 대책반 구성 및 담당 업무([그림 13-2]), 신고 및 보고 체계, 응급환자 이송 절차 등을 포함한다.

[그림 13-2] 응급처리 대책반 구성(예시)

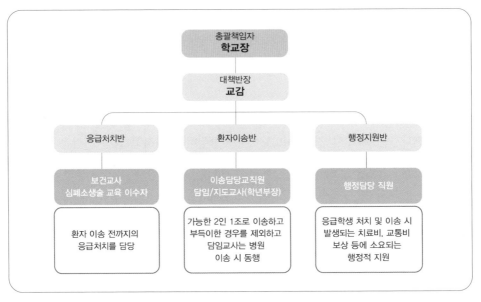

출처: 경기도교육청(2022).

2) 학생 자살과 자해의 이해

학생의 자살은 심리적 고통으로부터 완전히 벗어나 삶을 끝내려는 것으로, 이유는 복합적이고 예측이 어려우나 우울증과 밀접한 관련이 있을 수 있으며 학업, 가정불화, 대인관계, 폭력 등의 스트레스 등이 있을 수 있다. 반면에 자해는 고의로 자기 신체를 손상시키는 행위로서 심리적 고통으로부터 일시적 도피를 목적으로 고통스러운 감정이나 너무 힘들어 신체적 고통으로 마음의 고통을 감소시키기 위한 이유로 이루어진다. 자살시도와 자해행동에 대한 구체적인 비교는 <표 13-7>과 같다.

〈표 13-7〉 자살(시도)과 자해행동의 특성 비교

구분	자살시도	자해행동
의도/행동의 목적	▪ 참을 수 없는 심리적 고통에서 완전히 벗어남 ▪ 영구적인 의식단절	▪ 심리적 고통으로부터 일시적 도피 ▪ 자기 및 상황의 변화 추구

방법의 치명성 및 심각성	▪ 높음	▪ 낮음
행동 빈도	▪ 낮음(일반적으로 1~3회)	▪ 높음(때로 100회 이상) ▪ 반복적, 만성적
시도된 방법	▪ 단일한 방법	▪ 다양한 방법
인지적 상태	▪ 희망이 없음, 무기력함 ▪ 문제 해결이 불가능	▪ 고통스러우나 희망은 있음 ▪ 문제해결이 어려움
결과 및 영향 / 개인	▪ 좌절, 실망감 ▪ 고통의 증가	▪ 안도감, 진정 ▪ 일시적 고통의 감소
결과 및 영향 / 대인관계	▪ 타인의 돌봄, 관심	▪ 타인의 비난, 거절

출처: 교육부(2019b).

4 학교 응급상황의 대응

1) 학교 안전사고 대응

(1) 신고 및 보고

학교 안전사고로 인한 환자를 최초로 발견한 교직원은 사고 현장과 상황을 침착하게 관찰하여 현장과 상황이 안전한지를 확인한 후 즉시 보건교사, 담임교사(학생인 경우)에게 연락하고 응급상황으로 판단될 경우 즉시 119 구급대에 연락을 취하고 심폐소생술이 필요한 경우 심폐소생술을 실시한다. 담임교사(보건교사)는 학부모, 교감, 교장에게 사고의 경위, 이송 병원, 환자 상태 등을 보고한다. 보고는 상황 변화 및 사안의 협의 등을 위해 필요 시 수시로 한다. [그림 13-3]은 응급환자 발생 시 학교의 보고 체계의 예시이다.

[그림 13-3] 학교의 응급환자 발생 시 보고 체계(예시)

(2) 업무 및 행정 절차

학교에서 안전사고가 발생하여 환자가 발생하면 짧은 시간 동안에 상황 파악, 응급처치, 병원 이송, 학부모 연락, 수업결손 방지 등의 일들을 해야 하고 사고가 마무리되면 사고에 대한 보고, 치료비 및 보상 등에 대한 행정적인 업무들이 수반된다. 따라서 학교 안전사고는 학교 구성원 모두가 협력해서 대응해야 한다. 학교의 수립된 응급상황 관련 계획에 따라 다를 수 있지만, 응급상황 대응에 직접적으로 관련 있는 담당자는 보건교사, 담임교사, 결·보강담당 교사, 학교안전공제회 담당자 등이다. 응급상황 발생에 따라서 절차별로 업무 담당자의 역할에 대한 예시는 <표 13-8>과 같다.

〈표 13-8〉 응급상황 발생 시 업무 및 행정 절차(예시)

구분		위급하거나 중한 외상이 있는 경우	위급하지는 않으나 병원 이송해야 하는 경우
상황		의식장애, 호흡곤란, 약한 맥박, 심정지, 대출혈, 개방 골절, 응급수술을 요하는 경우 등	단순외상, 단순골절, 고열 등으로 의료기관에서의 조치를 필요로 하는 경우
절차 및 업무 분담	교장	▪ 상황 총괄 ▪ 원인분석 및 재발 방지 조치	
	교감	▪ 상황파악 및 지시·보고 등 ▪ 위기상황 처리에 필요한 조치 ▪ 대체 인력 배정	
	보건교사 (담당교사)	▪ 응급처치 ▪ 담임교사에게 통보 ▪ 병원 이송 시 동행(사후 출장 처리) ▪ 관리자에게 처치 현황 보고	▪ 응급처치 ▪ 담임교사에게 통보 ▪ 학생 처치 결과 학부모 상담 ▪ 관리자에게 처치 현황 보고
	담임교사	▪ 학부모 연락 ▪ 관리자에게 사고경위 보고 ▪ 환자 병원 이송 ▪ 치료 후 보상 안내	▪ 학부모 연락 및 인계 ▪ 학생 병원이송 안내 및 조치 ▪ 필요 시 병원 이송 ▪ 관리자에게 사고경위 보고 ▪ 치료 후 보상 안내
	보결담당	▪ 질서 및 생활지도 ▪ 학년 수업 결손 방지 지원	
	이송담당	▪ 안전하게 병원 이송 ▪ 응급처치자는 차량운전하지 않도록 함	
	행정담당	▪ 추후 보상 및 제반 서류의 작성 등에 대해 협조 ▪ 병원 이송교사 등의 출장처리와 비용 청구 등에 관한 사항 처리	

| 기타 | ▪ 응급환자 기록지 작성
– 사건 날짜, 시간, 장소, 사고현황, 환자상태, 5대활력징후 및 응급처치내용 등을 육하원칙에 의거 구체적으로 기록 |

출처: 경기도교육청(2022).

2) 학생 자살 사안 대응

(1) 보고 및 신고

학교 내외에서 학생의 자살 사안이 발생하였을 경우 초기 대응이 중요하다. 교내에서 사안이 발생하면 최초 발견자는 학교전담경찰관 혹은 112, 119 구급대에 우선 신고하고 학교의 관리자(교감, 교장)에게 즉시 보고한다. 자살 사안은 학교 안전사고 사안보다 비중이 크므로 학교장은 즉시 관할 교육청에 유선으로 보고하고 당일 사안 경위서를 제출한다. 관할 교육청은 7일 이내에 사안경위서와 15일 이내에 사안보고서를 교육부로 제출한다. 보고의 체계는 [그림 13-4]와 같다.

[그림 13-4] 학생 자살사안 발생 시 보고 체계

상황보고(당일)	경위보고(7일 이내)	사안보고(15일 이내)	추가보고(확인 즉시)
• 학교→교육청 • 인지 즉시 유선보고 • 당일 사안경위서 제출	• 교육청→교육부 • 자살사안경위서 제출	• 교육청→교육부 • 학생자살사안보고서 제출	• 학교→교육청→교육부 • 경찰서 조사결과 등에 따른 변동 사항 확인 시 보고

(2) 학교위기관리 위원회 및 관계기관 대책회의 개최

학교에서 자살 사안이 발생하면 학교장은 즉시 학교위기관리위원회를 소집하여 자살 사안 대응에 필요한 발생 시간 및 장소, 사안의 강도(부상자나 사망자 수)를 파악하여 자살 사안을 확인하고 관할 교육청에 보고, 위기관리에 대한 지원을 요청한다. 또한 자살 사안에 대한 세부적인 대응 및 유가족과 학교 구성원에 대한 관리 방안을 논의하고 결정한다.

자살 사안은 중요한 사안이므로 관계기관 대책회의를 통해서 사안을 처리하며 대응한다. 대책회의에 참여하는 관계기관은 교육청마다 다르지만 대개 학교, 교육(지원)청, 학교 응급심리 전문기관(Wee센터 등)이다. 대책회의에서는 논의되는 사항은 <표 13-9>와 같다.

〈표 13-9〉 학교위기관리위원회 업무담당 및 세부 역할

담당	업무	비고
위원장 교장(감)	▪ 학교위기관리위원회 총괄 ▪ 학교위기관리위원회 소집 및 운영 ▪ 위기관리위원회 업무분장 ▪ 위기상황 진단, 정책적 판단 및 대응책 판단 ▪ 대외협조, 언론보도 대응 ▪ 교육(지원)청 유선 보고 ▪ 유가족 협의 ▪ 교내 위기대응센터 설치(사안발생 시 장소 선정) ▪ 학생유품 보관 및 전달: 경찰과 협조(연계)	대외 창구 일원화
부위원장 (교무부장)	▪ 위기대응 상황판 관리 ▪ 학생 출결 및 가정학습 관리 ▪ 외부 전문기관 역할 지원 ▪ 위기대응 매뉴얼 관리 ▪ 학부모 상담 창구 담당, 유가족 협의 참여	위원장 보좌
생활교육 부장	▪ 생명존중 예방교육 계획 수립 및 운영(상시) ▪ 사실관계 규명 및 상황 통제(조치) ▪ 교육청 사안(서식) 보고서 작성 관리 ※ 담임교사, 상담교사 등 평소 해당 학생을 잘 알고 있는 교직원들이 서식 항목에 따라 분담 작성 ▪ 교내 안전체계점검 및 교내순시를 통한 위기상황 감시 ▪ 사건관련 경찰 협조 및 장례 일정 진행(필요 시) * 학생보호인력: 학생보호 및 학교안전 표준가이드라인 준수	사안처리
부장 및 담임교사	▪ 학년 통제(출결, 생활, 애도교육, 안전공제 신청, 상담 중재 등) * 담임교사는 학부모와 긴밀한 의사소통(사실확인)	
교육정보 부장	▪ 학교홈페이지 관리 ▪ 누리소통망(SNS) 모니터링 및 대응(비방, 명예훼손, 소문 등)	
상담교사	▪ 고위험군 스크리닝 및 상담 ▪ 학생, 교사, 학부모 상담 핫라인 제공 ▪ 외부 상담 기관 연계 체계 구축 ▪ 해당 학생의 상담 기록 정리 ▪ 교육(지원)청 특별상담실 설치 지원	학생위기관리
보건교사	▪ 신체적 응급처치 및 의료기관 의뢰 ▪ 지역소방서, 의료기관 연결	

행정실장	▪ 해당 학생의 건강관련 기록 정리	
	▪ 예산지원 및 필요 물품 제공	
	▪ 교내 시설점검 및 보수	

출처: 교육부(2022b).

(3) 애도교육 및 심리지원

자살 사안이 발생하면 일정 기간 구성원들이 심리적 충격을 겪게 되고, 가까운 사람이 사망했을 때 겪게 되는 자연스러운 애도 반응이 나타나게 된다. 학교는 자살 사안이 발생하면 학생 및 교직원을 대상으로 별도의 시간을 마련하여 혼란스러운 감정, 생각, 슬픔 등의 복잡한 감정을 표현할 기회를 제공하고 상실된 감정을 극복하여 빠른 일상 회복을 도와야 한다. 애도교육의 실시는 학급별로 진행하며 교육 전에 학생 및 보호자에게 사전 동의를 얻어 실시하고 미동의 학생은 애도교육에 참여시키지 않는다.

자살 사안이 발생하면 심리적인 충격 등으로 인해 심리지원이 필요한 학생을 선별하여 지원기관 또는 정신건강 전문가 상담 등의 지원을 받을 수 있도록 한다. 심리지원이 필요한 학생은 학교 또는 관할교육청의 전문상담교사가 학생선별검사 및 상담 등을 통해 선별하며, 담임교사의 지속적인 관찰과 면담(학생, 보호자 등)을 통해서도 선별할 수 있다. 심리지원이 필요한 학생은 보호자 등의 동의를 얻어 전문기관에 연계하여 치료받을 수 있도록 한다. 치료비는 교육청마다 다를 수 있지만, 일정의 예산을 확보하여 지원해 주고 있다.

01 교사가 학생과 학부모 등으로부터 교육활동이 침해당하는 사례를 찾아보자. 교육활동을 침해받지 않기 위해 학교의 교육활동 중에 교사가 갖추어야 할 태도, 교육활동을 침해하는 학생을 지도하고 관리하는 방안은 무엇일까?

02 수업 중 학생에 의하여 교육활동이 침해당한 사실이 있는데도 그 침해 사실이 사건화되는 것이 불편하거나 두려워서 학교교권보호위원회에 신고하는 것을 갈등하는 교사가 있다면, 동료교사로서 해줄 수 있는 조언과 도움을 주는 방법은 무엇일까?

03 학급의 학생이 수업 시간에 급하게 병원으로 이송해야 하는 일이 발생하였을 경우 병원까지 동행할 수 있는 교사는 보건교사, 담임교사, 교과 담당교사 등이 있다. 응급상황에 따라 누가 학생을 병원까지 이송하는 것이 가장 적절할까?

04 학교 응급상황의 경험과 다양한 사례를 떠올려 보자. 학교 응급상황에서 교사와 관리자가 취해야 할 자세와 행동은 무엇일까?

참고문헌

1장 교직의 이해

김병찬(2023). 어떻게 교사리더십을 발휘할 것인가? 교사리더십 발휘 모형 탐색. 박영스토리.

김혜진, 김혜자, 손윤희, 송효준, 유경훈, 이동엽, 최인희, 박상미(2022). 교사의 직무수행 변화 분석과 향후 과제. 한국교육개발원.

박소영(2011). 중등학교 교사 문화 비교분석: 2001년과 2011년간 변화를 중심으로. 한국교원 교육연구, 28(3), 201 – 222.

박수정(2023). 대학 수업은 처음입니다. 학지사.

박수정, 한은정(2021). 『교사론』 수업 과정에서 나타난 대학생들의 교직에 대한 인식 분석. 학습자중심교과교육연구, 21(4), 1505 – 1525.

박희진, 이문수(2019). 중학교 교사의 입직 동기에 따른 교직 만족도와 효능감이 교사의 헌신에 미치는 영향. 한국교원교육연구, 36(1), 304 – 330.

진동섭(2022). 교육 디자인 이론. 교육과학사.

이동엽, 허주, 박영숙, 김혜진, 이승호, 최원석, 함승환, 함은혜, 신연재(2019). 교원 및 교직환경 국제 비교 연구: TALIS 2018 결과를 중심으로(I). 한국교육개발원.

이재덕, 신철균, 신정철(2020). 교사들의 교직관 탐색: 교직관의 다중성과 직장관의 보편화. 교육문화연구, 26(3), 191 – 213.

이정원(2020). 교사의 입직동기와 직무만족이 교사효능감에 미치는 영향. 충남대학교 석사학위논문.

이혁규(2021). 한국의 교사와 교사되기. 교육공동체벗.

정바울(2011). Lortie의 '교직사회: 교직과 교사의 삶' 재조명: 학교 변화 사례를 중심으로. 한국 교원교육연구, 28(4), 167 – 188.

최민석, 박수정(2019). 시·도교육청의 전문적 학습공동체 정책 실태 분석: 2019학년도 주요 업무계획을 중심으로. 학습자중심교과교육연구, 19(22), 1077 – 1097.

함영기(2023). 교사, 학습공동체에서 미래교육을 상상하다. 한울림.

Schön, D. A. (1983). *The reflective practicioner: How professionals think in action*. Basic Books. 배을규 역(2018). 전문가의 조건: 기술적 숙련가에서 성찰적 실천가로. 박영스토리.

Hargreaves, A., & Fullan, M. (2012). *Professional capital: Transformng teaching in every school*. Teachers College Press. 진동섭 역(2014). 교직과 교사의 전문적 자본: 학교를 바꾸는 힘. 교육과학사.

Lortie, C. D. (1975). *Schoolteacher: A sociological study*. University of Chicago Press. 진동섭 역(2002). 교직사회: 교직과 교사의 삶. 양서원.

2장 교직 생애와 성장

경기도교육청(2021). 2021 교원 역량강화 정책 추진 방향.

교육부(2021). 초·중등 교원양성체제 발전방안.

권순형, 이희현, 양희준, 도재우, 이정우, 이현지, 김지효(2023). 한국교육개발원 교육여론조사 (KEDI POLL 2023). 한국교육개발원.

권희청, 박수정(2020). 시도교육청 장학의 최근 동향 분석: 주요업무계획을 중심으로. 교육행정 학연구, 38(5), 167−196.

김병찬(2007). 교사의 생애발달 과정에 관한 사례 연구. 한국교원교육연구, 24(1), 77−102.

김병찬(2023). 어떻게 교사리더십을 발휘할 것인가? 교사리더십 발휘 모형 탐색. 박영스토리.

김병찬, 김영인, 손동빈, 우영진, 윤태영, 박성은, 이인숙, 윤영진, 문지윤(2019). 교사생애주기 별 성장체제 구축 연구. 전국시도교육감협의회.

김정원, 박소영, 김기수, 정미경(2011). 교사 생애단계별 역량 강화 방안 연구. 한국교육개발원.

김혜진, 김혜자, 손윤희, 송효준, 유경훈, 이동엽, 최인희, 박상미(2022). 교사의 직무수행 변화 분석과 향후 과제. 한국교육개발원.

김희규, 주영효(2017). 초등학교 교사의 생애단계별 직무역량 분석. 한국교육학연구, 23(1), 287−318.

맹재숙, 박수정(2018). 교육청 지원 학습공동체 참여 교사의 인식 분석: 자유기술응답의 키워드 동시출현빈도를 중심으로. 교육행정학연구, 36(5), 167−189.

박상완, 박소영(2022). 90년대생 교사 특성 분석: 세대 특성과 개인 특성을 중심으로. 한국교원 교육연구, 39(1), 1−30.

박수정, 박상완, 이현정, 박정우, 김경은(2019). 「서울 교원종단연구 2020」 교원 역량 검사 문항 개발 연구. 서울특별시교육청교육연구정보원 서울교육정책연구소.

박수정(2021). 교사의 전문성은 어떻게 길러지는가. 박수정 외. 오늘의 교육 내일의 교육정책. 학지사.

박효원(2019). 고경력 초등학교 교사의 사례를 통해 본 교사의 발달과정 및 영향요인. 초등교육 연구, 32(4), 1−26.

방효비, 박수정(2021). 교직 생애 단계에 따른 전문성 개발 프로그램의 필요도−참여도 분석. 학습자중심교과교육연구, 21(9), 757−772.

윤소희, 유미라, 김지선, 김도기(2019). A초등학교 N세대 교사의 교직생활에 관한 질적 연구. 한국교원교육연구, 36(3), 315−341.

윤정, 조영하(2021). 경기도 Z세대 초등 교사들의 교직에 관한 인식 연구: 기성세대 교사와의 관계적 경험에 근거하여. 한국교육행정학연구, 39(4), 183−212.

이민정(2023). 교직경력 25년 이상 초등교사의 교직생활 특성. 충남대학교 석사학위논문.

이진웅, 박수정(2020). 90년대생 중학교 교사의 교직 문화 연구. 학습자중심교과교육연구,

20(20), 509－536.

Hargreaves, A., & O'Connor, M. T. (2018). *Collaborative Professionalism: When teaching together means learning for all*. Corwin Press.

3장   교직관과 교직 윤리

김달효(2011). 교원양성기관 학생들의 교직관 분석. 코기토, 70, 427－451.

김병찬(2005). 교사상 탐색을 위한 질적 분석 연구. 한국교육, 32(4), 57－90.

김병찬, 임종헌(2017). 한국 교사의 희, 노, 애, 락: 교사의 삶에 관한 일 고찰. 한국교육연구, 34(4), 49－80.

김운종(2009). 미래교육을 위한 교직관의 적합성 검토. 한국교육연구, 26(4), 79－94.

김현수, 이윤식(2014). 교장의 변혁적 리더십과 부장교사의 리더십, 초임교사의 교직관 및 교직 적응 간의 구조관계. 한국교육연구, 31(2), 105－130.

김혜숙(2007). 교원노조 합법화 이후 교육 현장의 변화: 공립 단위학교 사례를 중심으로. 교육정치학연구, 14(1), 101－122.

김희봉(2004). 교직윤리에 대한 세 가지 윤리학적 접근과 그 의미. 교육학연구, 42(2), 57－79.

박상완, 박소영(2022). 1990년대생, 교사가 되다. 학이시습

신득렬(2002). 교직을 위한 윤리 연구. 교육철학, 20, 101－116.

양해림, 정진우, 정윤승, 임윤정, 변순용(2018). 공학도를 위한 공학윤리. 충남대학교출판문화원.

이기마(2017). 바람직한 교사상에 대한 재고. 교과교육연구, 10(1), 23－38.

이재덕, 신철균, 신정철(2020). 교사들의 교직관 탐색: 교직관의 다중성과 직장관의 보편화. 교육문화연구. 26(3), 191－213.

홍은숙(2011). 교직관에 따른 전문직 교원윤리의 성격 재음미. 교육철학연구, 33(3), 187－212.

Arendt(1963, 1964). *Eichmann in Jerusalem.* 김선욱 옮김(2006). 예루살렘의 아이히만. 한길사.

Hargreaves, A., & Fullan, M. (2012). *Professional capital: transforming teaching in every school.* Teachers Colleage Press. 진동섭 역(2014). 교직과 교사의 전문적 자본: 학교를 바꾸는 힘. 교육과학사.

Labaree, D. F. (2006). *The trouble with ed schools.* Yale University Press. 유성상, 김민조, 정바울, 이정민 역(2020). 교사교육의 딜레마. 박영스토리.

Schön, D. A. (1983). *The reflective practitioner: How professionals think in action.* Basic Books. 배을규 역(2018). 전문가의 조건: 기술적 숙련가에서 성찰적 실천가로. 박영스토리.

Sergiovanni, T. J. & Starratt, R. J. (2007) *Supervision: A redefinition, 8/E.* McGraw－Hill Humanities/Social Sciences/Languages. 오은경, 한유경, 서경혜, 김경이, 안정희, 안선영 역(2008). 장학론 [제8판]. 아카데미프레스.

교사노동조합연맹 홈페이지 www.kftu.net

디트NEWS24(2021.11.19.). [사람이 미래다] 참스승 참교사, 좋은 인격을 갖춘 사람이라는 얘기. www.dtnews24.com

지표누리 홈페이지 www.index.go.kr

전국교직원노동조합 홈페이지 www.eduhope.net

한국노동조합경남본부 홈페이지 www.knkute.or.kr

한국단체총연합회 홈페이지 www.kfta.or.kr

미국 교육연합회 NEA 홈페이지 www.nea.org

핀란드 교원노동조합 OAJ 홈페이지 www.oaj.fi

4장　교사와 교육공동체

교육부(2022). 2022년 교육기본통계 주요 내용.

교육통계서비스(2001, 2023). 학급당 학생수. 한국교육개발원.

김정원, 신철균(2014). 교사의 학생 이해 및 소통 수준 분석. 한국교원교육연구, 31(3), 129 – 149.

김혜진, 김혜자, 이동엽, 이쌍철, 이승호, 최인희, 길혜지, 김혜영, 박상미(2021). 교원 및 교직환경 국제 비교 연구(TALIS): 초등학교 신규교사의 교직적응을 중심으로. 한국교육개발원.

서용선(2019). [특집] 마을교육공동체란 무엇인가?. 32호. 교육공동체 벗.

서준호, 노동현(2019). 서준호 선생님의 토닥토닥. 사람과교육.

서화영, 김미나, 곽선아, 김민영(2022). 교사, 넌 오늘도 행복하니. 구름학교.

신철균(2007). 학교 내 교원 간 의사소통 네트워크 분석: A고등학교를 중심으로. 한국교원교육연구, 24(2), 337 – 362.

이동엽, 허주, 박영숙, 김혜진, 이승호, 최원석, 함승환, 함은혜, 신연재(2019). 교원 및 교직환경 국제비교 연구(TALIS): TALIS 2018 결과를 중심으로(Ⅰ). 한국교육개발원.

이호준, 김민조(2023). 한국과 핀란드 교사의 자기효능감 영향 요인 비교 분석. 한국교육정치학회 연차학술대회 자료집, 95 – 128.

표준국어대사전(2023). 공동체. https://stdict.korean.go.kr/search/searchResult.do

한국교육신문(2023.5.15.). 교직 만족도, 역대 최저로 나타나. https://www.hangyo.com/mobile/article.html?no=98867

한국민족문화대백과사전(2023). 공동체. https://encykorea.aks.ac.kr/Article/E0004262

Aslan, B. (2015). A comparative study on the teaching profession in Turkey and South Korea: Secondary analysis of TALIS 2008 data in relation to teacher self – efficacy. *Eurasian Journal of Educational Research*, 61, 1 – 22.

Kondo, C. (2007). *Teacher Effectiveness Training Guide*. T.E.T 센터 역(2014). 토마스 고든의 교사역할훈련 가이드. GTI 코리아.

O'Connor, E. & McCartney, K. (2007). Examining teacher−child relationships and achievement as part of an ecological model of development. *American Educational Research Journal, 44*(2), 340−369.

Putnam. R. D. (2000). *Bowling Alone: The Collapse and Revival of American Community*. 정승현 역(2016). 나 홀로 볼링 : 볼링 얼론 − 사회적 커뮤니티의 붕괴와 소생. 페이퍼로드.

5장 사회변화와 교육

관계부처합동(2023). 이주배경학생 인재양성 지원방안(2023~2027년).

교육부(2022). 제1차 기초학력 보장 종합계획(2023~2027).

교육부, 한국교육개발원(2022). 교육통계연보. 한국교육개발원.

김위정(2020). 코로나19가 던진 교육격차 문제와 과제. 서울교육, 2020 겨울호(241호). 서울특별시교육청교육연구정보원.

김종윤(2020). OECD Education 2030 프로젝트 1단계 연구 성과. 교육광장, 73(1), 26−29.

김종윤, 이미경, 최인선, 배화순, 유금복, 박일수, 이수진(2021). OECD Education 2030 프레임워크에 기반한 우리나라 교사의 역량 개발 방향 탐색: 학생 주도성 및 협력적 주도성을 중심으로. 한국교육과정평가원.

김훈호, 이호준(2022). 학습에 대한 자기주도성의 교육적 효과 분석. 2022 한국교육학회 연차학술대회 자료집, 61−77.

박경호, 김지수, 김창환, 남궁지영, 백승주, 양희준, 김성식, 김위정, 하봉운, 한금영(2017). 교육격차 실태 종합분석. 한국교육개발원.

박은경(2020). OECD 미래 학교교육 시나리오와 시사점. 한국교육개발원.

서민희, 김완수, 김미림, 한정아, 손윤희(2020a). 2019년 국가수준 학업성취도 평가 결과 : 중학교. 한국교육과정평가원.

서민희, 김완수, 김미림, 한정아, 손윤희(2020b). 2019년 국가수준 학업성취도 평가 결과 : 고등학교. 한국교육과정평가원.

윤현희, 김경애, 김나영, 이동엽, 이정우, 이희현, 이재창, 홍미영, 조정래(2023). 이주민 밀집지역 소재 학교 혁신 방안. 한국교육개발원.

이미경(2022). OECD Education 2030 학습 프레임워크에 기반한 우리나라 교사의 역량 개발 방향 탐색. 교육과정, 81, 10−13.

이상은, 소경희(2019). 미래지향적 교육과정 설계를 위한 OECD 역량교육의 틀 변화 동향 분석:

'Education 2030'을 중심으로. 교육과정연구, 37(1), 139−164.

이정연, 박미희, 소미영, 안수현(2020). 코로나19와 교육: 학교구성원의 생활과 인식을 중심으로. 경기도교육연구원.

이지은, 정세은(2023). 부모의 소득 및 학력이 자녀 임금에 미치는 영향. 노동경제논집, 46(1), 31−67.

전국시도교육감협의회(2019). 4차 산업혁명 대비 미래교육 지원 방향: 초중등 통합운영학교 사례분석 및 모델 탐색을 중심으로. 전국시도교육감협의회.

전송화(2023). 코로나 지나며 소득양극화 깊어졌다. 국회 진선미의원실 보도자료.

전제상, 김훈호(2021). 통합운영학교 운영 실태 및 개선 요구 분석. 한국교원교육연구, 38(4), 365−393.

전제상, 김훈호, 김수환, 원덕재, 김성욱(2020). 인구지형변화에 따른 다양한 학교체제 설립·운영 지원방안 연구. 교육부.

중앙일보(2022.4.5.). 상·하위 부동산 자산 격차 251배로... 코로나로 빈부격차 더 커졌다. https://www.joongang.co.kr/article/25061101#home.

지방교육재정알리미(2016). 인구절벽시대 대비 적정규모 학교 육성 추진방향 및 성과분석. 한국교육개발원.

최수현(2022). 부모의 소득 수준이 자녀의 학력 수준에 미치는 영향. 한국직업능력연구원.

통계청(2021.12.9.). 장래인구추계: 2020~2070. 보도자료.

통계청(2022.4.14.). 2021년 장래인구추계를 반영한 내·외국인 인구전망: 2020~2040년. 보도자료.

통계청(2023.8.30.). 2022년 출생 통계. 보도자료.

통계청(2023.12.14.). 장래인구추계: 2022~2072년. 보도자료.

허주, 정미경, 박균열, 권순형, 민윤경, 정혜주, 김갑성, 최원석, 이나은(2021). OECD 교육 2030 참여 연구: 역량교육을 위한 교사양성 교육과정을 중심으로. 한국교육개발원.

황은희, 최수진, 임종헌, 박희진, 이재덕, 김성기, 이길재, 김훈호, 장암미(2019). 교육 혁신 사례 분석을 통한 미래교육 실천 과제. 한국교육개발원.

KBS뉴스(2021.10.28.). 서울 학교도 신입생이 7명?…'학교 통폐합'은 난항. https://news.kbs.co.kr/news/pc/view/view.do?ncd=5311329.

OECD (2001). What Schools for the Future?, Schooling for Tomorrow. OECD Publishing. https://dx.doi.org/10.1787/9789264195004−en

OECD (2020). Back to the Future of Education: Four OECD Scenarios for Schooling. Educational Research and Innovation. OECD Publishing. https://doi.org/10.1787/178ef527−en

6장 학급담임과 학급경영

교육부 공식 블로그(2010.3.5.). 2016년 교육부 이야기/부모의 지혜 나눔: 좋은 담임 선생님이 된
　　다는 것. https://if-blog.tistory.com/623.

광주광역시교육청(2012). 교직원업무경감종합계획.

데일리한국(2023.10.6.). "담임교사 기피 심각"...초, 중, 고 기간제 교원 60%가 담임 맡는다.
　　https://www.hankooki.com/news/articleView.html?idxno=108820

이우경(2018). SCT 문장완성검사의 이해와 활용. 학지사.

이인효(1990). 인문계 고등학교 교직 문화 연구. 서울대학교 박사학위 논문.

이혜영, 류방란, 윤여각(2001). 중등학교 교사의 생활과 문화. 한국교육개발원.

정바울, 이성회, 양승실, 김병찬, 김종민, 김효정, 서용선, 이진솔(2014). 교원의 업무 시간 실태
　　분석 및 개선 방안 연구. 한국교육개발원.

조석훈(2004). 교육실습생의 교직 경험에 관한 질적 분석. 교육행정학연구, 22(1), 201-224.

최수진, 김은영, 김혜진, 박균열, 박상완, 이상은, 장암미(2019). OECD 교육 2030 참여 연구:
　　미래지향적 역량교육의 실행 전략 탐색. 한국교육개발원.

한국일보(2023.12.17.). '행정 가욋일' 학교 밖으로, 담임수당 12만→20만원 인상...교육부-교총
　　합의. https://n.news.naver.com/article/469/0000775677?sid=102

한은정(2005). 중학교 교사의 학급담임직 선택 관련 변인 연구: 서울특별시 공립학교를 중심으로.
　　서울대학교 석사학위논문.

7장 학교와 진로교육

관계부처 합동(2023). 중등직업교육 발전방안.

교육과학기술부(2011). 진로진학상담교사 배치 및 운영지침.

교육부(2015). 중학교 자유학기제 시행 계획(안).

교육부(2016a). 제2차 진로교육 5개년 기본계획.

교육부(2016b). 중등학교 진로전담교사 배치 및 운영 지침.

교육부(2017). 중학교 자유학기제 확대·발전 계획.

교육부, 한국직업능력개발원(2018). 고등학교 교과연계 진로교육 교수·학습 프로그램.

교육부(2022). 2022 개정 초중등학교 교육과정 고시 안내.

교육부(2023). 진로교육 활성화 방안(2023~2027).

교육부, 한국교육과정평가원(2023). 고교학점제 도입·운영 안내서.

김명희, 김태희, 김동주, 노혜림(2022). 중등 진로전담교사 정책의 실태분석 및 개선방안. 서울
　　특별시교육청교육연구정보원.

김민경, 권효원, 문찬주, 박나실, 방혜진, 황승록(2022). 초·중등 진로교육 현황조사(2022). 교육
　　　부·한국직업능력연구원.
서울특별시교육청(2022). 2023학년도 공립 중등·특수학교 진로전담교사 선발 및 배치 계획.
이봉재, 박수정(2021). 학교관리자와 진로전담교사가 인식하는 고등학교 진로전담교사의 직무
　　　역량 요구분석. 학습자중심교과교육연구, 21(6). 187－213.
정철영, 임정훈, 이승엽, 이영광, 임소현, 임한려, 이유우, 박선영, 최로미, 조은혜(2023). 진로
　　　교육개론. 학지사.
주휘정, 윤혜준, 민숙원, 류지영, 김민석, 도귀연(2021). 진로전담교사의 진로교육 역량 강화 방안
　　　연구: 진로전담교사의 직무분석 결과를 중심으로. 서울특별시교육청교육연구정보원.
진로정보망 커리어넷(2023). 교과연계 진로교육 자료.
한상근, 정윤경, 정지은, 안중석(2021). 학교 진로교육 목표 및 성취기준 연구. 한국직업능력
　　　연구원.
고교학점제 홈페이지 www.hscredit.kr
꿈길 홈페이지 www.ggoomgil.go.kr
특성화고·마이스터고 포털 www.hifive.go.kr
커리어넷 홈페이지 www.career.go.kr

8장 학교 교육과정과 학사 운영

경기도교육청(2023). 2023 학교 업무매뉴얼 중등.
경상북도교육청(2022). 2022경상북도교육청 교육과정 편성·운영 지침.
교육부(2023) 2023학년도 학교생활기록부 기재요령.
대전광역시 00고등학교(2023). 2023학년도 교육계획서.
대전광역시 00중학교(2023). 2023학년도 교육계획서.
대전광역시교육청(2022). 2022 대전광역시 고등학교 교육과정 편성·운영 지침.
부산광역시교육청(2023). 2023 부산광역시 고등학교 교육과정 편성·운영 지침.
신재흡(2022). 초·중등 예비교사를 위한 교직실무. 동문사.
전라북도교육청(2023). 2023 교무학사 매뉴얼.

9장 학교조직과 업무분장

교육부, 한국교육개발원(2023). 교육통계연보. 한국교육개발원.
대전광역시교육청(2021). 학교운영위원회 구성과 운영에 관한 편람.

대전광역시교육청(2022). 교원 정원 배치 기준.

백현기(1964). 신고 교육행정. 을유문화사.

부산광역시교육청(2021). 2020 학교운영위원회 업무 편람.

윤정일, 송기창, 김병주, 남수경(2021). 교육행정학원론(7판). 학지사.

10장 교육법규와 업무처리

교육부, 한국교육학술정보원(2023). 업무관리시스템 매뉴얼(학교용).

윤정일, 송기창, 김병주, 남수경(2021). 교육행정학 원론(7판). 학지사.

「공공기록물 관리에 관한 법률」 및 동 시행령·시행규칙.

「행정업무의 운영 및 혁신에 관한 규정」 및 동 시행규칙.

국립국어원 홈페이지 https://www.korean.go.kr.

11장 교원 인사

교육부(2023). 교원능력개발평가 기본계획.

박정우, 박수정(2021). 평가방식 변화에 따른 초등 1급 정교사 자격연수 경험 분석. 학습자중심
교과교육연구, 21(9), 267－283.

서울특별시교육청(2023). 2023 교육공무원 인사실무 매뉴얼.

세종특별자치시교육청(2023). 2023년 교육공무원 성과상여금 지급 지침.

인사혁신처(2023). 국가공무원 복무·징계 관련 예규.

한국교육과정평가원 홈페이지 https://www.kice.re.kr

12장 교원 복무

교육부(2016). 교육공무원 인사 실무.

교육부(2019). 교원 유튜브 활동 복무지침.

서울특별시교육청(2023). 2023 교육공무원 인사실무 매뉴얼.

세종특별자치시교육청(2020). 교원 휴직업무 처리 요령.

인사혁신처(2023). 국가공무원 복무·징계 관련 예규.

13장 교육활동 보호와 학교 응급상황 대응

경기도교육청(2022). 경기학교 응급의료 관리 매뉴얼.

경기도교육청(2023a). 2023 교육활동 보호 업무 처리 길라잡이.

경기도교육청(2023b). 학교업무매뉴얼(중등).

교육부(2017). 학교를 위한 응급심리지원 − 실행자 입문서−.

교육부(2019a). 교육활동 보호 매뉴얼.

교육부(2019b). 학생 자해대응 교사용 안내서.

교육부(2022a). 교육활동 보호 매뉴얼.

교육부(2022b). 학교위기대응 안내서.

교육부(2023). 2022년 학교안전사고 분석통계집.

찾아보기

ㄱ

저자 소개

박수정

최종학력 : 서울대학교 교육학박사
교육경력 : 경기도교육청, 대전광역시교육청 중등교사
주요경력 : (현) 충남대학교 교육학과 교수
　　　　　 교육부 학교정책자문위원, 교원양성기관역량진단위원
　　　　　 한국교육학회, 한국교육행정학회, 한국교원교육학회 이사

권희청

최종학력 : 충남대학교 교육학박사
교육경력 : 대전광역시교육청 초등교사
주요경력 : (현) 대전광역시교육청 초등학교 교감
　　　　　 교육부 국정교과서(국어) 심의위원, 대전광역시교육청 장학사
　　　　　 충남대학교 교육학과 강사, 공주교대 국어교육과 강사

김수구

최종학력 : 충남대학교 교육학박사
교육경력 : 대전광역시교육청 중등교사
주요경력 : (현) 대전교육과학연구원 과학교육지원부장
　　　　　 대전광역시영재교육진흥위원회 위원, 대전광역시교육청 중등학교 교감
　　　　　 교육부 교육연구관, 교육부 교육정보통계위원회 위원

김훈호

최종학력 : 서울대학교 교육학박사
교육경력 : 서울특별시교육청 중등교사
주요경력 : (현) 공주대학교 교육학과 교수
　　　　　 국가교육위원회 중장기 국가교육발전 전문위원
　　　　　 한국교육개발원 연구위원

맹재숙

최종학력: 충남대학교 교육학박사
교육경력: 인천광역시교육청 중등교사, 대전광역시교육청 초등교사
주요경력: (현) 대전광역시교육청 장학사
　　　　　 충남대학교 교육학과 강사
　　　　　 다문화교육 강사 (국가평생교육진흥원 등)

박정우

최종학력: 충남대학교 교육학박사
교육경력: 대전광역시교육청 초등교사
주요경력: (현) 대전광역시교육청 초등학교 교사
　　　　　대전교육정책연구소 파견교사
　　　　　충남대학교 교육학과 강사

신철균

최종학력 : 서울대학교 교육학박사
교육경력 : 경기도교육청 중등교사
주요경력 : (현) 강원대 자유전공학부, 지역교육협력학과 교수
　　　　　국가교육위원회 국가교육과정 전문위원회 위원
　　　　　한국교육개발원 연구위원, 교육부장관 정책보좌관

이종업

최종학력: 충남대학교 교육학석사
교육경력: 충청북도교육청, 대전광역시교육청 중등교사
주요경력: (현) 충남대학교 교육학과 강사
　　　　　대전광역시교육청 장학사, 장학관
　　　　　충남기계공업고등학교 교장, 중등임용시험 면접위원

최진경

최종학력 : 충남대학교 교육학박사 수료
교육경력 : 대구광역시교육청, 경기도교육청 초등교사
주요경력 : (현) 세종특별자치시교육청 초등학교 교감
　　　　　세종특별자치시교육청 장학사, 장학관
　　　　　초등임용시험 면접위원, 세종경찰서 선도심사위원

한은정

최종학력 : 서울대학교 교육학박사
교육경력 : 서울특별시교육청 중등교사
주요경력 : (현) 인천대학교 체육교육과 교수 (교육학)
　　　　　한국학교컨설팅연구회 이사
　　　　　한국교육개발원 연구위원

예비교사와 신임교사에게 필요한
교사론과 교직실무

초판발행   2024년 2월 7일

지은이   박수정·권희청·김수구·김훈호·맹재숙·박정우·신철균·이종업·최진경·한은정
펴낸이   노 현

편 집   배근하
기획/마케팅   허승훈
표지디자인   권아린
제 작   고철민·조영환

펴낸곳   ㈜ 피와이메이트
         서울특별시 금천구 가산디지털2로 53 한라시그마밸리 210호(가산동)
         등록 2014. 2. 12. 제2018-000080호
전 화   02)733-6771
f a x   02)736-4818
e-mail   pys@pybook.co.kr
homepage   www.pybook.co.kr
ISBN   979-11-6519-996-8 93370

정 가   17,000원

박영스토리는 박영사와 함께하는 브랜드입니다.